21世纪高等开放教育系列教材

现代人力资源管理

姚裕群　白静　编著

中国人民大学出版社
·北京·

出版说明

1999年教育部颁布了《面向21世纪教育振兴行动计划》，明确提出了实施“现代远程教育工程”。全国教育系统迅速行动起来，在短短的几年时间里，就初步形成了我国开放式的教育网络，搭建了远程教育平台，在构建终身学习体系方面做出了重要的贡献。

随着我国教育改革的不断深入、教育技术的不断更新，社会各界对远程开放教育的认识也在不断加深。开放教育、远程教育，涉及办学的开放、专业的开放、课程的开放、教育教学手段与方式的变革。高等远程开放教育对振兴我国教育、普及我国高等教育产生了极其深远的影响。

开展高等远程开放教育，涉及的教育教学改革与建设是多方面的，高等远程开放教育的教材建设是其重要环节之一。高等远程开放教育的教材建设要能充分体现现代远程教育的特点，充分考虑远程学习者的特点，满足现代开放教育的需求。为了促进远程开放教育的发展，满足开放教育学习者的需要和教学需要，我们编辑出版了21世纪高等开放教育系列教材。该系列教材主要是针对经济类专业课程的教材进行了一体化的设计，在突出课程教材应用性、实践性、普及性和可操作性上下工夫，在体现远程开放教育环境下对学习者应用能力的培养下工夫。

该系列教材具有以下特点：

1. 充分体现当前经济类学科的最新研究成果；
2. 充分体现远程开放教育的特点，有利于学习者的自学；
3. 充分体现了与经济类各专业基础课、专业课的衔接性、配套性；
4. 在教材编写过程中尽量以案例分析阐述理论，便于学习者理论联系实际；
5. 教材建设中配备了PPT讲稿或CAI课件、操作练习光盘等，便于教师讲课和学员自学。

该系列教材的建设是远程开放教育教学改革中的初步尝试，是破土而出的幼苗，需要呵护和培养，也需不断修正和完善，希望其在远程开放教育的教学改革中发挥出应有的作用。

出版说明

前言

在当今经济全球化与激烈竞争的时代，人才的竞争成为时代竞争的焦点。人力资源是生产力诸要素中最积极、最活跃的“第一资源”，又是一种特殊资源，具有不可替代性和高增值性的特点。因此，人力资源管理已经成为国家和企业获取竞争优势的重要手段和途径，是所有管理工作的核心。本书是作者基于长期从事人力资源管理教学、科研和实践的基础，在全面总结人力资源管理的原理、内容与方法后写作而成的。

本书分为十章。第一章导论，介绍人力资源、人力资源管理基本知识及知识经济时代人力资源管理的特征；第二章人力资源管理的基础——工作分析，介绍工作分析基本知识，工作分析的流程、方法，工作说明书的编写，工作设计与再设计的方法；第三章人力资源的战略——组织规划及技术，介绍组织、组织战略、人力资源战略基本知识，着重分析人力资源战略规划的技术与方法；第四章人力资源的获取——招聘与甄选，介绍人力资源招聘与甄选基本知识、人力资源招募渠道、甄选方法及人力资源测评技术；第五章人力资源的提升——员工培训，介绍人力资源培训的基本知识、流程、内容，着重阐述人力资源培训的方法；第六章人力资源的考评——考核与绩效管理，介绍考核与绩效管理基本知识、常用的考核方法及考核与绩效管理一体化方法；第七章人力资源的报酬——薪酬管理，介绍薪酬管理理论基础、薪酬方案设计流程、基本薪酬制度、社会保险与福利；第八章人力资源的协调——员工关系，介绍劳动关系的构成、劳动关系的运行、劳动争议的解决、职业安全、员工的工作满意度；第九章人力资源的成长——职业生涯规划与管理，介绍职业生涯基本概念及影响因素、个人职业生涯系留点、组织职业生涯规划的内容及操作；第十章人力资源的规范——制度管理，介绍人力资源管理制度基本知识、人力资源管理制度的设计与实施。

本书的主要特点是：第一，从基础理论出发，系统阐述了人力资源及其管理的内容，注重理论与应用的结合，除理论篇章外，还设置了“人力资源的规范——制度管理”等应用性较强的章节，保证了教材内容的新颖和高水平。第二，写作规范，阐述严谨，在理论观点、分析角度、阐述方式等方面，都有一定的创新。第三，通俗性与前瞻性相结合，注重为“教”与“学”服务。

本教材每章以要点提示及引导案例开篇，在对每一章内容进行总结的基础上，归纳主要概念、提炼思考讨论题，并以案例讨论结尾。本书适合教学和学习者自学，可作为各高等院校人力资源管理课程教材和各单位人力资源管理部门管理人员的培训教材和业务参考书。本书配有精品网络课程。

本书由姚裕群、白静合作编著。白静作为教材建设项目组组长，提出编写大纲，并与姚裕群教授共同确定了教材体系。白静编写了第一章、第二章、第三章、第四章、第五章、第七章、第十章，并写作和整理了大部分案例。姚裕群编写了第一章、第三章、第六章、第七章、第八章、第九章、第十章，并提供了大量参考资料。本书的出版，得到了中国人民大学出版社的大力支持，在此表示衷心感谢！

在本书的编写过程中，编者参阅和借鉴了大量相关论文和书籍，在此向这些论文和书籍的作者表示感谢！本书还引用了一些案例等资料，请作者与本书作者联系，以表诚挚谢意。

鉴于作者水平有限，书中难免有不足之处，恳请专家和各界读者批评指正，也希望得到学员们的信息反馈。

编著者

目 录

第一章 导 论

本章要点提示

- 人力资源的概念
- 人力资源的特点
- 人力资源思想的发展
- 人力资源的作用
- 个体人力资源的内容
- 管理的含义及职能
- 人力资源管理的概念
- 人力资源管理的主要职能
- 现代人力资源管理的基本特征
- 知识经济的概念
- 知识经济时代员工的特点
- 知识经济时代人力资源管理的特征

引导案例

进入新世纪是自然性的时间转折，处于这个转折点的中国，正逢经济进一步腾飞、社会迅速走向现代化的良好发展机遇。这一转折给我们每一个中国人带来了机遇，同时也对我们提出了挑战。美国这一世界最大的经济强国，在 2007—2008 年出现了巨大的金融危机，并波及我国，这也给我国带来更大的挑战！

与世界的其他国家相比，我国最大的优势无疑正是数量众多的人力资源。从我国自身的情况看，我国经济社会发展中最充裕的资源也是人力资源。

从目前宏观发展的格局看，我国不仅处于从计划经济向市场经济过渡的时期，而且处于跨越传统社会走向现代社会的时期。学习西方国家有用的管理文化，扭转封建权力文化和“铁饭碗、大锅饭、铁交椅”弊端，需要大力开发、利用和管理好人力资源，以其弥补和替代我们的劣势、增强我们的优势，这是我们“自立于世界民族之林”的唯一选择。

从微观的角度看，人力资源也是各个企业事业机关单位的重要财富，对人力资源的开发利用与管理可以说是微观组织管理的主要内容，这在当今世界已形成共识。在我国微观管理的实践中，随着由劳动人事管理向人力资源管理的过渡，形成“人力资源开发利用与管理”的思想理念，在一定意义上可以说已经成为组织管理的核心内容。我国著名的联想集团，其中心的工作是“定战略、选班子、带队伍、建文化”，可以看出，人力资源开发利用与管理工作在其中占据了大部分。

美国过去的繁荣，赢在人才；美国今天的问题，输在虚拟经济的大膨胀，这与没有真正用对人力资源和缺乏对人们经济行为的监控不无关系。自然资源的短缺、经济增长方式的落后、观念的陈旧、法制的缺乏和道德的混乱，是我国现代化中的极大不利之处，但只要我们正确认识和全面搞好对人力资源的开发利用与管理，并能够虚心学习国外人力资源开发利用与管理的成功经验，善于鉴别、合理选择，就能取得后发的优势，进一步实现迅速、稳定、可持续的经济腾飞。

第一节　人力资源基本范畴

一、“人”成为经济资源

（一）经济活动的要素与资源

经济学常识告诉我们，要进行社会经济活动，必须具备一定的要素前提。英国古典政治经济学创始人威廉·配第指出，“土地是财富之母，劳动是财富之父。”这说明，经济学最初认识的要素有“土地”和“劳动”两个方面。所谓资源，是指“某种可备以利用，提供资助或满足需要的东西”[①]。因此，要素也就是资源，“土地”要素，代表的是从事社会劳动所需要的物质资源；“劳动”要素，指的是从事社会劳动所需要的人力资源。“人力”的物质实体，存在于人的身上，自然生命体状态的“人”是人力资源赖以存在和发挥作用的条件，是使用物力资源的主体。

从现代经济管理的角度看，经济活动有六个要素或称六项资源，包括：物质资源、人力资源、资本、管理、技术和信息。

在现代社会，尤其是在当今世界经济全球化、科学技术迅速转化为生产力、产业结构大调整和经济竞争全面加剧的情况下，经济管理有以下特征：第一，经济结构现代化，这表现为产业结构的升级，对劳动者的要求更为多样；第二，经济效益在提高，这要求劳动者的素质越来越高；第三，经济竞争全面加剧，人们发现，经济竞争成败的根源在于科学技术，科技竞争的根源又在于人才，这就促使各个经济单位的管理越来越“以人为本”。在这样的情况下，人力资源就起着越来越重要的作用，甚至被人们看作是最根本的资源。

（二）人力资源的概念

人力资源一词，英文为“human resource”，是指一定范围内的人所具备的劳动能力的

① ［美］赫伯特·S. 帕纳斯. 人力资源. 哈尔滨：黑龙江教育出版社，1990：1.

总和，也称“人类资源”或“劳动力资源”、“劳动资源”。这种劳动能力，构成了人能够从事社会生产和经营活动的要素条件。

一个社会的人力资源，由下列八个部分构成：①

(1) 处于劳动年龄之内、正在从事社会劳动的人口，它占据人力资源的大部分，可称为“适龄就业人口”。

(2) 尚未达到劳动年龄、已经从事社会劳动的人口，即“未成年劳动者”或“未成年就业人口”。

(3) 已经超过劳动年龄、继续从事社会劳动的人口，即“老年劳动者”或“老年就业人口”。

上述三部分人，构成了“就业人口”总体。

(4) 处于劳动年龄之内、具有劳动能力并要求参加社会劳动的人口，这部分可以称为“求业人口”。求业人口与前三部分一起，构成“经济活动人口”。

(5) 处于劳动年龄之内、正在从事学习的人口，即“就学人口”。

(6) 处于劳动年龄之内、正在从事家务劳动的人口。

(7) 处于劳动年龄之内、正在军队服役的人口。

(8) 处于劳动年龄之内的其他人口。

这八部分统称劳动力人口，即人力资源。它们之间的关系见图 1-1。

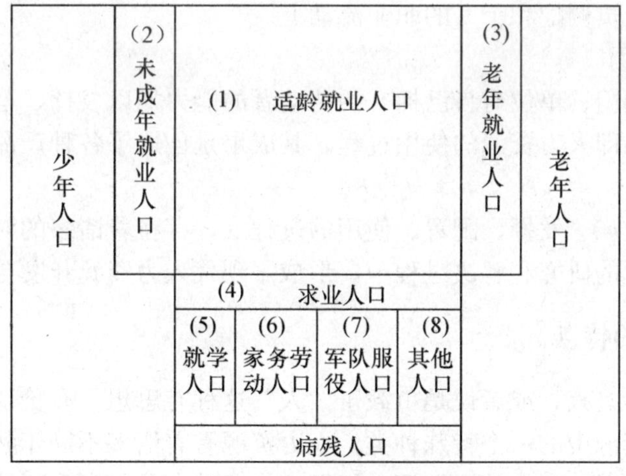

图 1-1 人力资源的组成

图中标记 (1) ～ (8) 的部分，即人力资源。其中前四部分是经济活动人口，构成现实的社会人力资源供给，这是直接的、已经开发的人力资源；后四部分并未构成现实的社会人力资源供给，它们是间接的、尚未开发的、处于潜在形态的人力资源。

(三) 人力资源的经济运动过程

人力资源的经济运动过程包括生产（形成）、发掘、配置、使用四个环节。与物质资源运动相比，人力资源运动有一定的特性，即它是作为主体资源，自动地参与总体运动过

① 姚裕群. 人力资源概论. 北京：中国劳动出版社，1992：47-49.

程的各个环节；二者也有一定的共性，即人力资源作为一种资源，是一种客体（正如“矿物资源”），也具有对象性。

1. 人力资源生产

一个新的生命出生，经过十余年的生长、发育、接受教育，成长为具有一定体质、智力、知识、技能的人，即具备了各种劳动能力的人。这对于社会经济运动来说，可以成为一种资源，即人力资源。这就是人力资源的生产过程。

2. 人力资源发掘

人力资源存在于两种不同条件之下：一种是已经进入经济活动领域的资源，即“现实人力资源”，它表现为在业人口与求业人口的总和，换言之，表现为一个社会的人力资源供给即“经济活动人口”。一种是尚未进入经济活动领域的资源，即“潜在人力资源”，它表现为具有一定的劳动能力，但尚未谋求职业的在学人口、家务劳动人口等非可供劳动力人口。现实人力资源即已经开发的人力资源，潜在人力资源即尚未开发的人力资源。

潜在人力资源向现实人力资源的转化，一般是一定的主体对其资源的性质进行认识并做出使用的决策，这也就是人力资源的发掘过程。

3. 人力资源配置

社会将不同的人力资源，根据不同的需要，投向不同的部门、地区、职业，这就是人力资源的分配过程。具体来说，这一过程体现在用人单位招聘人员和个人选择职业上，也体现在用人单位的人员调配和个人的职业流动上。

4. 人力资源使用

各个经济活动部门、单位对自己拥有的劳动者的能力加以发挥、运用，使其完成本单位的经济活动任务，即人力资源的使用过程。其成果是创造了各种产品和劳务，即创造了社会财富。

在对人力资源生产、发掘、配置、使用的过程中，存在着诸多的对其开发利用与管理问题。在对这些问题的研究和解决过程中，形成了现代人力资源开发与管理学科。

二、人力资源的特点

人力资源的实体是人，或者说是负载于“人”这种有思想、有价值判断的社会动物身上。作为社会经济资源中的一个特殊种类，人力资源有着诸多不同于物质资源的特点。研究人力资源的特点，对于正确认识和深入把握这一范畴，是非常重要的。

（一）人力资源的基本特点

人力资源的基本特点，包括生物性和社会性两个方面。

1. 生物性

人力资源存在于人体之中，是一种“活”的资源，它与人的自然生理特征相联系。这一特点是人力资源最基本的特点。人力资源的生产基于人口再生产这种生命过程；其接受教育也需要一定的智力前提；人力资源的使用更受到人的自然生命特征的限制，如身体承受力、人体安全等。

从人力资源运行周期的角度看，人力资源的生物性还体现为人力资源的再生性，其再生性是通过人口总体内各个个体的不断替换更新和“人力资源耗费→人力资源生产→人力资源再次耗费→人力资源再次生产”的过程得以实现的。

2. 社会性

人力资源具有社会性。从一般意义上说，人口、人的劳动能力和“人力”这种资源，都是人类社会活动的结果，又都构成人类社会活动的前提。从社会经济运动的角度看，人类劳动是群体性劳动，不同的人一般都分别处于各个劳动组织之中，这构成了人力资源社会性的微观基础。从宏观上看，人力资源是处于一定社会范围内的，它的形成要依赖社会，它的配置要通过社会，它的使用要处于社会的劳动分工体系之中。

对于人力资源的使用，从直接的角度看，是属于某一个社会经济单位的具体的事。但是，社会为这种活的、能动性资源提供了开发和管理的外部条件和市场，并在一定程度上构成人力资源的外部竞争环境。

(二) 人力资源的资源特点

1. 智能性

人力资源包含着智力的内容，即具有智能性，这使得它具有了强大的功能。因为，人类创造了工具、创造了机器，把物质资料改造成为自己的手段，即通过自己的智力使自身人体器官得到延长和放大，从而使得自身的能力无限扩大，驱动数量巨大的物质资源，取得巨大的效益。在当今科学技术日新月异、社会已经进入知识经济时代的情况下，人力资源的智能性就不仅仅是具有“效益巨大”的优异性，而且关系着国家和用人单位的生死存亡，具有须臾不可离的重要性。

人类的智力具有继承性，这使得人力资源所具有的劳动能力随着时间的推移，得以积累、延续和进一步增强。

2. 个体差异性

个体差异性，即不同的人力资源个体在知识技能条件、劳动参与倾向、劳动供给方向、工作动力、工作行为特征等方面均有一定的差异。

人的个体差异性，也导致社会人力资源需求岗位在对其选择时产生一定的差异。

3. 时效性

人力资源具有时效性，它的形成、生产、开发、使用，都具有时间方面的限制。

从个体的角度看，人有其作为生物有机体的生命周期，因此，作为人力资源，能够从事劳动的自然时间就被限定在生命周期的其中一段。人们在能够从事劳动的青年、壮年、老年等不同时期，其劳动能力也有所不同。

从社会的角度看，在各个年龄组人口的数量以及它们之间的相对比例，特别是劳动人口与被抚养人口的比例方面，也存在着时间的限制问题。由此，就需要考虑动态条件下社会人力资源总体在形成、开发、分配、使用等各个运动环节的相对平稳性以及合理的超前性。

(三) 人力资源的主体特点

1. 动力性

人力资源的动力性，即其主体推动性。经济运行的主体，可以划分为个人、用人单位和社会三个层次，个人是这三种主体中最根本的层次。人力资源之所以作为主体资源，正是因为它具有动力特征，能够对物质资源加以推动、加以运用。人力资源与资本要素、物质要素的关系及其结合方式，均会对经济的运行及效果产生重大影响，因而也成为用人单位与社会（一般可以把政府看作其代表）管理的重要对象。

具体来说，人力资源的动力性体现在“发挥动力”和“自我强化”两个方面。发挥动力，即人对自身能力或能量的自觉运用，这是人类能动性的重要体现，它对于“人力”这一资源的潜力发挥和由此产生的工作绩效具有决定性的影响。自我强化，即人们通过自身有目的的积极行为，接受教育培训，努力学习，锻炼身体，积累经验，使自身获得更高的工作能力。

2. 自我选择性

自我选择是人力资源动力性的延伸。“人”具有社会意识，这种意识是其对自身和对外界具有清晰看法、对自身行动做出抉择、调节自身与外部关系的意识。由于人具有社会意识，由于作为劳动者的人在社会生产中居于主体地位，因此使得人力资源具有了能动的选择性。“选择的意义在于选取所偏爱的方案”，人作为主体性资源，在构成劳动供给与否和劳动供给的投入方向方面，是有着自主决定权与选择偏好的。这种决定权与选择偏好表现为：个人“想不想或要求不要求就业”、“到什么岗位上去就业”和“就业时间多长、工作强度多大”。①

3. 非经济性

非经济性即人作为生产要素的供给，除了追求经济利益之外，还有非经济方面的考虑。人的职业选择、劳动付出往往与职业的社会地位、工作的稳定性、晋升机会、管理特点、工作条件、个人兴趣爱好、技能水平等非经济、非收入因素相关联。在经济水平比较低的社会，人们重视谋生，对非经济方面的考虑较少、要求较低；在经济水平比较高的社会，“衣食足而知荣辱”，人们对于非经济利益的考虑就会较多，强度也较大。

在市场经济体制下，用人单位追求利益最大化，就必然受到其雇用对象的“人”的非经济因素的制约。在宏观层次上，政府要顾及社会就业、公民收入与消费、社会保障等问题，因而也必然在一定程度上考虑人的非经济需求。

（四）人力资源的复杂性

人是一个相当复杂的范畴，人力资源则是一种主体、客体兼于一身的颇为复杂的生产要素。下面就人的复杂性进行具体分析。

1. 个人条件的多样性

个人条件的多样性，包括人的能力状况、人生的经历与具体的职业履历、教育背景（就学年限、等级和专业）、家庭背景、工作潜力、对用人单位的重要性等，而这些又决定了这个人的工作态度、工作满意度、工作目标、工作需求等诸多方面。这就构成理论上的个人条件多样性。他们作为资源，对一个组织的效用和对社会的价值效用更是大相径庭。

2. 个性人格的差异性

不同人的个性心理特征不尽相同，甚至相差极大。例如，有的人感觉能力强，有的人思维能力强；有的人观察细致，有的人工作马虎；有的人性情平和，有的人脾气急躁；有的人喜欢读书写作，有的人喜欢体育运动……上述能力、性格、气质、兴趣等多方面特点

① ［英］安东尼·德·雅赛. 重申自由主义. 北京：中国社会科学出版社，1997：80-83.

的总和，构成了人们不同的心理特征。

人是具有情感性的动物，对于组织来说，员工个人条件不同，人格也不同，就使得组织的管理以至组织本身变得相当复杂，也使得组织的人员结构和组织的人力资源开发与管理变得非常复杂。

3. 人际关系的复杂性

就一个组织内部而言，人际关系是一个很广泛的范畴，它包括上下级的关系、同事关系、老乡关系、血缘关系、朋友关系、矛盾关系等。人与人之间有很多很复杂甚至交织在一起的关系，这使整个组织的关系具有了很大的复杂性。广而言之，组织外的社会关系，也会影响到组织内的社会关系及其中的人力资源开发与管理。

在中国，人际关系的复杂性体现为不少组织的家族化色彩较浓，规范化管理与法制思想淡漠，加之产权制度方面的问题，使组织的运作和人力资源开发与管理增加了不少“顾忌”因素。

4. 人文背景的广阔性

人文背景的广阔性体现在文化的多元上，这要求人力资源的开发、利用和管理有更开阔的视角和更具弹性的措施。东方和西方的文化差异、西方各国之间的文化差异、东方各国之间的文化差异、城市农村之间的文化差异等，都给我们揭示了人力资源开发与管理的复杂性。改革开放以来，尤其是加入 WTO 以来，我国大量引进外资，许多在华的外企也加强了在我国的业务拓展，国外先进技术、国外组织模式、国外管理思想和国外文化大量进入中国，造成相当大的文化融合与冲突。在经济发展全球化、管理人员本土化、组织成员多来源的格局下，跨文化管理已经成为当代最为热门的组织管理实践与人文研究领域，也成为人力资源开发与管理的重要内容。

人文背景的复杂性不仅对组织的人力资源管理有着极大影响，对人的职业生涯有着重大影响，还通过人的能动性选择对组织本身产生巨大影响。例如，曾经在微软中国公司任总裁的吴士宏，从一定意义上说就是由于文化冲突而离开高位；而后，她选择了六家“求贤”单位中工资最低的民族企业 TCL 公司去任职，是要按照自己的意图做事，真正实现自己的价值。

三、人力资源思想的演进

在不同的历史条件下，有着对“人”的不同认识，从而形成了不同的管理学说。对“人”的管理及开发利用的思想的发展历史，可以分为以下几个时期。

(一) 传统劳动管理时期

早期的工厂制度在西方国家产生后，就出现了劳动管理。该时期管理活动的特点是关注分工、关注效率，把人作为机器的附属品。到了 19 世纪，以大规模市场、资本密集和官僚制为特征的经济组织出现，劳工的工作条件和工资待遇下降，资方和工头对工人采取高压驱动和粗暴管理的手段①，劳动问题大量出现，劳资之间冲突的加深更导致这种问题产生巨大的社会影响。这就使得对雇用劳动者的管理具有了劳动关系或产业关系管理的

① 王一江，孔繁敏. 现代企业中的人力资源管理. 上海：上海人民出版社，1998：1-8.

特征。

（二）泰罗制科学管理时期

19 世纪末至 20 世纪初，美国具有学徒、技工履历的总工程师泰罗，运用科学原理对企业中的劳动活动进行了研究，包括操作方法研究、工作时间测定等，并在此基础上形成了著名的“泰罗制”或称科学管理制度。尽管在泰罗制中已经运用了科学原理，但是在泰罗制的管理思想中，“人”是一种隶属于机械体系、类似于活的机器的对象，这样的思想是讲求工作规范但缺乏人性色彩的管理思想。①

（三）人际关系与行为科学管理时期

20 世纪 20 年代至 30 年代，美国学者梅奥等人在霍桑电器工厂进行的研究试验中，发现了“人”的心理和行为因素对生产效率影响巨大，因而产生了与泰罗制科学管理学说相反的人际关系管理学说。在这一时期，“人”得到承认和重视，成为组织中具有情感的管理对象。该时期的学说认为“人性善”，承认人的需求和人际关系，把搞好组织中的人际关系、提高劳动者士气和加强对员工的重视作为管理的重要内容。这一学说的人性色彩相当强，也是第一次重视人的存在、把“人”本身提到管理高度来认识。

而后在 20 世纪 50 年代，“行为科学”的理念被提出，其注意力从维护良好的人际关系进一步提高到对企业组织中人际关系的科学分析上。行为科学运用和发展了社会学、心理学和组织理论的成果，进行了人性研究（如 X 理论、Y 理论等）、需求研究、激励研究、组织行为研究、团体动力研究、领导行为研究等多方面的研究。

（四）新人际关系与泛人力资源管理时期

20 世纪 70 年代以来，现代管理科学迅速发展，学说流派众多，分支不断繁衍，具有了“管理科学丛林”的时代特征，形成了现代的一般系统管理理论②，在现代管理的实践中，则体现为权变管理思维与多种现代管理手段的综合运用。

近几十年来，越来越多的组织都认识到：要搞好自身的经营和在竞争中取胜，就要努力用好“人”，充分开发和利用人力资源，搞好对人力资源的管理。于是，新的用人理念迅速普及，人力资源和人才资源得到重视。

在管理科学迅速发展的氛围中，“人”不仅成为经济—技术—社会系统中的一种必不可少的复杂因素，而且成为组织财富的源泉甚至成为造就组织本身、决定组织兴衰生死的资源。在管理科学的丛林中，产生了相当多的具有非常明显的人性色彩的管理学说，它们注重员工的成长与发展机会，构成新人际关系学说。③ 这些学说既是与人力资源管理实践有关的管理理论的基础，其中的不少内容也构成人力资源管理的直接内容。

另外，近 30 年的管理实践也越来越向人力资源管理方面倾斜：一方面，人力资源管理的领域逐步扩大，地位得到提高，这是自身内容的对外泛化，例如对员工的职业生涯管理；另一方面，许多原来不属于人员管理的领域，也增加了人力资源的内容，这是整个管理学知识在人力资源管理领域的泛化，例如“人力资源会计”或“人力资本会计”、对经

---

① 关淑润. 人力资源管理. 北京：对外经济贸易大学出版社，2001：24-26.

② 孙耀君. 西方管理学名著提要. 南昌：江西人民出版社，1998：19-22.

③ ［英］安德泽杰·胡克金斯基. 管理宗师——世界一流的管理思想. 大连：东北财经大学出版社，1998：23-53.

理的选拔与能力开发等。这种泛化是人力资源管理作为组织的战略要素、效益源泉和重要工具的综合反映。

（五）人力资源开发管理时期

与微观的人力资源管理学说并行发展的，是宏观的人力资源开发利用学说。20 世纪 60 年代，著名的人力投资理论被提出，并得到一定的重视。80 年代以后，宏观的人力资源开发利用学说得到很大的发展，这些学说涉及了理论经济学、国民经济管理学以及教育学、公共政策学等广阔的领域，从而大大丰富了人力资源生产与使用的理论基础。对于人力资本理论的相关问题，详见后文，在这里不再赘述。

当今社会是知识经济和信息化的社会。在经济生活全球化、科技进步高速化、信息交流瞬息化、组织模式多元化、劳动形式多样化的情况下，社会经济格局变化巨大，组织之中的雇佣关系、分配关系、产权关系也正在发生着根本性的变革，这使得人力资源理念有了进一步的强化。从总体上看，当今社会，从各个国家到诸多的经济组织，已经比较普遍地把人力资源开发和管理作为最重要的工作内容之一，并正在把“人”放到最核心的地位。

四、人力资源的作用

（一）人力资源的基本作用

1. 人力资源是社会经济管理活动的前提

人力资源是构成社会经济运动的基本前提。从宏观的角度看，人力资源不仅在经济管理中必不可少，而且它还是组合、运作其他各种资源的主体。因此，人力资源成为最重要和最宝贵的资源。

2. 人力资源是经济增长的主要动力

研究经济增长问题的经济学家一致认为，“知识的进展”是促进 20 世纪经济增长的最主要因素。所谓知识进展，主要是对人力资源进行投资、开发，使社会劳动者的文化水平和专业理论、专业技能得到提高，具有更强的运用物质资源的能力。据美国经济学家丹尼逊计算，在美国长达 60 年的国民收入增长中，“增加投入量”的比重在下降，“提高产出率”的比重在上升。进一步分析可以知道，投入方面比重下降，主要在于物力因素，尤其是资本投入的下降；产出方面比重增加，主要在于人力因素（即“知识进展”）。这一结果也表明，国民经济增长的主要潜力，正在于人力资源方面。

（二）人力资源的现实作用

1. 有利于把人口转化为财富

我国作为世界第一号人口大国，肩负着养育 13 亿人口和提高其生活质量的重大任务。巨大的人口压力与我国尚不发达的经济水平，决定了我国必然存在诸多的经济社会问题。

解决好我国的人口向人力资源的转化问题，意味着将沉重的包袱转化为巨大的财富，将消极的压力转化为经济社会发展的强大动力，是 21 世纪中国既重大又紧迫的课题。这就要求我们必须搞好人力资源的开发与管理。

2. 有利于适应经济全球化的要求

目前，中国正在迅速全面地融入世界经济之中。我国的经济社会发展形势发生着非常大的变化，发展的空间更大，对高素质人才资源的需求大大增加。因此，进一步搞好对高层次人才资源的开发利用和管理，是我们完成 2010 年和 21 世纪中叶我国经济社会发展战略任务的战略性措施，这就要求我们用各种积极的、有利的、创新的、变通的政策来保证其实施。

3. 有利于塑造现代劳动者

我们知道，人的认识具有巨大的潜能，也具有巨大的可塑性。一个社会的组织，包括宏观组织和微观组织，对于人力资源进行开发与管理的种种活动，有利于人力资源本身的能力培养、潜能发挥和文化赋予，有利于其能力得到发挥、动力得以释放。这些活动在为组织创造效益的同时，也塑造了现代劳动者。

4. 有利于塑造现代组织

现代管理学认为，员工是组织的主体，是组织的主人，是组织的内部顾客，即是组织的“上帝”，组织的目标与员工的利益和目标是一致的。因此，进行人力资源开发与管理也就是在进行组织建设，是在塑造新时期的现代组织。

5. 有利于中国经济的进一步腾飞

中国拥有世界规模最大的人力资源，它是我们最宝贵的财富。早在改革开放之初，世界银行在对我国大规模贷款之前进行全面考察后指出：“在今后几十年内保持快速增长，对中国来说将是一项艰巨复杂的任务。”① 对于中国来说，资金、技术、设备都不成为发展的瓶颈，“中国的经济前景将取决于能否成功地调动和有效地使用一切资源，特别是人力资源”②。

21 世纪是亚洲世纪、中国世纪，21 世纪是“人”的世纪。在我们跨入 21 世纪的今天，在我们面对新经济挑战和经济全球化压力的情况下，采取什么措施来保证我国再持续一二十年以至更长时间经济增长、实现进一步腾飞？其秘密仍然在于进一步“成功地调动和有效地使用人力资源”。

第二节 个体人力资源的分析

一、人的能力

所谓“能力”，是指人们顺利实现某种活动的条件。研究人力资源，根本目的是为了运用“人”这种能力。从现实应用的形态看，能力要素包括体力、智力、知识、技能四部分。人力资源拥有的体力、智力、知识和技能，使其具有推动物质资源的各种具体能力。而体力、智力、知识、技能四者的不同组合，形成了人力资源丰富多样的内容。

(一) 体力要素

体力是人的身体素质。从一般意义上说，体力包括力量、耐力（持久力）、速度、灵敏度、柔韧度等人体运动生理指标；从劳动的角度来看，还应当包括对外界的适应能力、

①② 世界银行. 世界银行中国经济考察报告——1984. 北京：中国财政经济出版社，1984.

劳动负荷能力和消除疲劳的能力。体力在人力资源总体能力中处于基础的地位。

所谓基础，有两层意义：其一，它是人们劳动、人体做功时能量消耗的物质提供者，也是能量补充的承担者；其二，它是人体获得智力、知识、技能和在劳动中发挥智力、运用知识技能的基础。一般来说，没有比较健康的身体，就难以从事正常的社会劳动，也难以继续提高智力、知识、技能水平。

从一般性的劳动来说，不同的人力资源个体，其体力水平一般不致相差很大。与智力相比，体力这一因素显然也是比较简单的。

（二）智力要素

1. 智力的含义

智力是一个既非常重要又相当复杂的范畴。世界上关于智力的定义多达数百种。一般来说，智力是指人认识客观事物、运用知识、解决实际问题的能力，也就是人的聪明程度。对于智力的内容和本质，人们有着不同的说法。根据现代脑生理学的研究，人的大脑可以分为四个功能区：感觉区、记忆区、判断区、想象区。心理学家在分析智力结构时，一般都承认包括感知力（特别是其中的观察力）、记忆力、思维力、想象力这四个方面。有的学者把思维力分为判断力、思考力，或者称为逻辑思维能力、逻辑推理能力；有的学者还在这四种“力”之外再加上实践能力，等等。

人的智力有高有低，一定程度上决定了人力资源能力的不同。对于智力水平的衡量，一般采用心理学智力测验结果的“智商”（IQ）指标。一般来说，人的智商水平呈现正态分布状态，100 分为标准平均状态，在 90～109 分之间属于正常智力，分数越高，智力水平就越高。

2. 智力要素分析

在智力的四要素中，感知力是智力活动的前提，或者说，是智力的初始环节。外界事物是通过人的感官进入大脑的。如果一个人的感知力差，不能从外界及时、准确、精细地取得信息，他就不能顺利地进行思维。记忆力在智力活动中如同电子计算机的存储器，它将从外界感知的信息分类整理，分别存入大脑细胞之中。思维力是智力活动的核心内容，它包括归纳、概括、抽象、类比、具体化（形象化）、判断、演绎、推理等。显然，在智力诸要素之中思维力最为重要，人们说的“聪明”，主要就是指思维能力强。想象力则如同智力活动的“翅膀”，它包括根据原有事物的模式想象出具体事物的再造想象和在人的头脑中构成新事物模式的创造想象。

关于智力的要素、结构和内容，是心理学争论纷纭的领域。人们对该方面关注最多的有以下方面：

（1）创造力与智力的关系。一般来说，创造力与智力水平有着一定的正相关性，但创造力比智力更复杂、难度更大。在一定意义上可以说，创造力是一种高级的智力。

（2）社会智力。我国著名人才学和人事管理学家王通讯把智力总体分为智力 1 和智力 2。其中智力 1 即一般说的智力，亦即基本智力；智力 2 则是社会智力，包括规划能力、沟通能力等属于智力在社会应用领域方面的内容。可以说，被人们称为“情商”的情感智力也属于社会智力的范畴。

（3）多元智力。近年心理学说的发展趋势是对智力持“多元”的看法。多元智力学说由美国心理学家加德纳提出，他认为，智力是在某种文化环境的价值标准之下，个体用以解决问题与生产创造所需要的能力，传统的智力范畴偏重对知识的测量，因此窄化甚至曲解了人类的智力。加德纳所指的多元智力包含以下八种能力：语文能力、数理能力、空间能力、音乐能力、运动能力、社交能力、自知能力、自然能力。这样就较全面地概括了和人的各方面生活相关的能力。美国耶鲁大学教授斯腾伯格教授还提出智力三元论，指出智力是个统合体，由“组合性智力、经验性智力、情境因应智力”① 三个成分组成。

（三）知识要素

1. 知识的定义

知识，是指人们头脑中所记忆的经验和理论，或者说是头脑中储存的信息。知识分为“一般经验”和“理论”两种。当知识带有逻辑性、体系性和科学性时，就成为理论或者学说；一般经验则是形成理论知识之前的东西，是零碎的、片段的，其正确度通常也较差。

2. 知识的内容

对于知识的内容，可以从以下两个角度进行划分：

经济合作发展组织对“知识经济”进行了研究，将知识的内容划分为以下四个方面：

其一，事实知识（know-what），指的是人类对某些事物的基本认识和所掌握的基本情况。比如华盛顿的面积、北京市的人口、候鸟的飞行路线等。

其二，原理和规律知识（know-why），即对某些事情和事件发生的原因和规律的认识，比如宇宙的起源、生物进化和价值规律等。

其三，技能知识（know-how），也就是说，知道实现某项计划和制造某个产品的方法、技能和诀窍等。

其四，知识产生源头的知识（know-who），即知道是谁创造的知识。

从人力资源所具备的能力及其应用的角度看，知识可以分为三个部分：

其一，一般知识或者说普通知识，它反映了某个人力资源个体的一般文化水平。

其二，专业理论知识，它和一般知识共同构成的整体知识层次，基本上由一个人接受教育的程度所决定，这往往决定了人力资源个体在人力资源市场上的主要竞争力。

其三，工作知识，包括职业技能操作水平、工作经验、职业阅历等。

（四）技能要素

技能，用通俗的话说就是技术、技巧，其含义是人们从事活动的某种动作能力，是人经过长期实践活动所形成的顺序化、自动化、完善化的动作系列。人的技能通过反复练习而形成，经过反复练习以后，不协调的、错误的、多余的动作就会大大减少，以至于完全消除。这样，某种动作熟练了，技能就形成了。技能形成的标志是动作的准确性，它包括动作的方向、距离、速度、力量的准确。

技能在劳动能力中极为重要，它可以分为一般技能和特殊技能两大类。特殊技能即职业技能。劳动分工包括行业、职业两个方面：行业分工是从产品的角度划分的；职业分工是从职业、工种方面，也就是主要从技能的差异方面进行划分的。各行各业都有自己独特

---

① 张春兴．现代心理学．上海：上海人民出版社，2005：313-314．

的技能，“三百六十行，行行出状元”，所谓“状元”就是各种行业中拥有高超职业劳动技能的人。

应当指出，对于技能这一范畴，不能理解为只是“简单的、动手的、体力的、蓝领工人的技术”。实际上，技能也有着高低不同的层次，它还包括心智技能。例如有“开机器”的传统工业操作技能，也有一分钟 200 字以上的计算机录入技能，更有计算机图形设计和编程的技能。

人的各种能力要素的不同组合，形成人力资源的不同能力要素结构。其能力要素结构用图 1-2 表示如下。

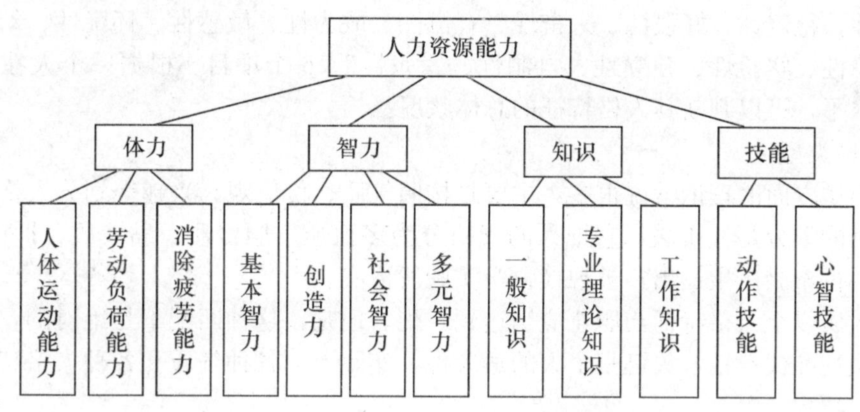

图 1-2 人力资源能力要素结构

进一步来说，人的能力要素可以从四大方面细化到十几个因素，而且还可以根据职业的不同进行更细的划分。

从整体考量能力诸要素，需要注意两个问题，其一是冰山理论；其二是核心能力。冰山理论是指人的能力被认识的只是冰山一角，大部分能力尚处于潜在状态。核心能力是指要把握的最重要的能力。

二、人的个性人格

（一）个性的含义

人的个性，即人在心理条件上的不同特点。个性，用通俗的话来说，即人的“脾气秉性”；用心理学的语言来说，是个体经常地、稳定地表现出来的心理特征（如性格、兴趣、气质等）的总和。西方心理学称之为“人格”。个性心理特征，是在个体生理素质的基础上和一定的社会条件下，通过个人的社会实践活动，受到教育和环境的影响逐步形成和发展起来的。人的个性心理特征是通过心理过程形成的，已经形成的个性心理特征反过来又会制约心理过程，并在心理过程中表现出来。

人的个性与人作为特定的资源并得到运用有着重要联系。首先，人们个性中的性格、兴趣、气质等，制约着人们职业种类和就业单位的选择。其次，在一定的岗位上，由于人的个性不同，人力资源运用的效果也大不一样。例如，张三活泼好动，李四文静细心，同在公共关系岗位上，张三会比李四做得成功；若同在会计岗位上，李四会比张三做得出色。因此，人应当寻求适合自己的职业，在合适的岗位上发挥自己的才能，发展和完善自己的个性。

（二）人格学说

1. 人格特性论

人格特性与职业因素匹配的基础，是人格特性理论。人格特性理论认为，人格可以划分为若干种特性，每一特性都是人所共有的，但不同的人在同一特性方面的强度或水平数值是不同的，不同的人有不同的人格特性结构，因而就有了人格的差异。

对人格特性有着不同的划分，应用较多的是卡特尔的16种人格因素（16PF）理论。[①]卡特尔提出人格特性分为表面特性与根源特性，根源特性是人格的基本特性，包括“乐群性、聪慧性、稳定性、好强性、兴奋性、有恒性、敢为性、敏感性、怀疑性、幻想性、世故性、忧虑性、实验性、独立性、自制性、紧张性”16个项目。根据一个人在这些项目上的不同水平，可以判断其人格特征的总体状况。

2. 人格类型论

人格类型方面的理论学说很多，主要是按照气质、价值观、兴趣等划分人格类型的学说。最常见的划分是气质法，它把人的气质分为多血质、胆汁质、黏液质、抑郁质四种。这种方法由古希腊医生提出，被现代科学实验所证实。

人的气质以至人格特征与职业应当达到匹配。但是，这种匹配不是绝对的，因为人有一定的可塑性和代偿性，关键是个人的适应性。实际上，各种气质和各种人格特征的人都能够取得成功。

3. 大五人格论

比上述人格类型更简明、更常见、更实用的，是科斯塔和麦克雷提出的“五大人格”或“大五人格”（five-factor model，FFM）理论。这一理论把人格分为五个大的因素类别，并依此制成了大五人格测验工具。这五大因素类别包括：

（1）亲和性（agreeableness），也称为合作性，其特征为具有亲和力、体贴和同情心。

（2）可靠性（conscientiousness），也称责任感，指注重细节、尽忠职守和富有责任感的特征。

（3）外向性（extroversion），包括有活力、主动性及社交性。

（4）情绪稳定性（emotional stability），指针对情绪的控制力与对压力的容忍力。

（5）经验的开放性（openness to experience），也称创新性，其特征为独立并能够包容不同的经验。[②]

我国心理学家孟庆茂认为，在个性人格方面，对中国人而言，五大人格中最主要的在于责任感、合作性和创新性三个方面。

（三）个性人格与工作的匹配

每一个人力资源个体都具有一定的个性特点，这种特点与使用该资源的工作岗位特点相适合，具有重要的意义。美国职业指导专家霍兰德从心理学价值观理论出发，通过总结大量的职业咨询指导实例，提出了基于职业活动这种人力资源应用意义上的人格分类，包

① ［美］L. A. 珀文. 人格科学. 上海：华东师范大学出版社，2001：16.

② 李诚. 人力资源管理的12堂课. 上海：中信出版社，2002：58-59.

括现实型、调研型、艺术型、社会型、企业型、常规型六种基本类型，相应地，社会职业也分为六种基本类型，从而形成“人职匹配理论”。

1. 现实型

现实型也称实际型。属于现实型人格者，一般喜欢从事技艺性或机械性的工作，能够独立钻研业务、完成任务，他们长于动手并以“技术高”为荣；不足之处是处理人际关系的能力较差。属于这一类型的职业有木工、机床操作工（如车工等）、制图员、农民、X光机的技师、飞机机械师、电工、机修工等。

2. 调研型

调研型也称调查型、研究型或思维型。属于调研型人格者，喜欢思考性、智力性、独立性、自主性的工作。这类人往往有较高的智力水平和科研能力，注重理论；但缺点是不重视实际，考虑问题偏于理想化，且领导他人、说服他人的能力较弱。属于该类的职业有科学研究人员、技术开发人员、计算机程序设计人员、专业学者、实验员等。

3. 艺术型

属于艺术型人格者，喜欢通过各种媒介表达自我的感受（如绘画、表演、写作），其审美能力较强，感情丰富且易冲动，不顺从他人；其不足之处是往往缺乏从事行政类具体工作的能力。该类职业有作曲家、画家、作家、演员、摄影师等。

4. 社会型

社会型也称服务型。属于社会型人格者，喜欢与人交往，乐于助人，关心社会问题，常出席社交场合，对于公共服务与教育活动感兴趣；其不足之处是往往缺乏机械运用能力。该类职业有导游、福利机构工作者、社会工作者、心理医生、社会科学教师、学校领导、公共保健护士等。

5. 企业型

企业型，也称决策型或领导型。属于企业型人格者，其性格外向，直率、果敢、精力充沛、自信心强，有支配他人的倾向和说服他人的能力，敢于冒险；其不足之处是忽视理论，自身的科学研究能力也较差。该类职业有厂长、经理、营销员、商品批发员、律师、市长、校长、生产调度员等。

6. 常规型

常规型也称传统型。属于常规型人格者，喜欢从事有条理、有秩序的工作，按部就班、循规蹈矩、踏实稳重，讲求准确性（如数字、资料），愿意执行他人命令、接受指挥而不愿独立负责或指挥他人；不足之处是为人拘谨、保守、缺乏创新。该类职业有记账员、会计、银行出纳、速记员、打字员、办公室职员、统计员、计算机操作者、图书资料档案管理员、秘书等。

从理论上说，每一种类型的人都有自己的特点和长处，也有一定的短处。但从社会的角度来看，人的心理差异无所谓哪一种好些、哪一种差些，而只有与职业类型是否协调、是否匹配的问题。社会中的人是复杂的，往往不能用一种类型来简单概括，而是兼有多种类型的特点，以一种类型为主同时具备他种类型的特质。因此，职业问题专家还提出若干种中间类型或同时具备三种类型特性的职业类型群。

三、情感智力

(一) 情感及其作用

1. 情感的内容

情感，也称情绪。人的情感是一个非常复杂的范畴，一个人的喜怒哀乐、七情六欲，往往是让人难于捉摸、无法把握的，但它的重要性又日益为各界人士所认识。在几十年前，就有学者关心智力之外的成功因素。美国学者小乔治·盖洛普在20世纪80年代的研究中就得出“成功的最主要因素是‘知情达理’，而智力因素仅仅排在第四位”的结论。这实际上就是情感的社会面问题。我国教育学家燕国材在20世纪80年代初也提出非智力因素对人的成长有重大作用的观点。

从狭义的角度看待情感问题，即看待人们对待客观事物的态度及相应的行为反应，主要是人的自我认识和评价、自身的动力因素和对待外界的反应。因此，在人格因素中的“情感”因素就有着自信心、需要与动机、耐冲击力以及情绪稳定性的内容。进一步来说，人们还有对待自己、对待自身活动及与他人关系的自觉看法，并能由此能动地处理自身与外部的关系，处理工作沟通中的问题。基于这一背景，“情商”（EQ）学说就成为风靡世界的热点话题。

2. 情感因素的作用

据心理学家的研究结果，一个人的情感因素状况，与其生活的方方面面都有着重大的联系，“情商”在个人事业成功方面的作用大大高于智商的作用。一个人的发展前途、功名利禄，甚至生老病死、姻缘聚散，都能够从情商中找到线索。因而，不少学者和管理实践者都在关注和研究情感因素尤其是“情商”在组织管理中的作用，以有效地解决如何开发与管理人力资源的问题。

(二) 情感智力学说

在对情感因素的把握中，很重要的一个问题就是对它的测量，一些学者使用了“情商”（emotional quotient，EQ）的概念。所谓“情商”，是指人们在情感方面的心理测试指标，正如同“智商”是人们智力方面的心理测试指标。

“情商”包含了丰富的内容，但它是一个界限并不清楚的模糊概念。其内容的复杂性，显然决不仅仅是因为人力资源自身的多重个性，而且还与人的社会品格和人与外部世界的关系紧密相关。对这种复杂的概念，要完成科学的测量是极其困难的。

对此，该学说的发明人、美国心理学家戈尔曼指出，这种人们在情绪方面的特征是一种智力，因而称为情感智力或情绪智力（emotional intelligence，EI）。但是，这种情感智力的各构成部分目前还不能够全部测量，因而不能计算出其得分水平即“情感商”（emotional intelligence quotient），而只能够计算“情感智力”。

从一般的角度看，人们的情感智力包括五大内容：

（1）对自身情绪的体察；

（2）对自身情绪的把握；

（3）对他人情绪的认识；

（4）对人际关系的把握；

（5）对于自身的要求和激励。

四、人的行为

人，是一个“神秘”的客体。不同的人具有不同的脾气、个性；不同的人有着不同的价值取向、生活目标；不同的人对于同样的事物有着不同的看法、反应和对策；不同的人有着不同的行为方式。我们研究社会人力资源问题，有必要对人的行为进行分析，从而把握人的意识这个根本方面。

按照行为科学家的研究，人的行为是由动机引起的，动机又是由人的需要决定的。这就形成了“需要—动机—行为”这样一个链条。进一步分析，这个链条还可扩充为以下状态，见图1-3。

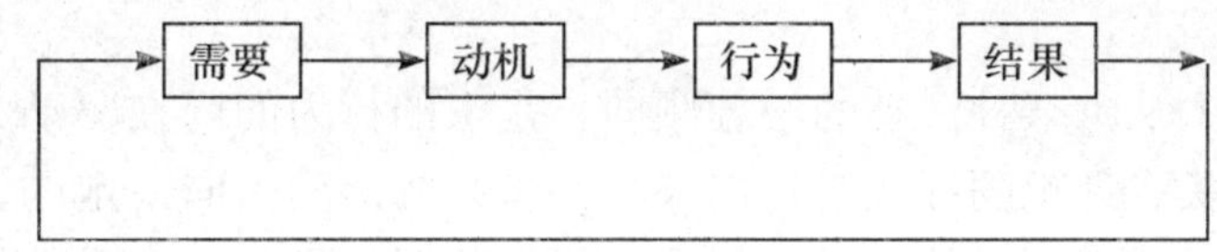

图1-3 人的行为链条

下面对该链条进行详细分析。

（一）需要

1. 需要范畴

所谓“需要”，是指人们缺乏某种东西而产生的一种“想得到”的心理状态，通常以对某种客体的欲望、意愿、兴趣等形式表现出来。

人的生理状态、个人的认知（思想）和外部环境在一定条件下均能引起需要。需要同人的活动紧密相关，是行为的基本动力。需要一旦被意识到，就以动机的形式表现出来，激发人去行动，驱使人从一定的方向追求一定的目标，以求得自身的满足。需要越强烈、越迫切，所引起的行动就会越有力、越迅速，人的潜能调动也会越多。

2. 马斯洛需要层次理论

马斯洛提出的需要层次理论，常见的是五层次论，但其晚年又将之扩展为更加完善的七层次论。这七个层次包括：

（1）生理需要，即对维持生命所需要的衣、食、住等方面的需要。

（2）安全需要，即希望得到安全保障，以免遭受危险和威胁的需要。

（3）社交需要，即归属感，希望得到伙伴、友谊、爱情以及归属于某一组织的需要。

（4）尊重需要，即自尊心，希望他人尊重自己的需要。

（5）求知需要，即好奇心、求知欲、探索心理和希望达到对事物的认知和理解的需要。

（6）审美需要，即追求匀称、整齐、和谐、鲜艳、美丽等事物而引起的心理上的需要。

（7）自我实现需要，即希望施展个人抱负和有所成就的需要。

上述七个需要层次，构成一个由宽到窄的塔形结构。马斯洛认为，当某一层次的需要得到满足以后，下一层次的需要就会产生，而已经得到满足的需要也就不再成为行为的诱因。

3. 成就需要理论

麦克利兰提出成就需要理论。该理论认为，在人的生理需要基本得到满足的前提下，人的基本需要有三种：成就需要、权力需要和友谊需要。这三种需要中，成就需要的高低对一个人、一个企业、一个国家的发展和成长起着特别重要的作用。高成就需要的人一般都较为关心事业成败，喜欢挑战性的工作，愿意承担责任，敢冒风险，并且希望得到对他们所做工作的具体反馈。

不同的人对于成就、权力和友谊三种需要的排列顺序和赋予的比重不同，人们的行为主要决定于被环境激起的那些需要。决定一个人成就需要水平的因素有两个：直接环境和个性。人们的成就需要可以通过教育和培训得到激发和提高。

（二）动机

动机，是指个人从事某种活动的心理倾向，是人的行为的内在驱动力和直接原因。动机通常以愿望、念头、理想的形式表现出来，并将人的活动引向一定的、能满足某种需要的具体目标。人的动机有不同的分类：根据动机的起源，可分为内部动机和外部动机；根据动机的性质，可分为高尚动机与低级动机；根据动机作用的强弱，可分为主导动机和次要动机；等等。

动机在需要的基础上产生。当某种需要被意识到并成为推动和维持人们活动的动力时，这种需要就成为行为的动机。除了需要外，动机的产生还受到外在条件的影响。影响动机的个人心理因素有：个人的兴趣、爱好、价值观和抱负水准。个人兴趣和爱好决定人的行为方向，价值观和抱负影响动机强度和行为调动的程度。

（三）行为

行为，是指人们去做某种事，即人们的某种有意识、有目的的活动。行为是个体与环境相互作用的结果。用公式表示为：

$$B=f(P \cdot E)$$

式中，B为人的行为，P为个体，E为环境，f为它们之间的函数关系。这一公式的含义是：人的行为是在人的生理、心理等内部身心状况的基础上，因时、因地、因所处环境的不同而表现出的不同反应。

人的行为受动机支配，动机又以需要为动因、以目标为诱因而形成。个体内在的需要、愿望、紧张、不满等构成动因，是人产生行为的内部原因；目标构成行为定向的诱因，是行为产生的外部原因。影响人的行为的主要因素有：（1）个人因素。包括个人的家庭、教育、生活经验与工作经验、身心健康状况、个人心理特点等。（2）环境因素。包括自然环境和政治、经济、法律等社会环境。（3）文化因素。包括一般的社会文化因素和具体的组织文化因素。（4）情境因素。即通过制造一种情境使人改变行为，如利用组织赋予个人的权力影响人的行为或威胁他人以改变其行为。

人类的行为复杂多样，可以按照不同的标准进行分类。根据行为主体不同，可分为个体行为、群体行为和组织行为；根据行为的性质和内容，可分为政治行为、经济行为、社会行为、管理行为、宗教行为等。人的经济行为，总的来看包括生产性行为和消费性行为两种，其核心内容是使生产能够进行的个人劳动行为。人的劳动行为以及导致他“在何处工作”的人力资源供给行为，正是我们研究的重点。

五、人的价值观

（一）价值观

所谓价值，是指对个人有用的或重要的东西，并往往是个人追求的东西，价值观则是人们对事物的基本理念和看法。美国心理学家斯普兰格提出了六种价值观的学说，包括理论型、经济型、艺术型、社交型、权力型和宗教型。

人的不同价值观，决定了人们从事各种活动的最基本的个人心理倾向。因此，价值观有助于形成人的行为。进而言之，价值观实际上是影响着人们的社会意识、决定着人们社会行为的最基本的内因。进一步来说，人的不同的价值观影响和决定着人力资源个体的不同职业岗位的选择，也在一定程度上决定着人们就业后的工作态度与工作绩效。

（二）职业价值观

所谓职业价值观，是指人们在职业、就业、工作、劳动方面的各种具体的观念、想法和价值判断标准，也称工作价值观。日本学者田崎仁把人的职业价值观或工作价值观划分为九种类型，美国学者戴夫·法兰西斯提出“人生源动力”的观点，与其是完全一致的。下面简要介绍。

1. 独立经营型

这种类型的人不愿受别人指挥，而凭自己的能力拥有自己的工作和生活领地，如个体工商户、私人开业医生、私人律师等。

2. 经济型

这种类型的人认为“钱可通神”，金钱就是一切，人与人之间的关系是金钱关系，连父母与子女之间的爱也带有金钱的烙印。

3. 支配型

支配型也称独断专行型。这种类型的人想当组织的领导者，他们无视别人的想法，通过支配他人而获得心理满足。

4. 自尊型

这种类型的人想要受尊敬的欲望很强，渴望能有社会地位和名誉，希望常常受到众人尊敬；当欲望得不到满足时，由于过于强烈的自我意识，有时反而很自卑。

5. 自我实现型

这种类型的人对世俗的观点、利益等并不关心，一心一意想发挥个性、追求真理，不考虑收入、地位及他人对自己的看法。他们尽力挖掘自己的潜力，施展自己的本领，并视此为人生的意义。

6. 志愿型

这种类型的人富于同情心，不愿干表面上哗众取宠的事，而是把别人的痛苦视为自己的痛苦，通过帮助别人来获得自己的心理满足与快乐。

7. 家庭中心型

这种类型的人过着十分平凡但又安定的生活，重视家庭，为人踏实，生活态度保守，不敢冒险，对待职业问题很慎重。

8. 才能型

这种类型的人单纯活泼，重视个人才能的表现与被承认，把受到周围人欢迎视为乐趣，能以不凡的谈吐、新颖的服装博得众人好感，常能使周围气氛活跃。

9. 自由型

这种类型的人开始工作时无目的、无计划，但能调整行为以适应职业环境。他们不麻烦他人，无拘无束，生活随便，常被周围的人认为缺乏责任感，实际上他们能够承担有限的责任。

第三节　管理与人力资源管理

一、管理基本范畴

(一) 管理的本质

管理是一个无处不在的重要的社会范畴。对“管理”一词比较全面的表述是：管理者在特定的环境下，对组织所拥有的各种资源行使各种职能，保证以有效的方式实现组织既定目标的过程。

组织管理活动的过程可见图 1-4。

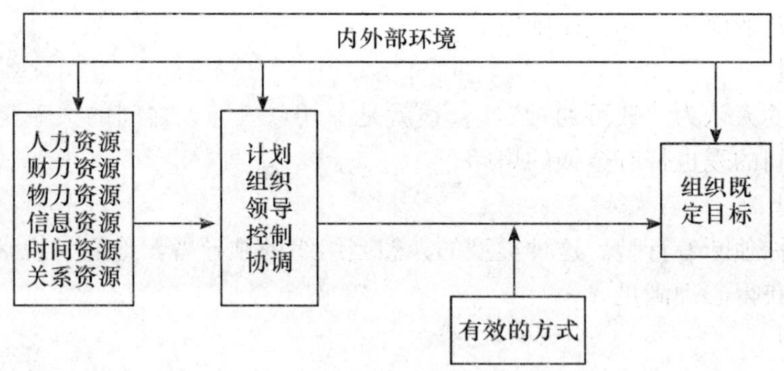

图 1-4　组织管理活动示意图

由图 1-4 可以看出，管理活动包括以下五个要点：

其一，管理是为了实现组织的既定目标，因此管理是一个有目的、有意识的活动过程。组织的目标在不同时期可能有所不同，同一时期的目标可能也是多层次、多方面的。

其二，管理的基本对象是组织所拥有的各种资源，如人力资源、财力资源、物力资源、时间资源、关系资源等。资源既是管理的对象，也是管理活动的基础。

其三，管理过程是由一系列相关职能组成的，这些职能包括计划、组织、领导、控制、协调等。管理职能是管理者进行管理活动的方法和手段，同时也是管理活动区别于一般作业活动的标志。

其四，管理活动是在特定的环境下进行的，要受到组织内外部环境因素的制约。外部环境的影响如企业的生产经营活动要遵守国家的法律和政策，满足客户的要求；内部环境的影响如企业要考虑人员的状况、资金的状况等。

其五，管理要以最有效的方式来实现目标。这正是管理的价值所在，管理要通过各种手段和方式以最小的资源投入来实现既定的目标。

（二）管理的目标

通过对管理本质的理解，可以看出管理活动的主要目标就是追求高效率和高效果。效率是指资源的利用程度，即投入与产出的关系。投入包括资金、技术、信息、劳动力、原材料和时间等；产出指生产经营活动的结果，包括产品或服务，当然这些产品或服务必须是合格或有效的。效率提高主要有三种方式：一是投入不变的条件下提高产出；二是产出不变的条件下减少投入；三是提高产出的同时降低投入。效率越高表示资源的利用程度越高。在提高效率的过程中，管理的作用是不可忽视的。德鲁克曾经说过："提高生产率的最大契机一定可以在知识的运用中，特别是在管理本身的运用中找到。"效果是指目标的达成程度，当管理实现或有助于实现组织目标时，就可以说它是有效果的。管理活动就是要在组织目标的指引下，实现低资源浪费（高效率）、高目标达成（高效果），如图 1－5 所示。

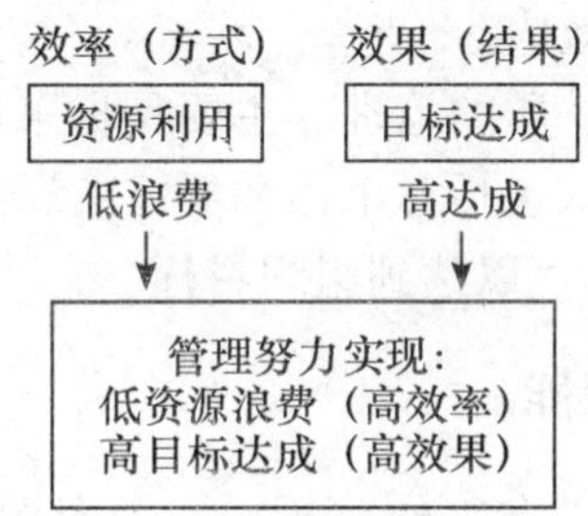

图 1－5 管理活动的目标

二、人力资源管理的概念

人力资源管理这一概念是在德鲁克 1954 年提出人力资源概念之后出现的，虽然它出现的时间不长，但是发展的速度却非常快。对于它的含义，国内外的学者们也给出了诸多的解释，综合起来可以分为以下三大类：

第一类是由德鲁克等人提出的。他们认为，人力资源管理是管理人员具有的、一种广泛意义上的普通管理职能，其目的是为了对工作场所的个体进行适当的管理，具体包括理解、维持、开发、利用和协调一致。因此，人力资源管理的这一定义是建立在"人本主义"管理哲学的基础之上的，它把组织中的人力资源即组织的所有员工都作为组织的一种有价值的资源，而不是把他们看成组织应该最大限度减少的成本开支。根据这种人本主义的观点，舒勒在《管理人力资源》一书中对人力资源管理定义如下："人力资源管理是采取一系列管理活动来保证对人力资源进行有效的管理，其目的是为了实现个人、社会和企业的利益。"

第二类是由海勒曼等人提出的。他们认为，人力资源管理是人事管理的一个新的名称，是由专业人员从事的员工管理，这一定义是建立在这样一种假设基础之上的，即现在的管理实践和管理活动是最好的并且是可以接受的，可以用来对员工进行有效的管理，并且这些管理实践是可以被不断丰富的。例如，根据这种观点，加里·德斯勒就认为人力资源管理即人事管理，是指"为了完成管理工作中涉及人或人事方面的任务所需要掌握的各种概念和技术"。

第三类是由英国管理主义学派的主要代表人物斯托瑞等人在20世纪80年代提出的。作为员工至上学说的信奉者和多元主义的拥护者，斯托瑞等人认为，从本质上讲，人力资源管理是为了躲避工会和掩饰管理控制方法的一种复杂的管理方式。他们认为，人力资源管理是用来显示管理人合法性的一种不同方法，而不是作为工具或手段。

综合以上观点，我们认为，人力资源管理就是指运用现代化的科学方法，对与一定物力相结合的人力进行合理的培训、组织和调配，使人力、物力经常保持最佳比例，同时对人的思想、心理和行为进行恰当的诱导、控制和协调，充分发挥人的主观能动性，使人尽其才、事得其人、人事相宜，以实现组织目标。根据定义，可以从两个方面来理解人力资源管理，即：

（1）对人力资源外在要素——量的管理。对人力资源进行量的管理，就是根据人力和物力及其变化，对人力进行恰当的培训、组织和协调，使二者有机结合并经常保持最佳比例，使人和物都充分发挥出最佳效应。

（2）对人力资源内在要素——质的管理。主要是指采用现代化的科学方法，对人的思想、心理和行为进行有效的管理（包括对个体和群体的思想、心理和行为的协调、控制和管理），充分发挥人的主观能动性，以达到组织目标。

三、人力资源管理的主要职能

人力资源管理的职能主要体现在工作分析、人力资源规划、招聘与甄选、员工培训、绩效管理、薪酬管理、劳动关系管理、职业生涯管理、制度管理等方面。

（一）工作分析

工作分析是确定工作内容、性质及完成工作所需技能、责任和知识的系统过程。它是一种重要的人力资源管理职能。工作分析需要全面了解、获取与工作有关的详细信息，对组织中某个特定岗位的工作内容和职务规范（任职资格）进行描述和研究，即制定职务说明和职务规范。

（二）人力资源规划

人力资源规划是分析组织在环境的变化中人力资源的需求状况并制定必要的政策和措施以满足这些需求。具体来讲，就是要在组织和员工的目标达到最大一致的情况下，使人力资源的供给和需求达到最佳平衡，确保组织在需要的时间和需要的岗位上获得各种所需的人才（包括数量和质量两个方面）。企业的人力资源规划必须与企业战略保持协调一致，而企业战略的制定是受制于外部环境的变化的，因此，人力资源规划必须具有战略眼光，要整合企业各种资源，综合考虑人力资源管理的各项职能，发挥企业优势，回避劣势，以适应内外部环境的发展变化。

（三）招聘与甄选

招聘与甄选是企业采取科学的方法寻找、吸引具备资格的个人到本企业来任职，从而选出适宜人员予以录用的管理过程。在知识经济时代，企业的竞争将集中体现在人才的竞争，因此，企业人才储备与开发将是极其重要的一环。企业为了实现其目标，必须拥有能够胜任工作的员工。通过人力资源规划确定了人力资源需求与供给状况，还必须通过招聘与选拔保证组织能够在需要的时候聘用到那些最适合组织及招聘岗位要求的人，并安置到具体的工作岗位上。

（四）员工培训

员工培训是企业为适应业务发展及培育人才的需要，采用补习、进修、考察等方式，对员工进行有计划的培养和训练，使其适应新的要求，不断更新知识，保证胜任现职工作及将来担任更重要职务，并适应新技术革命所带来的知识结构、技术结构、管理结构等方面的深刻变化的要求。根据员工的不同类别和不同的成长阶段，有入职培训、晋升培训、绩效改善培训、转岗培训及岗位资格培训等。人力资源的培训与职业生涯规划密切相关。

（五）绩效管理

绩效管理是通过有效的体系综合地管理组织绩效和员工绩效。绩效管理的中心目标是发挥员工的积极性和创造力，挖掘员工的潜力，并将组织战略目标的实现与员工个体职业生涯的发展有机结合起来，提高组织绩效的同时实现员工的个人发展和价值。绩效管理是现代人力资源管理的重要内容和核心职能之一。绩效考核是用正式的结构化的制度，来衡量、考核并影响与员工工作有关的特性、行为和结果，考核员工的实际绩效，绩效考核是绩效管理流程中的核心环节。

（六）薪酬管理

薪酬管理是企业根据员工为实现组织目标所做的贡献，包括实现的绩效，付出的努力、时间、学识、技能、经验与创造，运用薪酬制度给予的相应的回报。薪酬通常包括工资、奖励、津贴和福利等四个主要的组成部分。薪酬管理的原则是对外竞争性、对内公正性、对员工激励性。除了经济性报酬之外，还有舒适的工作环境、良好的工作氛围、完成工作的成就感等非经济报酬。

（七）劳动关系管理

劳动关系是劳动者与用人单位，包括各类企业、个体工商户、事业单位等，在劳动过程中建立的社会经济关系。任何劳动者与任何性质的用人单位之间因从事劳动而结成的社会关系都属于劳动关系的范畴。当劳动者加入某一个用人单位，成为该单位的一员，并参加单位的生产劳动，劳动者与用人单位的劳动关系便形成了，双方所约定的工作任务、劳动条件、工作时间、工作年限、劳动报酬、劳动保护、社会保障和生活福利、劳动纪律等就是劳动关系所涉及的主要内容。处理好劳动关系是人力资源管理的重要内容。

（八）职业生涯管理

职业生涯管理是建立在有组织的员工职业生涯规划和发展的基础之上，一方面正确识别员工的能力和技能，引导员工的职业发展方向，加强和提高企业进行人力资源管理活动的准确性，增强员工在工作场所的适应能力和竞争能力；另一方面，有效的员工职业生涯管理活动又能通过员工的努力提高企业的获利能力和水平，最终的结果是达到组织和员工的双赢。个人的职业发展和组织的需要并不是冲突的，组织通过职业生涯规划与管理，能够使组织和员工的需要都得到满足。

（九）制度管理

制度是应遵循的行为规范。人力资源管理制度是企业管理制度的重要组成部分，是企业管理制度的下属制度层次的一部分。人力资源管理制度一方面有利于协调和加强组织内部的合作关系，使不同分工的员工与部门知道如何行动，另一方面岗位职责、绩效考评、薪酬分配等人力资源管理制度的建立有利于实现管理的规范化与科学化，另外，人力资源管理制度的建立有利于吸引和留住人才，有利于组织保持长久的竞争优势。

四、现代人力资源管理的基本特征

从社会经济活动细胞——组织的角度看，现代的人力资源管理具有以下基本特征。

（一）人力资源管理立意的战略性

人力资源在现代组织中的职能和作用至关重要，因此，管理学家和管理实践者将人力资源管理、市场管理、财务管理和生产管理视为企业的四大运营职能。在当今世界市场领先和市场营销人员比重很大的情况下，在虚拟生产方式出现后对管理的要求愈加严格的情况下，在技术竞争非常严酷和技术作用日趋重大的情况下，经营管理人才、技术人才的作用进一步凸显，人力资源管理的作用就更为重要。因此，许多组织的经营层把人力资源看作是“第一资源”，把人力资源管理工作提升到组织战略的高度。由此，人力资源管理部门的地位也随之日益提高，可以说已经属于组织的战略管理部门，并能够在一定程度上参与组织的决策。

（二）人力资源管理内容的广泛性

随着时代的发展，人力资源管理的范围日趋扩大，其内容也在泛化。现代组织的人力资源管理范畴包括相当广泛的内容，除去以往的招聘、薪酬、考核、劳资关系等人事管理内容外，还把与“人”有关的内容大量纳入其范围，诸如机构的设计、职位的设置、人才的吸引、领导者的任用、员工激励、培训与发展、组织文化、团队建设、组织发展等。

（三）人力资源管理对象的目的性

传统的劳动人事管理，是以组织的工作任务完成为目标的，员工个人是完成组织任务的工具。现代人力资源管理，则是在强调员工的业绩，把对人力资源的开发作为取得组织效益的重要来源的同时，也把满足员工的需求、保证员工的个人发展作为组织的重要目标。也就是说，在现代组织中，人力资源不仅是组织运作的要素和工具，其本身也已经成为组织运作的目的，即这样的管理是“为了人”。

可以说，人力资源本身成为人力资源管理工作的目的，是现代管理中人本主义哲学的反映，它有利于人力资源管理工作产生本质的飞跃，也有利于用人组织取得巨大的效益。

（四）人力资源管理主体的多方性

在传统的劳动人事管理之中，管理者是专职的劳动人事部门人员。这种管理主体的单一化，有分工明确、责任落实的优点，但其管理也往往刻板化、行政化，缺乏组织之中其他方面的支持，而且往往与其管理对象——员工处于对立状态。

在现代的人力资源管理活动中，管理主体由多方面的人员所组成。在这一格局下，管理主体的角色和职能有：

（1）直线经理。各个部门的管理者即“直线经理”（link manager），他们从事着大量的日常人力资源管理工作，这些工作甚至是组织人力资源管理工作的主要内容。

(2) 高层领导者。许多组织的高层领导相当重视并大量参与人力资源管理，从组织的宏观和战略层面上把握人力资源管理活动，有时还直接主持人力资源管理的关键性工作，例如参与人才招聘、进行人事调配、决定年终分配等。

(3) 一般员工。在现代组织中，广大员工不仅以主人翁的姿态做好工作，而且以主人翁的角色积极参与管理，在诸多场合发挥管理者的作用，例如在全面质量管理（TQM）中对其他人员错误的纠正、对自己的上级和同级人员的考核打分等。

(4) 人力资源部门人员。人力资源部门中的人员，除了积极从事自身的专职人力资源管理工作外，作为组织高层决策的专业顾问和对其他部门进行人力资源管理工作指导的技术专家，对整个组织的人力资源管理活动进行协调和整合。

(五) 人力资源管理手段的人道性

在人力资源概念提出后，人们在“人力”这一要素增加了对“人”的属性的关注。与以往的人事管理相比，对人力资源的开发利用与管理是以人为中心的，其方法和手段有着诸多的人道主义色彩。诸如员工参与管理制度、员工合理化建议制度、目标管理方法、工作再设计、工作生活质量运动、自我考评法、职业生涯规划、新员工导师制、灵活工作制度、员工福利的选择制等等，都体现了人力资源管理手段的人道性。

(六) 人力资源管理结果的效益性

传统的劳动人事管理，是作为完成组织行政工作的执行性工作，在劳动人事管理中缺乏经济观念。在现代组织中，人们普遍注重经济衡量理念和管理活动的效益原则，注重投入和产出的关系。有着大量现代理论知识和实践经验的经营管理者，把人视为高于其他资源的最有价值的资产，认识到“人是资本，对人力资源的投入越大，回报就越高”。由此，经营管理者就把人力资源管理放在重要的和经常性工作的位置上，愿意对人力资源和人力资源管理活动进行投入，以期取得较高的业绩回报。

除此之外，经营管理专家和管理学家认识到人力资源管理的高效益，还从多方面进行管理创新和理论创新，以充分发挥人力资源的创富价值。例如德鲁克提出的目标管理(MBO)，彼得·圣吉塑造各阶层人员的学习型组织，彼得斯的调动人的潜能、深化认识人性的成功公司管理八原则①，提高工作质量的6σ方法，等等。为了对这种创富价值进行分析和管理，人力资源会计也应运而生并获得一定的发展。

第四节 知识经济时代的人力资源管理②

一、知识经济的概念

知识经济是以知识和信息的生产、分配、使用为基础，以创新精神为主导，以人力资本的高价值运转为特征，以高科技产业和智力产业为支柱的新型经济。在知识经济时代，

① 郭咸纲. 西方管理思想史. 北京：经济管理出版社，2002：369-372.

② 卿涛. 人力资源管理概论. 北京：清华大学出版社，北京交通大学出版社，2006：8-11.

企业经济的增长从主要依赖资金资本的积累转化为主要依靠知识资本的积累，从主要依靠产品的更新转化为主要依靠知识的更新。知识资本成为人力资本优势的标志，人力资源的价值成为衡量企业核心竞争力的标志。

二、知识型员工的特点

在知识经济时代，企业出现了一个新的工作群体，叫“知识工作者”，也称知识型员工。这些知识型员工在工作中表现出以下几个突出的特点。

（一）创新性

创新是知识型员工最重要的特征，知识员工之所以重要，并不是因为他们掌握了某些秘密知识，而是因为他们具有不断创新的能力。知识型员工所从事的不是简单的重复性工作，而是在复杂多变的环境下依靠自己的知识、经验和灵感进行的挑战性工作，他们要应对各种可能发生的情况，推动技术的进步，不断使产品和服务得以更新。

（二）流动性

知识型员工与其他类型员工相比，具有高流动性特点。知识型员工由于占有特殊生产要素，即隐含于他们头脑中的知识，而且他们有能力接受新工作、新任务的挑战，因而拥有远远大于传统工人的职业选择权。一旦现有工作没有足够的吸引力，或缺乏充分的个人成长机会和发展空间，他们会很容易地流向其他公司，寻求新的职业机会。所以，知识型员工更多地忠诚于对职业的承诺，而非对企业组织做出承诺。

（三）不确定性

知识型员工之所以流动性大，与他们工作环境的不确定性有关。选择上的主动性，会导致他们不断变换更好的工作环境，或身兼数职。这就使知识型员工实际上很少依赖管理层领导，相反地，如果员工之间存在技术上的互补的话，倒会让知识型员工产生一种依赖感，因为知识工作很少可以一个人独立完成，而他们互相交流的过程可以产生协同作用。由此，知识型员工的工作模式发生改变，出现跨团队、跨职能合作，甚至虚拟工作团队，相应地，企业由过去对员工的点的定位，过渡到现在的区域定位，即角色定位。知识型员工团队中，领导与被领导的界限模糊了，双方既是一种互动关系，又是一种角色置换关系。

（四）复杂性

复杂性主要是指劳动的复杂性。首先，劳动过程复杂。知识型员工的工作主要是思维性活动，依靠大脑而不是体力，劳动过程以无形的为主，而且可能发生在每时每刻和任何场所。加之工作并没有确定的流程和步骤，其他人很难知道应该怎样做，固定的劳动规则并不存在。因此，对劳动过程的监督既没意义，也不可能。其次，劳动考核复杂。在知识型企业中，员工独立自主并不等同于员工之间不需要配合，员工的工作一般并不独立，而以工作团队出现，通过跨越组织界限来获得知识综合优势。因此，劳动成果多是团队智慧和努力的结晶，这使得对个人的绩效评估难度加大。最后，劳动成果复杂。成果本身的价值有时也是很难度量的。

三、知识型员工的管理

知识型员工的工作特征给人力资源管理带来了新的内容和挑战，在知识经济时代，对知识型员工的管理应重点关注以下几方面工作。

(一) 组织公民行为管理

组织公民行为是没有被组织的正式奖励制度规定的、自发的、不成文的行为，但是这种行为对组织的功能有催化、促进作用。组织公民行为可概括为：

(1) 利他行为。指帮助他人的行为，包括自愿帮助他人处理或防止工作中出现的问题，可以细分为利他、调解和鼓励他人等子维度。

(2) 尽职行为。指组织成员在执行组织任务、完成职务工作时，表现出的比要求还要好的行为。

(3) 运动员精神。指对工作不抱怨、精益求精、团队精神等。

(4) 组织忠诚。包括忠诚地拥护组织，认可、支持和维护组织目标，自觉宣传组织，在不利条件下仍对组织保持信赖。

(5) 组织遵从。指员工对组织规则的接受和内化，无论有无领导者和同事注意到，他们都会自觉遵从，其行为不会有变化。

(6) 公民美德。指员工参与组织的政治活动，发表对组织的改进意见，关心和维护组织利益。任何组织的设计都不可能尽善尽美，尤其是新型组织模式更难规范员工的工作行为，仅仅依靠员工的角色内行为难以达到组织目标，必须依赖员工的角色外行为去促进组织目标的实现。

(二) 组织承诺管理

组织承诺（organizational commitment）是个人对组织的一种态度或肯定性的内心倾向，是个人对组织的感情上的依赖和参与该组织的程度。组织承诺被定义为保持一个特定组织的成员身份的强烈愿望，愿意做出较多的努力来代表组织及对于组织的价值观和目标的明确信任和接受。梅尔（Meyer）和艾伦（Allen）1991 年提出了组织承诺的三成分模型，即：

(1) 情感承诺，员工对组织的情感依恋、认同感和卷入程度；

(2) 留任承诺，基于相关员工离开组织带来的损失的一种承诺；

(3) 规范承诺，员工感到有责任留在组织中。

由此可见，组织承诺是员工与组织之间相互联结的纽带。组织承诺的高低对员工工作绩效的影响表现在员工离职率的高低、对工作投入的多少及是否积极参与组织的各项工作。

四、知识经济时代的外包管理

外包是知识经济条件下产生的虚拟人力资源管理的一种形式，指依据双方签订的服务协议，将企业人力资源部分业务的持续管理责任转包给服务商进行管理的活动。服务商按照合约管理某项特定人力资源活动，提供预定的服务并收取既定的服务费用。人力资源管理涉及的内容众多，流程庞杂，因此人力资源外包可以分为不同层次：与企业战略实施相关的外包，主要指带有战略性和全局性的人力资源外包，例如为提高核心竞争力，整合外部人力资源而采取的战略联盟式外包；与人力资源管理技术相关的外包，例如人力资源管理系统的设计与维护的外包；与人力资源管理职能相关的外包，例如人事派遣、人员招募、管理咨询、员工培训、薪酬福利的外包等；与员工关系管理相关的外包，例如雇佣契约管理、职业生涯开发、劳资争议的外包等。

通过实施人力资源外包，可以为组织带来巨大的效益：

（1）能帮助企业集中有限资源，开展核心业务；

（2）能提升人力资源部门的战略作用，可以随时整合企业内、外部的人力资源，从而大大提高企业的灵活性和适应性；

（3）能获得专业的管理程序与服务；

（4）能持续获取先进的专业技术；

（5）能有效控制和降低运营成本；

（6）能形成战略合作伙伴关系；

（7）能改变企业的管理体系，等等。

本章小结

本章归纳了人力资源、管理、人力资源管理、知识经济等主要概念，分析了人力资源的基本特点及个体人力资源的特征，在阐述了管理的主要职能的基础上，进一步说明了人力资源管理的职能及现代人力资源管理的特征，最后对知识经济时代的人力资源管理特征进行了分析。

主要概念

人力资源　人力资源的主体特点　能力要素　智力　知识　技能　个性　人职匹配　需要层次　动机　行为　价值观　职业价值观　大五人格　情感智力　管理　人力资源管理　知识型员工

思考讨论题

1. 分析人力资源的各方面特点，并将其与物质资源和一般生物性资源进行对比。
2. 管理的主要职能有哪些？
3. 现代人力资源管理的特征是什么？
4. 搞好人力资源管理对我国的经济社会发展有什么影响？
5. 人的能力包括哪些要素？如何认识人的能力、结构和潜能？
6. 对于“人的个性”应当从哪些方面看？试分析自己的个性心理特征。
7. 个性与岗位匹配的理论有什么？霍兰德的人格理论将人格分为哪几种？不同人格适合哪些职业？
8. 职业价值观在人力资源管理中有哪些作用？

9. 以小组为单位，结合自己的工作，谈谈人力资源管理的重要性。

10. 如果你是一名公司经理或医院院长，你如何管理本单位的员工？如果你是人力资源经理或人事处长、科长，你如何管理员工？

11. 知识型员工有何特点？应如何对知识型员工进行管理？

案例讨论

从名牌公司到联合国

许多大公司不仅高度重视人力资源，把开发人力资源作为提升经济效益、拓展公司事业的根本，而且也把各种灵活的人力资源政策和手段作为应对经济与管理风险的重要法宝。例如著名的日本松下公司在经济危机的情况下采取不裁员、不解雇的政策，而在经济恢复之机因为保留了人才得以迅速恢复生产，公司也得到了迅速的发展壮大。再如，我国著名的房地产龙头公司万科，实行对人力资源的“一票否决制”，规定处理员工的过失方面要由职工委员会“最后拍板”，从而真正保证了公司运营中的员工合法权益并能促进员工才能、积极性的发挥。万科公司在项目运营中还十分看重是否有合格的人力资源条件，如果没有能够完成公司运营计划的人力资源，宁可否决方案、项目下马。正是这些保证了万科公司的稳健发展，使其在全球金融危机、我国房地产出现下滑的2007—2009年，得以抵御外部环境的冲击。

正在有效推进国际化经营的联想集团，其二十多年的经营管理经验的概括就是“定战略，建班子，带队伍，塑文化”这十二个字。这一概括与上面的两个例子都说明：人力资源是企业的宝贵财富，人力资源问题已经成为决定企业成败的关键性问题，搞好人力资源开发与管理已经成为企业的战略性任务。

作为全球最高级的人类组织——联合国，为了应对全球化出现的有关人权、劳工标准和环境保护等方面的问题，早在1999年1月在瑞士达沃斯召开的“世界经济论坛”上，联合国秘书长安南就对全球工商界的领军人物们提出了被称为“全球协议（Global Compact)”的一项计划。该协议要求，各大公司在各自具有影响的范围内，遵守、支持和施行一套在人权、劳工标准及环境方面的基本原则。这些原则共分为三大方面、九个条款。

第一，人权方面：

第一款：企业应该尊重和维护国际公认的各项人权。

第二款：企业绝不参与任何漠视与践踏人权的行为。

第二，劳工标准方面：

第三款：企业应该维护结社自由；承认劳资集体谈判的权利。

第四款：企业彻底消除各种形式的强制劳动。

第五款：企业禁止使用童工。

第六款：企业杜绝任何在就业和职业方面的歧视行为。

第三，环境方面：

第七款：企业应对环境挑战未雨绸缪。

第八款：企业应主动增加对环保所承担的责任。

第九款：企业鼓励无害环境技术的发展与推广。

对于以上述九项基本原则为主要内容的全球协议，联合国秘书长安南说了一段令人深思的话："我提议汇集在达沃斯的工商界领袖们，与联合国一道就公认的价值和原则达成全球协议，给世界市场以人道的面貌。""让我们联合起市场力量和环球理念的威力，连接起私营企业的创造力和弱势人群的需求，以及我们人类未来的要求吧。"

讨论：

1. 为什么联合国要提出上述的"全球协议"，这个协议给了你什么启迪？
2. 企业在使用员工时，应当遵守哪些国际劳工标准和当地的法律？
3. 用人单位应当从什么角度考虑人力资源的重要性？应当如何思考和安排人力资源管理工作？
4. 公司的社会责任包括不包括对员工的责任？如何看待蓝领劳工的权益问题？
5. 你认为，知识型员工的价值是什么？普通人力资源是不是公司的财富？为什么？

参考文献

[1] 姚裕群．人力资源开发与管理概论：2版．北京：高等教育出版社，2005.

[2] 姚裕群．中国人力资源开发利用与管理研究．北京：首都师范大学出版社，2001.

[3] 潘晨光．国外人力资源发展报告．北京：中国林业出版社，1998.

[4] 赵书成．人力资源开发研究．大连：东北财经大学出版社，2001.

[5] 赵曙明．人力资源管理研究．北京：中国人民大学出版社，2001.

[6] [美] 德鲁克．个人的管理．上海：上海财经大学出版社，2005.

[7] [美] 德鲁克．组织的管理．上海：上海财经大学出版社，2005.

[8] 彭剑锋．人力资源管理概论．上海：复旦大学出版社，2006.

[9] 卿涛．人力资源管理概论．北京：清华大学出版社，北京交通大学出版社，2006.

第二章 人力资源管理的基础——工作分析

本章要点提示

- 工作分析的概念
- 工作分析的作用
- 工作分析流程
- 工作评价的概念及意义
- 收集工作分析信息的方法
- 工作说明书的概念、内容和编写要求
- 编写工作说明书
- 现代的工作再设计

引导案例

"于经理，我真不知道你到底需要怎样的机械操作工?"长江公司人力资源部经理张佩说道："我已经为你送去了四个人给你面试，并且这四个人看上去都大致符合工作说明书的要求，可是，你却将他们全部拒之门外。"

"符合工作说明书的要求?"于娜颇为惊讶地回答道："我所要找的是那种一录用就能够直接上手做事的人；而你送给我的人，都不能够胜任实际操作工作，并不是我所要找的人。"

听闻此言，张佩二话没说为于娜拿来工作说明书的复印件。当他们将工作说明书与现实岗位的需求逐条加以对照时，才发现问题之所在：原来这些工作说明书已经严重地脱离实际，也就是说，工作说明书没有将实际工作中的变动写进去。例如，工作说明书要求从业人员具备旧式钻探机的工作经验，而实际工作却已经采用了数控机床的最新技术。因此，为了更有效率地使用新机器，工人们必须得具备更多的数学知识。

在听完于娜描述机械操作工作所需的技能与及从业人员需要履行的职责后，张佩喜形于色地说道："我想我们现在能够写出一份准确描述该项工作的工作说明书，并且以这份工作说明书为指导，一定能够找到你所需要的合适人才。"

上述情况反映了人力资源管理中普遍存在的问题：工作说明书对完成工作所需职责和技能的说明不恰当。而本章将要介绍的工作分析正是解决这个问题的关键所在。

第一节 工作分析基本范畴

一、工作分析的基本概念

工作分析（job analysis）又称职务分析，是对各类岗位的性质、任务、职责、劳动条件和环境，以及员工承担本岗位任务应具备的资格条件等进行系统分析和研究，并制定出工作说明书、工作规范等人事文件的过程。具体地讲，工作分析就是全面搜集与工作有关的信息，进行八个方面的分析：Why（为什么做，即工作目标），What（做什么，即工作内容），Who（谁去做，即责任者），When（何时做，即工作时间安排），Where（在哪里做，即工作地点），How（如何做，即工作方法），For Whom（为何人，即对谁负责），Skill（何技能，即任职条件）。工作分析的主体是工作分析者，客体是组织内部的各个职位，内容是与各个职位有关的情况，结果是工作说明书和工作规范。

工作分析并不是一项一劳永逸的工作，而是具有重复性且高于原有行为的管理过程系统，是一个连续不断的动态过程。一般在如下几种情况下，需要进行工作分析：

其一，初创组织体系或组织创新时，由于组织目标的分解以及组织结构设计的需要，需要进行工作分析。

其二，由于新技术、新方法、新工艺、新系统的使用，使原有工作内容、工作性质发生变化，需要进行工作分析。

其三，组织由于技术创新，劳动生产率提高，需重新定岗、定员。

其四，建立制度的需要，如：绩效考核、晋升、培训等制度的研究与建立，需要进行工作分析。

二、工作分析的作用

作为一个系统的收集工作相关信息的过程，工作分析在人力资源管理中起着基础性的、不可替代的作用，它是招聘、培训、薪酬管理及考评等各项人力资源管理活动的决策基础。工作分析的作用可如图 2-1 所示。

（一）工作分析是制定人力资源规划的依据

每一个组织对于本单位的工作职务安排和人员配备，都必须有一个合理的规划，工作分析的结果，可以为有效的人力资源规划工作提供可靠的依据。工作分析的结果明确了工作性质与内容，组织可以据此设计组织结构，确定工作职位，提出对人力资源的需求，并与现有的人力资源配置情况进行对比，得出人力资源的余缺情况，为人力资源规划工作提供依据。

（二）工作分析为招聘、选拔合格的员工奠定基础

工作分析能够明确地规定工作职务的近期和长期目标，显示工作任务的静态和动态特点，系统地提出有关人员的生理、心理、技能、文化和思想等方面的具体要求，对用人标

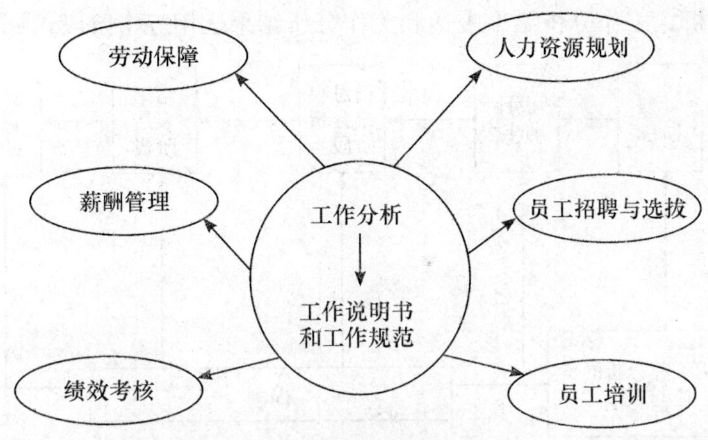

图 2-1　工作分析的重要作用

准做出具体而详尽的规定。有了明确而有效的标准，就可以通过心理测评和工作考核，招聘和选拔符合工作需要和职务要求的合格人员。做到“合适的时候把合适的人放在合适的岗位上”，避免“大材小用，小材大用”的现象，为组织选人、用人奠定了基础。

（三）工作分析有利于培训需求分析与培训内容的确定

工作分析可以明确某个特定的工作应具备的技能、知识和各种心理条件。这些条件和要求，并非人人都能够满足和达到，需要不断培训，不断开发。因此，可以按照工作分析的结果，进行培训需求分析，设计和制定培训方案，根据实际工作要求和聘用人员的不同情况，有区别、有针对性地安排培训内容、设计培训方案，以培训促进员工工作技能的发展，提高工作效率。

（四）工作分析有利于客观评价员工的工作业绩

业绩考核如果缺乏科学的依据，将会挫伤员工的积极性，使各项工作受到严重影响。工作分析所确定的工作内容、工作职责等项目，为制定科学、合理的业绩考核标准提供了依据，在此基础上就可以客观、公平地对员工的工作业绩进行评价。

（五）工作分析有利于建立合理的薪酬制度

工作报酬通常都是同工作的难度水平、职责、工作承担者所具备的技能和教育水平，以及工作中可能出现的危害人身安全因素等联系在一起的，而工作分析的结果提供了各项工作的相对信息，为建立较为公平、合理的薪酬制度准备了条件。因此，恰当的工作分析有利于确保员工得到公平、合理的工作报偿。

（六）工作分析有利于优化工作环境

工作分析不但可以确定工作的任务特征和要求，建立工作规范，而且可以发现工作中不利于发挥员工积极性和能力的方面，以及工作环境中有损于工作安全、加重工作负荷、造成工作疲劳与紧张的各种不合理因素。工作分析的结果有利于组织改善整个工作环境，从而最大程度地调动员工的工作积极性，促使其发挥技能水平，使人们在更适合于身心健康的安全舒适的环境中工作。

三、工作分析的流程

工作分析是对工作的一个全面的评价过程，一般可以分为工作分析计划、工作分析设计、信息收集分析、工作分析结果表达和工作分析结果运用五个阶段，见图 2-2。

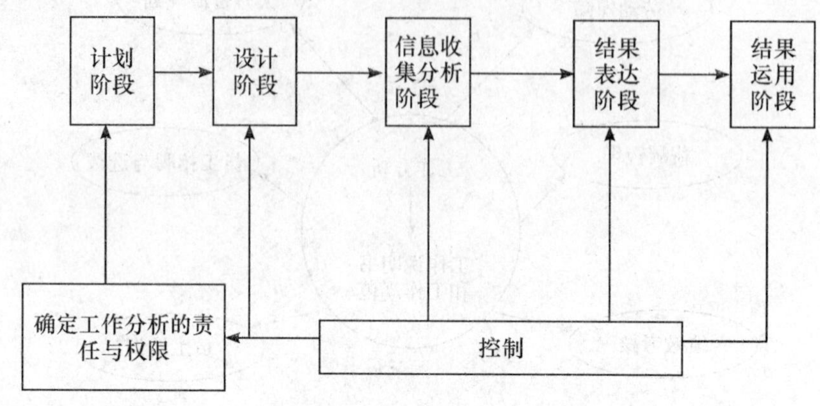

图 2-2 工作分析流程图

（一）计划阶段

在工作分析的计划阶段主要需解决以下六个问题：

第一，明确工作分析的目的。需要确定工作分析的结果到底是用于人力资源管理的哪个方面，解决什么管理问题。

第二，限定收集资料的类别以及收集的方法，以节约时间、精力和费用。

第三，选择被分析的工作。为保证工作分析结果的有效性，在工作分析中应选择具有代表性和典型性的工作作为样本进行分析。

第四，建立工作分析工作小组。在应有的权限内，合理分配工作分析各项工作的权限和职责，保证整个工作分析工作的协调一致。

第五，制定工作分析的规范。主要包括工作分析的规范用语、工作分析的时间规划、工作分析的活动层次、工作分析活动的经费等。

第六，做好必要的宣传准备。在组织领导层达成一致意见以后，需要进行广泛的宣传来展现工作分析的目的，以便促成职务信息提供者的合作，获得真实、可靠的工作分析信息。

随着组织的发展，在进行人力资源决策时需要越来越详细的有关工作的整体信息，工作分析的工作量也会越来越大，所以工作分析的计划阶段也越来越重要。做好工作分析计划阶段的工作，可以在进行工作分析时达到事半功倍的效果，实现工作的高效率。

（二）设计阶段

工作分析设计阶段主要是解决如何进行工作分析的问题，一般包括以下三个方面内容的工作：

第一，选择工作分析的信息来源。选择工作分析的信息来源时，应注意到不同层次的信息提供者所提供的信息存在不同程度的差异，工作分析人员应站在客观公正的角度听取不同的信息，避免偏听偏信；同时，在工作分析中，应结合自己公司、组织的实际情况进行分析，杜绝照抄照搬。信息来源主要有工作执行者、管理监督者、顾客、工作分析人员、《职业岗位分类词典》（高等教育出版社出版）、《国际标准职业分类》（劳动人事出版社出版）等。

第二，选择工作分析者。工作分析人员应具备一定的与被分析工作相关的工作经验和必要的学历水平，同时工作分析人员在进行工作分析时应保持一定的独立性，避免受其他因素的干扰，降低工作分析结果的信度和效度。

第三，选择收集有关信息的方法和系统。根据在上一阶段所确定的工作分析的目的，选择不同的信息收集的方法和分析信息适用的系统。具体的方法和系统将在后面进行详细的介绍。

（三）信息收集分析阶段

信息收集分析阶段是指对工作分析信息的收集、分析、整理、综合，这是整个工作分析活动的核心阶段，包括按选定的方法、系统、程序收集信息，然后进行各种有关工作因素的分析活动，主要有信息描述、信息分类和信息评价等，最后将所获得的分类信息，进行解释、转换和编辑，使这些资料成为可以使用的条文。一般而言，工作分析所需要的基本数据的类型和范围取决于工作分析的目的、工作分析的时间约束和预算约束等因素。

对工作信息的收集分析主要包括工作名称分析、工作描述分析、工作环境分析、任职者条件分析四个方面的内容。

工作分析者可以通过多种多样的来源收集与工作相关的信息。这些来源可大致分为三种类型：产业来源、公司文件和人员来源。产业来源是指普通的工作描述、职业资料以及政府出版物中包含的信息；公司文件是指政策、参考手册、先前的工作描述、与工会签订的合同以及其他书面文件；人员来源是指在职者、合作者、监督者、顾客及与工作相关的人力资源。

在大多数情况下，信息收集由工作分析人员完成，但也可以由在职者、监督者以及其他具备这个方面能力的人完成。

（四）结果表达阶段

在工作分析结果表达阶段，主要解决如何用书面文件的形式表达分析结果的问题。工作分析的结果表达形式可分为工作描述和工作规范两类。通过对从书面材料、现场观察、与基层管理者及任职人员的谈话中获得的信息进行分析、归类，就可以写出一份综合性的职务说明书。这一阶段的工作相当繁杂，需要大量的时间对材料进行分析和研究，必要时，还需要用到适当的分析工具与手段。此外，职务分析者在遇到问题时，还需随时得到基层管理者的帮助。

（五）结果运用阶段

在工作分析运用阶段，主要解决如何促进工作分析结果的使用问题。其具体活动包括制定各种具体应用的文件，如提供甄选录用的条件、考核标准、进行培训的内容等。工作分析结果的使用者，可以据此努力提高整体管理活动的科学性和规范性。

四、工作评价

（一）工作评价的概念

工作评价又称职位评价、职位评估，是建立在组织工作分析基础上的人力资源管理活动，是依据客观标准对组织内部职位的相对价值进行评估的管理方法。工作评价的对象是职位，而非任职者。工作评价反映的是职位的相对价值，而非绝对价值。工作评价的结果将直接应用于建立组织职位价值序列和设计组织薪酬体系。

（二）工作评价的意义

（1）工作评价是确定职位等级的手段。通过工作评价，可以清楚地衡量职位间的相对价值。

（2）工作评价是建立公平薪酬制度的基础。工作评价的目标就是建立一种公平、平等的薪酬结构，使员工在工作中体现的能力、绩效与辛苦程度可以在收入上得到相应的回报。通过工作评价得出职位等级，便于确定职位工资的差异。

（3）工作评价能强化员工对权责体系的认识，并指导员工行为。工作评价是联结职位与职位报酬的桥梁。通过工作评价提供的信息，在报酬的激励作用下，能更好地为员工所接受。

（4）一个科学的工作评价及其实施过程能有效引导员工行为，提高员工对薪酬体系的满意度，减少员工对职位间报酬差别的不满及容易引起的争端，提高流程运行效率。

第二节　工作分析的方法

工作分析的结果是编写工作说明书和工作规范，这就必须收集到有关工作的足够的信息。搜集工作分析信息的工作通常由实际承担工作的人员、工作承担人员的直接上级主管，以及一名人力资源管理专家（人力资源管理者、工作分析专家或咨询人员等）来共同进行。搜集工作信息的方法有多种，常见的主要有：

一、访谈法

访谈法又称面谈法，是通过与相关人员进行谈话来获得工作信息的方法。

在搜集工作信息时，可以按照以下三种形式进行访谈：

（一）个别员工访谈

在各个员工的工作有明显差别，而工作分析时间又比较充分时，可以对每个员工进行个人访谈。

（二）群体访谈

一般在多个员工从事相同或相近工作的情况下进行，通过群体访谈可以迅速了解到工作的内容和职责等方面的情况。在进行群体访谈时，应注意遵守一项基本原则：这些工作承担者的上级主管人员必须在场。即使当时不在场，事后也应该单独征求主管人员的意见，听听他们对被分析工作中包含的任务和职责的看法。

（三）主管人员访谈

主管人员访谈指与一个或多个主管人员进行面谈。因为他们对被分析的工作非常了解，有助于减少工作分析的时间。

一般而言，需要确定工作任务和职责时运用访谈法比较恰当，访谈主要为获得以下信息内容：

其一，工作目标。明确组织设立某一职务的目的以及确定这一职务报酬的依据。

其二，工作内容。反映了任职者在组织中的作用，以及其行动对组织产生的后果。

其三，工作的性质和范围，这是面谈的核心。主要了解该工作在组织中的地位，其与上下属职能的关系，所需的一般技术知识、管理知识、人际关系知识，需要解决问题的性质以及自主权。

其四，工作责任。涉及组织战略决策、控制、执行等方面。

运用访谈法应遵循以下准则：

其一，与主管人员密切合作。只有与主管人员密切合作才能找到最了解工作内容、最能客观描述工作职责的员工。

其二，与被访者建立融洽的关系。如：了解访谈对象的名字、工作简历，简要介绍访谈目的，解释如何挑选到他们为被访谈对象的，等等。做到尊重对方、热情接待、态度诚恳、用语适当。只有这样才能得到被访谈对象的理解与配合。

其三，拟订访谈提纲。根据工作分析的目的事先准备一份具有指导性的问卷或提纲，并留出空白以供填写，这将确保关键性问题不被遗漏。

以下为访谈法的典型问话提纲：

* 你向谁报告？
* 谁向你报告？
* 你在预算上所负的责任如何（包括预算金额及你管理的资产价值）？
* 你的主要职责是什么？
* 你怎么运用大部分的工作时间？
* 你分配的工作从何而来？完成的工作送到哪里或送给谁？
* 你的工作中最具挑战性的是什么？
* 工作之前必须完成哪些准备工作？
* 你要怎样提高产品或服务的品质？
* 你觉得有哪些工作是重要的或不重要的？
* 工作过程可以怎样加以改善？
* 可以用什么不同的方式来工作，以降低费用或成本？
* 你必须遵循什么原则、规定、政策等以达成你的职责？
* 在采取行动之前，有哪些决策必须请示上级或必须通知你的下属？
* 这个工作对你的创意和解决问题的能力有什么样的挑战性？
* 你和公司内或公司外哪些人有定期性的接触？这些接触的原则如何？
* 你的接班人在知识和经验上必须具备哪些资格才能完全地完成你现有的工作？
* 请说明你的工作所需要的体力。
* 你如何回答“为什么需要我这个职位”这个问题？

其四，当工作为非规律性时，请被访者列出频次。在访谈过程中，除了注意比较规律性的工作外，还要注意那些没有规律性的工作。比如偶尔发生的需要工作人员完成的比较重要的工作（如发生火灾时保安员的救火工作等），应要求工作人员按照重要性大小和发生频率高低一一列举。

其五，检查与核对访谈资料。访谈结束后，应与被访谈者本人或其上级主管人员一起对所搜集到的工作信息进行检查、核对，以确保其客观性、准确性和完整性。

访谈法是一种能够简单而迅速地收集多方面工作信息的方法，具有广泛的应用性。它能够为组织提供一个良好的机会去解释工作分析的必要性和功能，能够了解到被访谈对象的工作态度和工作动机等较深层次的信息，能够深入了解一些其他情况下了解不到的工作活动和行为，有助于管理者发现问题，并且由工作承担者亲自描述的工作内容更加具体和准确。但是，访谈法也有不足之处：访谈过程具有一定的技巧性，需要受过专门训练的工作分析人员才能很好地完成；访谈法比较费口才、费时间，工作成本较高；此外，由于工作分析经常是工作绩效评价以及改变工资水平的依据，因此有些被访谈者自然地夸大某些职责或弱化某些职责，造成收集到的信息有可能被扭曲。

尽管访谈法有其不足之处，但也有许多其他方法所不能替代的优点，因此访谈法依然被广泛使用。在实际工作中，访谈法经常与问卷法结合起来使用，作为问卷调查的后续措施，用于获得调查问卷中不易获得的信息或核查调查问卷中的某些信息。另外，对于组织中的一些重要职位或关键职位，通过访谈法可以挖掘出更深层次的内容与信息。访谈法对于不识字或工作繁忙无暇提笔回答问卷者也比较适用。

二、问卷法

问卷法是通过有关人员填写经过特别设计的调查问卷来获取工作信息的方法。通常，问卷要求被测试者对各种工作行为、工作特征和工作人员特征的重要性和频率评定等级。

一个典型的工作分析调查问卷通常应包括以下方面的内容：

(1) 该工作的各种职责以及花费在每种职责上的时间比例。

(2) 非经常性的特殊职责。

(3) 外部和内部交往。

(4) 工作协调和监管责任。

(5) 所用物质资料和仪器设备。

(6) 所做出的各种决定和所拥有的斟酌决定权。

(7) 所准备的记录和报告。

(8) 所运用的知识、技能和各种能力。

(9) 所需培训。

(10) 体力活动及特点。

(11) 工作条件。

问卷法的最大优点是比较规范化、数量化，适合于用计算机对结果进行统计分析。同时，它调查范围广，可用于多种目的、多样用途的工作分析；调查样本量大，适用于需要对很多工作者进行调查的情况；费用低、速度快、节约时间，可以不影响正常工作。但是，要设计理想的调查问卷要花费较多的时间、人力、物力，成本较高，也不像访谈那样可以面对面地交流信息，因此，不容易了解被调查对象的态度和动机等较深层次的信息。问卷法还有两个缺陷：一是不易唤起被调查对象的兴趣，容易导致被调查者不积极配合，不认真填写，从而影响调查的质量；二是除非问卷很长，否则就不能获得足够详细的信息。

三、观察法

观察法是工作分析人员在工作现场运用感觉器官或其他工具观察员工的工作过程，用文字或图表形式记录、收集工作信息的方法。分析人员观察工作时，应主要注意员工在做什么、如何做、为何要做，以及员工工作的技能好不好等，并随时记录，对于可以改进、简化的工作事项，也应予以记录说明。

运用观察法时应注意的问题有：

其一，观察者要有足够的实际操作经验。

其二，要选择具有代表性的工作样本。

其三，观察前要有详细的观察提纲，以便全面、准确地观察。下面的示例为生产线上操作人员的工作观察提纲节选。

其四，观察人员在观察时尽量不要引起被观察者的注意，不要干扰被观察者的工作。

工作分析观察提纲（部分）示例

被观察者姓名：______________ 日期______________

观察者姓名：______________ 观察时间__________

工作类型：______________ 工作部门__________

观察内容：

1. 什么时候开始正式工作？
2. 上午工作多少小时？
3. 上午休息几次？
4. 第一次休息时间从______到__________。
5. 第二次休息时间从______到__________。
6. 上午完成产品多少件？
7. 平均多少时间完成一件产品？
8. 与同事交谈约______分钟。
9. 每次交谈约______分钟。
10. 室内温度______度。
11. 抽了几支香烟？
12. 喝了几次水？
13. 什么时候开始午休？
14. 出了多少次品？
15. 搬了多少原材料？
16. 噪音分贝是多少？

观察法中工作分析人员能够比较全面和深入地了解工作要求，对那些主要由体力劳动构成的工作进行工作分析时，是非常有效的，如：流水线上的工作、保安人员的工作等。但它不适用于分析脑力劳动成分比较高的工作，以及处理紧急情况的间歇性工作，如：律师、教师、急救站的护士、经理人员等。而且，通过观察法不能得到任何有关任职者资格要求等方面的信息，往往不足以供撰写工作说明书或工作规范之用。

在实际工作中，观察法经常与访谈法结合使用。既可以是工作分析人员在被调查者工作期间观察并记录其工作活动，然后与其面谈，请被调查者进行补充；又可以是工作分析人员一边观察一边与被调查者交谈。一般来说，采用先观察后访谈的方式较好，不会干扰被调查者的工作。

四、工作日志法

工作日志法就是按照时间的顺序记录工作过程，然后经过归纳、整理、提炼，取得所需工作信息的一种方法。它是由被调查者本人进行的一种工作分析方法。首先由工作分析人员设计好详细的工作日志单，让被调查者按照要求用工作日记的方式及时填写每天的工作内容，供工作分析人员收集工作信息。如果这种记录很详细，经常会提示一些其他方法无法获得或者观察不到的细节。

这种方法的优点在于信息的可靠性很高，适合于确定有关工作职责、工作内容、工作关系、劳动强度等方面的信息，所需要投入的费用也比较低，对于分析一些高水平与复杂的工作，显得比较经济有效。但是工作日志法可以使用的范围比较狭窄，只适用于工作循环周期较短、工作状态稳定无较大起伏的职位，而且整理信息的工作量大，归纳工作烦琐。同时工作人员在填写工作日志时，会影响到正常的工作，往往还会因为填写日志的不认真而遗漏很多工作内容，从而影响分析结果。而如果由专业工作分析人员来填写工作日志，不仅工作量大，而且专业工作分析人员往往缺乏对专业知识的了解，也很难达到理想的效果。

以下介绍工作日志的基本格式（见表 2-1）及填写实例。

表 2-1　　工作日志基本格式

（封面部分）

工作日志

姓　　名：
年　　龄：
职务名称：
所属部门：
直接上级：
从事本业务工龄：
填写日期自______月______日
至______月______日

工作日志填写说明：

1. 请您在每天工作开始前将工作日志放在手边，按工作活动发生的顺序及时填写，切勿在一天工作结束后一并填写。
2. 要严格按照表格要求进行填写，不要遗漏那些细小的工作活动，以保证信息的完整性。
3. 请您提供真实的信息，以免损害您的利益。
4. 请您注意保留，防止遗失。

感谢您的真诚合作！

（正文部分）

______月______日　　工作开始时间______　　工作结束时间______

序号	工作活动名称	工作活动内容	工作活动结果	时间消耗	备注

以下为某小厂办公室主任的工作写实片段。

工作日志填写实例一（正文部分）

5 月 29 日　　工作开始时间 8:30　　工作结束时间 17:30

序号	工作活动名称	工作活动内容	工作活动结果	时间消耗	备注
1	复印	协议文件	4 张	6 分	存档

续前表

序号	工作活动名称	工作活动内容	工作活动结果	时间消耗	备注
2	起草公文	贸易代理委托书	800字	1.25小时	报上级审批
3	贸易洽谈	玩具出口	1次	4小时	承办
4	布置工作	对日出口业务	1次	20分钟	指示
5	会议	讨论东欧贸易	1次	1.5小时	参与
⋮					
16	请示	佣金数额	1次	20分钟	报批
17	计算机录入	经营数据	2屏	1小时	承办
18	接待	参观	3人	35分钟	承办

工作日志填写实例二（写实记录片段）

机构名称：办公室　　职位：办公室主任　　编制：3人，主任1人，打字员1人，办事员1人

花费时间（分）		工作活动内容	任务完成量	备注
开始	延续			
8:00	5	打电话到销售科	1次	
8:05	2	接电话	1次	
8:07	4	帮办事员登记材料	2分	
8:11	4	帮办事员校对	5页	
8:15	4	准备广告材料	1次	
8:19	1	接张厂长电话	1次	
8:20	1	接李厂长电话，要一信件	1次	
8:21	6	和办事员商议工作	1次	
8:27	5	找李厂长要的信	1次	
8:32	5	安排当天的工作	1次	
8:37	3	找王科长	1次	
8:40	4	找工程师	1次	
8:44	4	送李厂长要的信	1次	
8:45	2	为张厂长打文件	1次	
8:47	13	同张厂长商量，布置简报	1次	
9:00	2	开始复印李厂长的材料	1次	
9:02	10	把张厂长材料归档	1次	
⋮				

五、典型事例法

典型事例法是对实际工作中具有代表性的工作人员的工作行为进行描述。使用典型事例法应尽量对同一岗位发生频率较高的工作行为进行分析。

下面介绍的是一个典型的事例："2月14日，顾客请饭店执行员李小姐介绍一瓶不出名的葡萄酒，李小姐当即介绍起酒的产地、商标上符号的意义以及葡萄酒的特点。"把大量的这类典型事例搜集起来，将其进行归纳分类，最后就会对整个工作有一个全面的

了解。

典型事例法直接描述人们在工作中的具体活动，所以可以揭示工作的动态性。由于所研究的行为可以观察和衡量，所以，采用典型事例法进行信息收集所获得的资料适用于大多数职务的分析。但是，收集、归纳事例并且把它们分类需要耗费大量的时间；另外，根据典型事例法的要求，需要描述的事例是特别有效或特别无效的工作行为，因此可能在工作分析时会漏掉一些不显著的工作行为，所以不易于对工作行为形成一个整体的认识。

六、其他方法

(一) 文献分析法

文献分析法也称为资料分析法，它是通过对企业现有的与工作相关的文档资料进行统计分析，来获取工作信息的方法。这些文档资料主要包括：企业年度财务报表、市场调查书、广告策划书等。运用文献分析法旨在了解企业的经营状况、产品定位、经营特色等情况。同时，在文献分析中还有可能搜集到极有价值的信息，如有关专家曾经进行的企业形象调查，对经济环境、企业竞争环境、市场需求等做的分析评估等。

文献分析法的优点主要有：分析成本低，工作效率高；能将企业中留有的大量原始资料充分利用起来，为进一步进行工作分析提供基础资料等。文献分析法的缺点主要有：有时无法搜集到有效、及时、全面的信息；通过这种方法无法弥补原有资料的空缺，也无法验证原有描述的真伪。鉴于此，我们在进行文献分析时，一定要坚持所搜集信息的“参考”地位，切忌先入为主，影响工作分析的最终结果。

(二) 专题评议法

专题评议法通常指与熟悉目标职位的组织内部人员和外部人员，包括任职者、直接上司、曾经任职者、内部客户、其他熟悉目标职位的人以及咨询专家、外部客户、其他组织标杆职位任职者展开讨论的集思广益的过程。

专题评议能在组织的内部—外部、流程的上游—下游、时间的过去—现在—将来等多方面多层次都达到高度的协商和统一，因此除了收集基础信息之外，还担负着最后总体确认职位分析成果并加以推广运用的重要职能。通常来说，专题评议法主要用于建立培训开发计划、评价工作描述、讨论任职者绩效水平、分析工作任务、进行职位设计等。

第三节　工作说明书与工作规范

一、定义

工作说明书和工作规范是工作分析的结果，在组织管理中的地位极为重要。它们不但可以帮助工作承担者了解其工作，明确其责任范围、任职资格条件，还可以为管理者的某些重要决策提供参考。

工作说明书又称职务说明书，是对有关工作职责、工作活动、工作环境、工作条件等方面的信息所进行的书面描述。它说明工作承担者应做些什么、如何去做和在什么样的条件下履行其职责。工作规范又称职务要求，是主要说明某项工作对从业人员的品质、特点、技能以及工作背景或经历等方面要求的书面文件。它主要说明什么样的人适合此工作。工作说明书与工作规范最大的不同在于：工作说明书是在描述工作，而工作规范则是在描述工作所需人员资格；工作说明书是以"工作"为主角，而工作规范是以担任某工作的"员工"为主角。在实际工作中，工作说明书和工作规范可以合并在一份工作说明书之中，也可以分成两份文件来写。

二、内容

（一）工作说明书的内容

大多数的工作说明书包括以下几方面的内容。

1. 工作识别

工作识别主要包括工作名称、工作代码、工作部门、工作地位、直接主管工作名称以及工作分类日期、工资范围等，以便对各种工作进行分类、登记并确定组织内外的工作关系。

2. 工作综述

工作综述主要描述工作的总体性质，列出工作的主要功能或活动即可。通常用较少的字来描述工作的特点。

3. 工作联系

工作联系说明工作承担者与组织内以及组织外其他人之间的联系情况，包括报告对象、监督对象、工作合作对象等。

4. 工作职责

工作职责是工作说明书的主体部分，应清楚而详细地罗列工作的主要职责、工作任务等。

5. 工作权限

工作权限主要界定工作承担者的权限范围，包括决策的权限、对其他人实施监督的权限以及经费预算的权限等。

6. 工作绩效标准

有些工作说明书还包括有关工作绩效标准的内容，主要说明工作承担者在完成工作说明书中的每一项任务时应达到的标准。如：生产一线工人每天生产产品不少于200件，合格产品率不低于98%等。

7. 工作条件和工作的物理环境

这一内容主要介绍工作中所包括的一般工作条件。如工作中用到的机器、设备、辅助工具以及工作地点的温度、湿度、光线、噪音、安全条件、地理位置等。

8. 其他信息

属于备注的性质，如果还有其他需要说明的可以在其他信息中加以说明。

（二）工作规范的内容

工作规范主要说明工作承担者应具备的资格、条件。一般来说包括：年龄、性别、学历、工作经历等方面的一般要求；健康状况、力量和体力、运动的灵活性、感觉器官的灵敏度等方面的生理要求；观察能力、记忆能力、理解能力、解决问题能力、创造性、数学计算能力、语言表达能力、决策能力、性格、气质、兴趣爱好、特殊才能、合作性、领导能力等方面的心理要求。需要强调的是，不管工作规范包括什么内容，其要求都是最基本的，是承担这一职位工作的最低要求。

三、编写要求

(一) 清晰

工作说明书与工作规范对工作的描述和任职资格的描述要清楚透彻，要使工作承担者阅读后，无须询问他人或查看其他说明资料。避免使用原则性的评价，对专业难懂的词汇须解释清楚。

(二) 具体

应尽量选用具体的动词，如“安装”“加工”“传递”“分析”“设计”等。同时指明工作的种类，复杂程度，需要工作承担者具备的技能、技巧，应承担的具体责任范围，任职要求等。一般来说，组织中较低职位的任务最为具体，工作说明书的描述也最具体。

(三) 简单

工作说明书与工作规范的语言应尽量简单明确，避免使用冗长的语句。

(四) 组织保证

应建立由组织高层领导、典型员工代表、人力资源管理部门代表、外聘工作分析专家共同组成的工作分析小组或委员会，共同完成这项任务。

四、范例

工作说明书的编写并无固定的模式，需要根据工作分析的特点、目的与要求具体确定编写的格式与内容。以下示例为某公司人力资源总监的工作说明书和某公司招聘专员的工作说明书与工作规范。

“人力资源总监”工作说明书示例

岗位名称	人力资源总监	岗位编号	ZH-HR-001
直属上级	CEO	所属部门	人力资源部
工资级别	9～13	直接管理人数	6
岗位目的	保障公司发展所需人力资源，完善人力资源管理体系		
工作内容： 1. 制定并提交本部门年度工作计划、人员计划； 2. 负责本部门员工的考评、培训指导、人才选拔； 3. 编制公司人力资源战略规划，审核年度招聘计划并监督落实； 4. 健全公司人力资源管理制度并监督其实施； 5. 组织对公司各部门的定岗定编工作； 6. 参加对应聘人员的面试并签署部门意见； 7. 指导各对外投资控股企业招聘计划的实施； 8. 建立公司内部人才的分类及梯队体系，制定员工职业生涯发展计划；			

<table>
<tr><td>9. 负责公司紧缺人才的考察和引进工作；
10. 建立员工的综合考察体系，对员工的转正、定级、培养、任用和晋升提出建议；
11. 负责公司员工、控股企业经营班子成员和外派人员的年终绩效考评方案设计并组织实施；
12. 负责员工工资、公积金和加班费的审批和年终奖金的发放工作；
13. 审定公司的薪酬和福利保障制度；
14. 审核员工培训计划并监督其落实；
15. 完成上级交办的其他工作。</td></tr>
<tr><td>与上级的沟通方式：接受总裁书面或口头指导。</td></tr>
<tr><td>同级沟通：与各部门经理及各控股企业经营班子成员的交流和沟通。</td></tr>
<tr><td>给予下级的指导：对本部门员工的业务指导，与公司其他部门员工的交流和沟通。</td></tr>
<tr><td>岗位资格要求：
● 教育背景：硕士及硕士以上学历（或同等学力），人力资源管理相关专业。
● 经验：8 年以上工作经历，3 年以上大中型企业人力资源管理相关工作经验。</td></tr>
<tr><td>岗位技能要求：
● 专业知识：掌握人力资源、心理学的相关知识，熟悉相关政策、法规，了解人力资源管理发展的趋势。
● 能力与技能：外向性格，优秀的沟通能力、亲和力，善于发现人才的眼光。</td></tr>
</table>

“招聘专员”工作说明书示例

职务名称：招聘专员　　所属部门：人力资源部
直接上级职务：人力资源总监
职务代码：XL-HR-021
工资等级：9～13

工作目的：为企业招聘优秀、适合的人才。

工作要点：

1. 制定和执行企业的招聘计划；
2. 制定、完善、监督和执行企业的招聘制度；
3. 安排应聘人员的面试工作。

工作要求：认真负责、有计划性、热情周到。

工作责任：

1. 根据企业发展情况，提出人员招聘计划；
2. 执行企业招聘计划；
3. 制定、完善、监督和执行企业的招聘制度；
4. 制定面试工作流程；
5. 安排应聘人员的面试工作；
6. 应聘人员材料管理；
7. 应聘人员材料、证件的鉴别；
8. 负责建立企业人才库；
9. 完成直属上司交办的所有工作任务。

衡量标准：

1. 上交的报表和报告的时效性和建设性；
2. 工作档案的完整性；
3. 应聘人员材料的完整性。

工作难点：如何提供详尽的工作报告。

“招聘专员”工作规范示例

职务名称：招聘专员　　　　　　　　所属部门：人力资源部
直接上级职务：人力资源部经理
职务代码：XL-HR-021
工资等级：9～13

一、生理要求

年龄：23～35岁　　性别：不限
身高：女性：1.55～1.70m　　男性：1.60～1.85m
体重：与身高成比例，在合理的范围内均可
听力：正常　　视力：矫正视力正常　　健康状况：无残疾、无传染病
外貌：无畸形，出众更佳　　声音：普通话发音标准，语音和语速正常

二、知识和技能要求

1. 学历要求：本科，大专需从事专业3年以上。
2. 工作经验：3年以上大型企业工作经验。
3. 专业背景要求：曾从事人事招聘工作2年以上。
4. 英文水平：达到国家四级水平。
5. 计算机：熟练使用Windows和Office系统。

三、特殊才能要求

1. 语言表达能力：能够准确、清晰、生动地向应聘者介绍企业情况并准确、巧妙地解答应聘者提出的各种问题；
2. 文字表述能力：能够准确、快速地将希望表达的内容用文字表述出来，对文字描述很敏感；
3. 观察能力：能够很快地把握应聘者的心理；
4. 逻辑处理能力：能够将多项并行的事务安排得井井有条。

四、综合素质

1. 有良好的职业道德，能够保守企业人事秘密；
2. 独立工作能力强，能够独立完成布置招聘会场、接待应聘人员、对应聘者非智力因素进行评价等工作；
3. 工作认真细心，能认真保管好各类相关招聘材料；
4. 有较好的公关能力，能准确把握本行业的招聘情况。

第四节　工作设计与再设计

工作分析与工作设计之间有着直接而密切的关系。工作分析的目的是明确所要完成的工作以及完成这些工作所需要的人的特点。工作设计是明确工作的内容与方法，说明工作应该如何安排才能最大限度地提高组织效率，同时促进员工的个人成长。

一、工作设计的概念

工作设计（job design）是指将任务组合构成一套完整的工作方案，也就是确定工作的内容和流程安排。[①] 最初，工作设计几乎是工作专门化（job specification）或工作简单化（job simplification）的同义语。1776年，亚当·斯密在《国富论》一书中提出，把工作划分为一系列小部分，让每个人重复执行其中的一小部分，这样可以减少

① 王垒．组织管理心理学．北京：北京大学出版社，1993：142.

浪费的时间，并提高工人的熟练性和技能，从而提高生产率，这就是所谓的分工效益。

泰罗提出的科学管理原则，主张用科学方法确定工作中的每一个要素，减少动作和时间上的浪费，提高生产率。这实际上就是一种工作设计。从经济角度看，这种方法的确效益很高。但这种设计把工作变得机械化，忽视人在工作中的地位，结果使人更加厌倦枯燥的工作，导致怠工、旷工、离职甚至罢工等恶性事件。这提醒人们：人不是机器，不是流水线上的部件，而是有血有肉、有需求的。工作设计必须考虑人性的因素。

二、工作再设计

现代的经济管理中，还要对工作进行大量的再设计。其突出的特点是充分考虑了人性的因素，体现了以人为本的管理思想。下面主要介绍常见的六种形式。

(一) 工种轮换

工种轮换（job rotation）是让员工在能力要求相似的工作之间不断调换，以减少枯燥单调感。这是早期为减少工作重复而使用的方法。这种方法的优点不仅在于能使员工减少厌烦情绪，而且还能使员工学到更多的工作技能，进而也使管理层在安排工作、应付变化、人事调动上更具弹性。

工种轮换的缺点是使训练员工的成本增加。而且一个员工在转换工作的最初时期效率较低，使组织有所损失。

(二) 工作扩大化

工作扩大化（job enlargement）是指在横向水平上增加工作任务的数目或变化性，使工作多样化。然而工作扩大化只是增加了工作的种类，并没有改善工作的特性。正如一位员工所说："我本来只有一件令人讨厌的工作，工作扩大化后，变成了有三项无聊的任务。"这促使人们开始考虑如何将工作本身丰富化。

(三) 工作丰富化

工作丰富化（job enrichment）是指从纵向上赋予员工更复杂、更系列化的工作，使员工有更大的控制权，同时使员工参与工作的规则制定、执行、评估，使其有更大的自由度、自主权。

(四) 工作生活质量

工作生活质量（quality of work life，QWL）旨在改善工作环境，从员工需要考虑，建立各种制度，使员工享有工作内容的决策权。

(五) 自主性工作团队

自主性工作团队（autonomous work teams）是工作丰富化在团体上的应用。自主性工作团队对例行工作有很高的自主管理权，包括集体控制工作速度、任务分派、休息时间、工作效果的检查方式等，甚至可以有人事挑选权，团队中成员之间互相评价绩效。概括说来，自主性工作团队有三个特性：成员间工作相互关联，整个团队最终对产品负责；成员们拥有各种技能，从而能执行所有或绝大部分任务；绩效的反馈与评价是以整个团队为对象的。

本章小结

工作分析是人力资源管理中的一项基础工作。在本章中除介绍工作分析、工作评价、工作设计、工作说明书、工作规范等一些主要概念外，还阐明了工作分析的基本程序、收集工作分析信息的方法、如何编制工作说明书与规范书以及人力资源管理中的工作设计方法。

主要概念

工作分析　　工作说明书　　工作规范　　工作评价　　工作设计　　工作丰富化

思考讨论题

1. 简述工作分析的流程。
2. 简述工作分析的含义以及如何使用工作分析所提供的信息。
3. 简述工作说明书的含义及主要内容。
4. 说明你将如何进行一项工作分析。
5. 试比较几种搜集工作分析信息方法的优缺点。
6. 工作再设计有哪些形式？

案例讨论

工作分歧

一个机床操作工把大量的机油洒在他机床周围的地面上。车间主任叫该操作工把洒掉的机油清扫干净，操作工拒绝执行，理由是工作说明书里并没有包括清扫的条文。车间主任顾不上去查工作说明书，就找来一名服务工做清扫。但服务工同样拒绝，他的理由是工作说明书里也没有包括这一类工作。车间主任威胁说要把服务工解雇，因为这种服务工是分配到车间来做杂务的临时工。服务工勉强同意，但是干完之后立即向公司投诉。

有关人员看了投诉后，审阅了三类人员的工作说明书：机床操作工、服务工和勤杂工。机床操作工的工作说明书规定：操作工有责任保持机床的清洁，使之处于可操作状态，但并未提及清扫地面。服务工的工作说明书规定：服务工有责任以各种方式协助操作工，如领取原材料和工具，随叫随到，即时服务，但也没有明确写明包括清扫工作。勤杂工的工作说明书中确实包含了各种形式的清扫，但是他的工作时间是从正常工人下班后开始。

讨论：

1. 对于服务工的投诉，你认为该如何解决？有何建议？
2. 如何防止类似的意见分歧重复发生？

参考文献

[1] 付亚和. 工作分析. 上海：复旦大学出版社，2004.
[2] 萧鸣政. 工作分析的方法与技术. 北京：中国人民大学出版社，2006.
[3] 郑晓明、吴志明. 工作分析实务手册：2 版. 北京：机械工业出版社，2006.
[4] 周亚新. 工作分析的理论、方法及运用. 上海：上海财经大学出版社，2007.
[5] 王小艳. 如何进行工作分析. 北京：北京大学出版社，2004.

第三章 人力资源的战略——组织规划及技术

本章要点提示

- 组织模式
- 现代组织的变化方向
- 组织战略的含义及分类
- 人力资源管理战略的作用
- 人力资源战略规划与组织的关系
- 人力资源战略规划的原则
- 人力资源战略规划流程
- 人力资源战略规划方法

引导案例

美康集团是在短短5年之内由一家手工作坊发展起来的国内著名食品制造商。企业最初从来不定什么计划，缺人了，就去人才市场招聘。企业经营日益正规后，开始每年年初定计划：收入多少，利润多少，产量多少，员工定编人数多少等，人数少的可以新招聘，人数超编的就要求减人，一般在年初招聘新员工。可是，因为一年中不时地有人升职、有人平调、有人降职、有人辞职，年初又有编制限制不能多招，而且人力资源部也不知道应当多招多少人或者招什么样的人，结果人力资源经理一年到头地往人才市场跑。近来由于3名高级技术工人退休，3名跳槽，生产线陷入瘫痪，集团总经理召开紧急会议，命令人力资源部经理3天之内招到合适的人员顶替空缺，恢复生产。人力资源部经理两个晚上没有睡觉，频繁奔走于全国各地人才市场和面试现场之间，最后勉强招到2名已退休的高级技术工人，使生产线重新开始了运转。人力资源部经理刚刚喘口气，地区经理又打来电话说自己公司已经超编了，不能接收前几天分过去的3名大学生，人力资源部经理不由怒气冲冲地说："是你自己说缺人，我才招来的，你现在又不要了!"地区经理说："是啊，我两个月前缺人，你现在才给我，现在早就不缺了。"人力资源部经理分辩道："招人也是需要时间的，我又不是孙悟空，你一说缺人，我就变出一个给你?”……

资料来源：卿涛. 人力资源管理概论. 北京：清华大学出版社，北京交通大学出版社，2006：46.

随着市场的日益规范，企业的日益壮大，企业出现了发展的瓶颈——缺少人才。企业想要进一步发展壮大就必须依靠源源不断的人才。但是，很多企业仅限于发现缺人，却不知道为什么缺人，以及如何解决人才缺口的问题。学习本章之后，你将会找到相应的答案。

第一节 组织基本分析

一、组织模式

组织，是指为了达到特定的目标而通过分工协作与不同的权力责任所构成的人的集合①，又是一种复杂的、追寻自己目标的社会单元②。组织结构，则是组织在解决分工关系、部门化、权限关系、沟通与协商、程序化五个问题所形成的组织内部分工协作的基本框架。③

在长期的经济发展历史进程中，微观组织的管理模式也发生了一系列的巨大变化。总的来看，组织结构有以下几种基本类型：

（一）直线制组织

直线制组织是最简单的自上而下的集权式组织结构类型，见图 3-1。其最主要的特征是不设专门职能结构，管理系统形同直线。该种组织的优点是结构简单、权责明确、协调容易、管理效率高；缺点是缺乏专业化管理分工，对领导人员管理才能要求很高，仅适用于较小规模的组织。

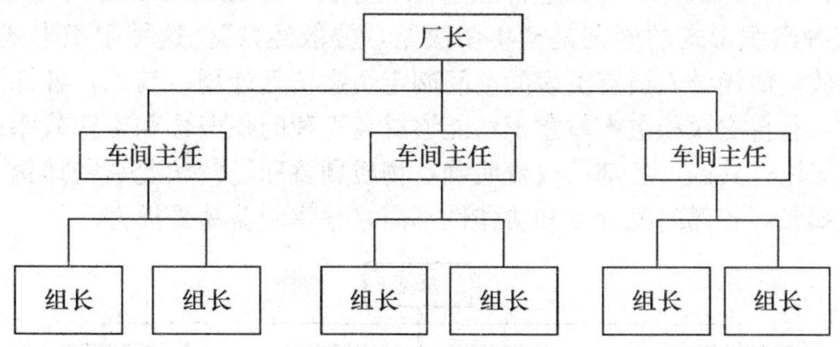

图 3-1 直线制组织结构图

① 赵西萍，宋合义，梁磊. 组织与人力资源管理. 西安：西安交通大学出版社，1999：39.

② 美国当代著名组织理论家本尼斯（Warren Bennis）的观点，引自孙耀君. 西方管理学名著提要. 南昌：江西人民出版社，1998：271.

③ 王利平. 管理学原理. 北京：中国人民大学出版社，2000：146-147.

（二）直线—职能制组织

直线—职能制组织是直线制组织的扩展和强化。该种组织实行组织的领导者统一指挥与职能部门参谋、指导相结合的组织结构类型，见图 3-2。

从总体上看，直线—职能制组织与直线制组织都属于金字塔型或科层制组织。直线—职能制组织的特征，是各级行政负责人都对业务和职能部门二者进行垂直式的领导；职能管理部门在直线制基础上使某种管理工作专业化，它可以协助领导管理和决策，弥补了领导人员在专业管理知识和能力方面的不足，但没有直接指挥权而只能对业务部门进行指导。这种组织形式的适用面较广，但也有一定的问题，即在大型组织中各个部门间联系和协作会变得相当复杂。

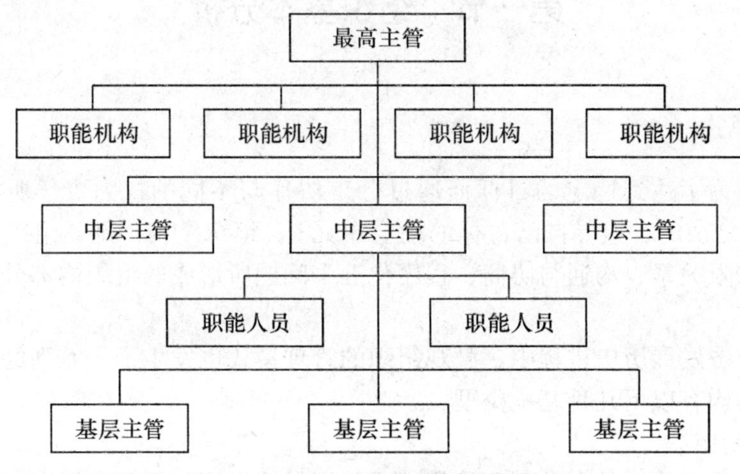

图 3-2　直线—职能制组织结构图

（三）事业部组织

事业部组织形式是在总公司领导下按产品、地区或市场组织经营事业部，统一进行产品设计、采购、生产和销售，各事业部相对独立经营、单独核算的部门化分权组织结构，见图 3-3。该种组织形式的原则是"集中决策，分散经营"。这种组织形式有很多优点：其一，权力下放，使领导人员有更多的空间制定企业长远计划；其二，各部门负责人自行处理日常事务，有自主权和主人翁意识，能够提高管理的积极性和工作效率；其三，各部门高度专业化工作；其四，各部门权责明确，物质利益和经营状况紧密挂钩。该种组织的缺点在于人员膨胀，各部门融合度和协作性不高，整体利益易受损害。

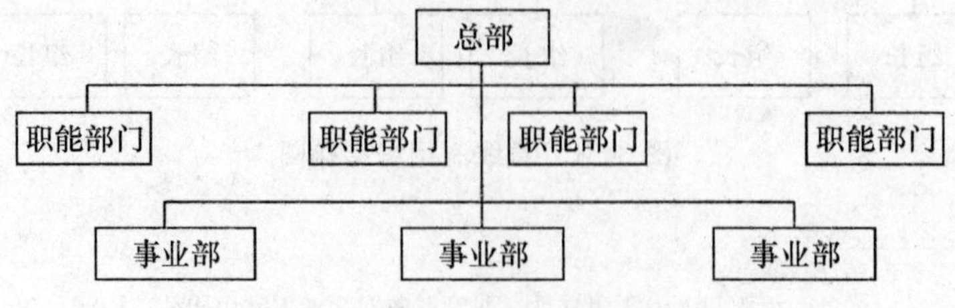

图 3-3　事业部制组织结构图

(四) 矩阵制组织

这种结构是由职能部门和项目小组纵横两个管理系列交叉构成，形成双道命令系统，见图 3－4。它的优点主要有："纵""横"得到联系，加强了职能部门间的协作和配合；把各部门的专业人员集中组建，方便一些临时性的特别是跨部门工作的执行；使组织的综合管理和专业管理相结合。缺点主要是结构的复杂性使一些小组成员的工作精力被分散。矩阵制组织结构主要适用于研发、创新等组织。

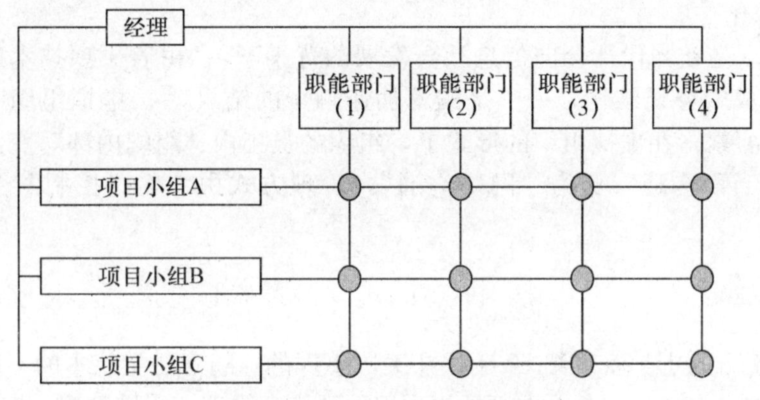

图 3－4 矩阵制组织结构图

(五) 集团公司组织

公司制度是现代企业的一般组织形式。在现代市场经济国家，由于经济竞争、兼并、控股和重组，形成许多大的托拉斯、联合公司、跨国公司，即形成集团公司体制。在集团公司内部，存在着一个甚至多个大的母公司，它（们）又控制着一定的子公司。子公司的功能是组织生产经营活动，成为利润中心。

二、现代组织特征

随着经济社会的变化，现代组织结构也出现了诸多变化，一些新型组织已经初露端倪，这就对组织的人力资源管理提出了新的要求。现代组织的变化主要有以下几个方面：

(一) 扁平化

扁平化是当代组织变化的一种新趋势，指组织的阶层减少和管理跨度加大。人性化、人本化是一种社会潮流，因而具有人性化和人本化特征的组织会有无限的生命力。与此相对比，传统金字塔型结构的组织具有不可忽视的缺陷，因为其众多的层次、严密的分工是以"事"为本、以"权力"为灵魂，对信息沟通造成障碍，对人的能动性造成压抑。组织结构走向扁平化，不仅减少了组织内部的沟通环节，提高了管理效率，而且也是符合人性特征的，因此，扁平化组织才应运而生和逐步扩展。

(二) 柔性化

与扁平化组织同时出现的，还有各种"柔性化组织"。所谓柔性化，是指组织结构及工作内容的强制制度减少的趋势。这是当代组织变化的一种新趋势。柔性化组织所强调的柔性，包括组织结构的柔性、管理的柔性和工作时间的柔性等。柔性化组织中有一种"变形虫"组织，它强调组织成分的随机组合，打破单位内的组织壁垒，吸收组织外最适合做某种工作的人一起组成临时性的组织，在完成工作任务后即自行解散。

（三）灵活性

灵活性是高度竞争条件下的现代组织非常重视的内容。“变色龙组织”在此方面具有代表性。进一步来说，变色龙组织具有以下五大特征：极大的灵活性、个人的承诺、充分运用团队、扎实的基本功和尝试多样性。① 变色龙组织的最大特点，是其不断地适应环境而随时变化自身。

（四）虚拟化

虚拟组织，是在当代社会向信息社会发展的背景下，“由若干项技术的会聚产生的功能特征而形成的公司结构，……是技术加速融合的结果”②。虚拟组织有“人员、目标、连结”三要素。在虚拟组织的形式下，组织的员工由“组织内部”变为“跨组织”，工作方式由“当面沟通”变为“网络沟通”，管理方式由“奖罚控制”变为“目标导向”。

三、组织战略

“组织战略”一词是20世纪60年代在美国出现的，随着科学技术的不断进步和市场竞争的日益激烈，越来越多的企业都意识到仅重视生产管理、质量管理、技术管理、营销管理等已不能使企业适应外部环境的变化而长久地生存与发展下去，企业必须通过对外部环境和自身条件的分析，确定企业长远和全局发展的谋划和策略。

组织战略是组织在市场经济激烈竞争的环境下，在总结历史经验、调查现状、预测未来的基础上，为谋求生存和发展而作出的长远性、全局性的谋划或方案。

（一）组织战略的类型

由于组织的规模、类型及结构是多种多样的，组织的目标也有不同的层次，因而需要把战略扩展到组织的各个层次，战略管理也就在组织内的不同层次上进行。

组织的战略通常分为总体战略、经营战略和职能战略三个层次。对于许多中小型组织，由于组织形态比较简单，或者经营业务和目标单一，总体战略往往就是经营该项业务的战略，即经营战略。

（1）总体战略（corporate strategy）又称公司战略。总体战略主要决定应该选择哪些经营业务、进入哪些领域，包括经营范围和资源配置两个构成要素。经营范围是指组织从事活动的领域，又称为组织的定域，反映出组织与其外部环境相互作用的程度，也可以反映出组织的规划与外部环境发生作用的要求。资源配置是指组织过去和目前资源以及技能配置的水平和模式，又称组织的特殊能力或核心能力。

（2）经营战略（business strategy）又称基本战略、基本竞争战略等。基本战略主要涉及如何在已定的领域内与对手开展有效的竞争，因此它所研究的内容是开发哪些产品或服务，这些产品将提供给哪些市场，或进行哪些项目的投资。它所涉及的是构成组织战略的

---

① ［美］道格·米勒．战无不胜的变色龙//［美］F．赫塞尔本．未来的组织．成都：四川人民出版社，1998．

② ［英］彼得·坎吉斯．走向虚拟组织机构//［英］丹尼斯·洛克．高尔管理手册．北京：商务印书馆国际有限公司，1999：19．

另一要素——竞争优势。所谓竞争优势是指组织通过其资源配置的模式与经营范围的决策，形成与竞争对手不同的竞争地位。组织经营战略可以看作是组织中的二级经营单位的战略（strategic business units，SBU）。

（3）职能战略（factional strategy）又称职能部门战略或职能层战略，包括研究开发战略、人力资源战略、财务战略、营销战略、生产战略等。职能战略可使职能部门及其管理人员更加清楚地认识本部门在实施总体战略、经营战略过程中的任务、责任和要求，更好地为各级战略服务，提高组织的效率。

（二）人力资源管理战略

1. 人力资源管理战略的作用

人力资源管理战略是以组织的人力资源为对象，通过预测组织发展战略、目标及内外环境变化对人力资源管理的要求，制定相应的人力资源获取、利用和开发的方案和实施办法。其战略重点集中在人力资源的开发和利用方面。虽然人力资源管理战略只是组织战略中职能战略的一种，但组织的任何战略的完成都离不开人力资源管理战略的配合，因此，人力资源管理战略在整个组织的战略管理中具有特殊的地位。

组织的人力资源管理战略的制定从根本上说就是确定组织如何从人力资源上来支持和保证组织总体战略、经营战略和其他职能战略的实现。人力资源管理职能部门将在这一过程中直接参与公司的战略决策，深刻领悟公司的战略意图，与其他经营部门、职能部门协调一致，共同实现组织的战略目标。这时人力资源管理的战略功能又具体体现在以下四个方面：

（1）扮演着组织战略活动的参与角色：人力资源管理的职能部门将参与组织的总体战略、经营战略的决策；根据组织的总体战略和经营战略，具体贯彻人力资源的战略；帮助部门经理创造价值；帮助员工满足顾客的需要。

（2）扮演着信息支持的角色：提供其他组织的信息和关于某些问题的专家意见；收集、传播、生成与人力资源有关的信息以适应组织战略计划、日常工作以及组织活动要求。

（3）扮演战略行动的辅助角色：挑选员工，使其符合组织的战略及文化的要求；协助设计和实施组织的绩效评估系统；设计和实施有效工作激励方案；设计符合组织战略意图的报酬分配制度；设计和实施员工培训和职业生涯的发展系统；帮助所在部门管理者进行有效的符合战略意图的人力资源管理。

（4）扮演动态管理者的角色：注意管理工作的活动过程及其对组织成功与失败的影响；推动符合组织基本价值观的变革；负责实施员工发展和人际关系计划；使组织中的不同力量发挥最大的综合效果；对员工关系方面提出建议；参与必要的行政管理工作，包括招聘及做好必要的人事记录等。

2. 人力资源管理战略的选择

根据组织发展的总体战略和经营战略的特点和要求，组织可以选择以下几种不同的人力资源管理战略模式：

（1）科学管理战略。在组织采取廉价竞争战略时，宜采取科学管理模式（如泰罗制）。

其特点是中央集权、高度分工、严格控制、依靠工资奖金调动员工的积极性。

(2) 投资战略。在组织采取创新性产品的竞争战略时，宜采取投资的战略模式。其特点是重视人才储备和人力资本投资，组织和员工建立起长期的工作关系，重视发挥管理人才与技术人才的作用。

(3) 参与战略。在组织采取差别化的产品或服务战略时，宜采取参与战略模式。其特点是组织决策权下放，员工参与管理，发挥个人和组织相结合的团队管理的效率，增强员工的归属感，注意发挥绝大多数员工的积极性、创造性和主动性。

第二节　人力资源战略规划基本范畴

一、人力资源战略规划的含义

人力资源战略规划是组织战略规划的一部分，是人力资源管理过程的初始环节，也是人力资源管理各项活动的起点。搞好人力资源战略规划对于搞好人力资源整体管理，取得人力资源效益和组织的多种效益，都具有重要作用。

人力资源战略规划有广义的和狭义的两个角度，这里分别进行阐述。

(一) 广义人力资源战略规划

广义的人力资源战略规划包含的内容很多，可以分为组织的人力资源目标规划、组织变革与组织发展规划、人力资源管理制度变革与调整规划、人力资源开发规划、人力资源供给与需求平衡计划、劳动生产率发展计划、人事调配晋升计划、员工绩效考评与职业生涯规划、员工薪酬福利保险与激励计划、定编定岗定员与劳动定额计划等。广义的人力资源战略规划的内容详见表 3－1。

表 3－1　广义人力资源战略规划的内容

规划或计划分类	目标	政策或办法、制度	步骤	预算
总体规划	总目标：人员的层次、年龄、素质结构，人员总量及分类，绩效目标，战略性人才培养目标等	基本政策（扩员或收缩政策、人才培养政策、改革稳定政策，管理方式及职责等）	总安排（3 年或 5 年或 10 年，如何达到上述目标）	总预算
人员补充计划	类型与数量、结构、绩效	人员来源，人员的任职要求、基本待遇	补充的基本要求与文件拟定，广告、报名、考试、面谈、录用	招聘、选拔的费用
人员配备和使用计划	各部门定岗定员的标准、绩效考评目标、轮岗制度目标	任职资格考核办法、聘用制度、轮岗考核制度、解聘方法	按左列内容列出时间表	工资、福利、奖酬预算

续前表

规划或计划分类	目标	政策或办法、制度	步骤	预算
老职工安排计划	减低老龄化程度，提高业务水平，降低劳动力成本，发挥老专业人才的帮教作用	老职工退休政策，解聘程序，聘用担任顾问、调研员、督导员的政策办法	按左列内容列出时间表	安置费、人员重置费、聘用老职工任新职的津贴等
员工职业开发与职业发展计划	提高员工的业务水平，减少离职跳槽率，激励与提高满意度	事业开发政策、员工发展的终身教育计划、“长处”发展措施	按左列内容列出时间表	教育培养费、考察调研费
绩效评估及激励计划	减少离职与跳槽率，提供绩效评估目标，提高士气与信心	激励政策、奖酬政策、工资政策、评估考核体系与办法	按左列内容列出时间表	增资预算、奖金预算
劳动关系及员工参与、团队建设计划	改善管理者与员工的关系，提高员工主人翁意识与工作满意感、团队目标导向	参与管理的政策与办法、“合理化建议”奖励方法、团队建设的政策与措施	按左列内容列出时间表	群众性团组活动的经费支持，奖励基金
教育培训计划	长期培训计划目标：素质提高与层次提高 短期培训计划目标：技能提高、新观念的培育等	培训时间、效果、考核的方法与对培训获证的资格认定程序与办法	按左列内容列出时间表	培训费及间接误工费

资料来源：石金涛．现代人力资源管理．上海：上海交通大学出版社，1999．

（二）狭义人力资源战略规划

狭义的人力资源战略规划，是指组织从自身的发展目标出发，根据其内外部环境的变化，预测组织未来发展对人力资源的需求，以及为满足这种需求提供人力资源的活动过程。简单地说，狭义的人力资源战略规划是进行人力资源供需预测，并使之平衡的过程。我们可以把它看作是组织对各类人员的补充规划。

（三）人力资源战略规划与组织目标的关系

人力资源战略规划是组织中的重要工作，要围绕组织目标运行。它与组织目标的基本关系见图 3－5。

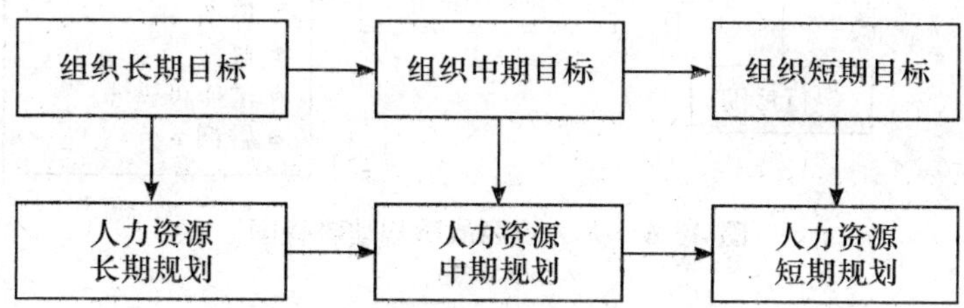

图 3－5　人力资源战略规划与组织目标

就组织的总体经营活动而言，组织目标可以分为长期目标、中期目标和短期目标。其中长期目标可以看作是组织的战略目标，时间一般在3～5年以至更长；中期目标可以看作是组织的战役目标，时间在1～3年；而短期目标则可以看作是组织的战术目标，其时间一般是1年或1年之内。

相应地，人力资源战略规划也可以分为长期规划、中期规划和短期规划。它们既由同期的组织经营目标决定，也由较长时期的人力资源战略规划所决定。由此，人力资源战略规划在长期、中期及短期就有着不同的任务和不同的工作思路。因此，我们需要根据组织具体的工作任务和时间要求，来确定人力资源战略规划的内容和方法。

二、人力资源战略规划流程①

人力资源战略规划是一个系统的程序，包括明确组织发展战略与目标、分析组织人力资源现状、预测人员需求、预测人员供给、制定行动方案、控制与评价计划六个阶段，其中预测人员需求、预测人员供给和平衡组织人力资源供需是规划的关键步骤，如图3-6所示。

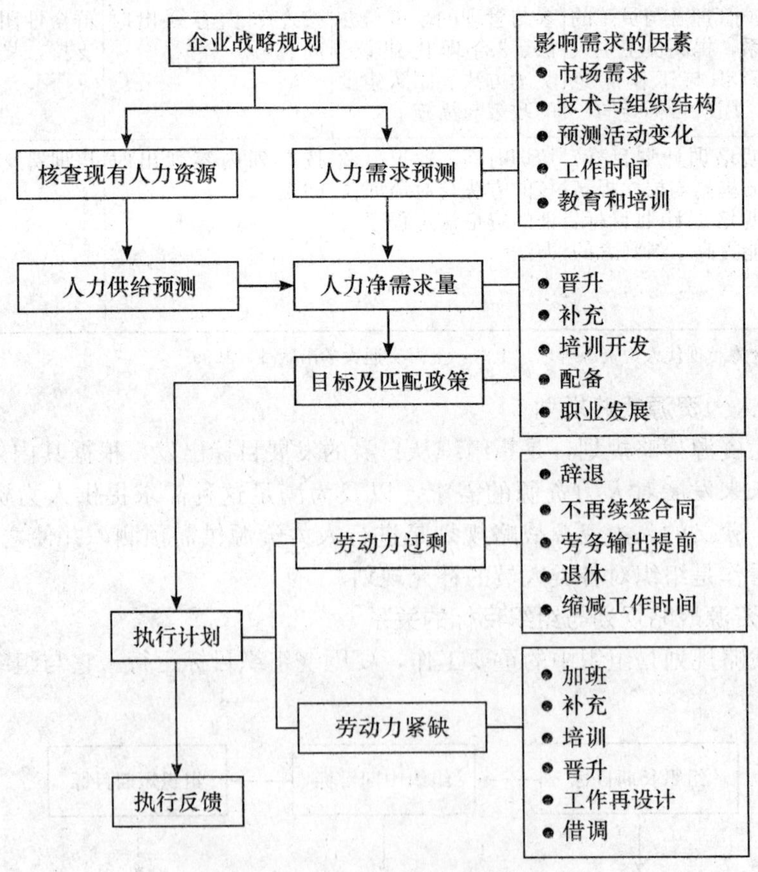

图3-6 人力资源战略规划流程图

① 张震. 人力资源管理. 南京：南京大学出版社，2004：80-82.

（一）明确组织发展战略与目标

人力资源战略规划应该服务于组织的发展战略目标。在制定人力资源战略规划时首先要明确组织发展的战略和目标以及为完成这些目标所需要采取的方案或措施。例如，一个企业采取低成本战略时，人力资源战略规划应与之配合，制定以严格控制成本为目标的人力资源战略规划，采用聘请成本控制专家、分析现有员工需求、合并工作岗位、提高工作效率、减少劳动成本和费用、解聘多余人员等一系列具体方案。当一个企业决定向电子商务领域发展时，人力资源战略规划应该说明企业需求电子商务专业人员的数量与结构，说明这些专业人员在组织内部与外部的供给情况，说明通过什么方式使员工在数量与结构上满足企业需要。

（二）分析现有人力资源状况

通过分析组织人事档案或人力资源数据库，了解组织现有人力资源的基础信息。人事数据库涵盖的内容极为广泛，一般包括员工的姓名、性别、出生年月、出生地、工作年限、技术等级、工作经历、教育背景、培训及证书、外语能力、绩效评估、薪酬福利等内容。对组织人力资源现状进行分析的重点是了解目前各种类员工的规模、变动情况、知识结构、工作能力、技术和经验专长等方面的特点。

（三）预测未来的人力资源需求量

人力资源战略规划的第三步是预测在某段时期组织需要人员的类型和数量。组织对劳动力的需求受各种因素的影响，例如企业着手引进高新技术、改造生产流程时，可能会减少作业工人的数量，增加对技术人员的需求。预测人员需求量就是确定某些因素的变化将对人员需求产生什么样的影响。

（四）预测未来的人力资源供应量

预测劳动力的供给量即通过分析所需人员的供给情况，确定能向组织提供此类人员的数量与来源。人力资源供给分组织内和组织外两个来源，组织的内外部环境对这两种人员供给源都会产生影响。例如组织内部的工资、人事政策和工作环境的变化，组织外部的劳务需求、就业规模的变化，都会影响组织内部人员是否继续在组织服务或外部劳力是否愿意进入组织服务。

（五）确定组织人员净需求，制定政策与措施

在对组织的劳动力需求与供给进行了分析以后，要确定组织人员净需求，即说明实际需要的劳动力数量与结构，同时制定具体的人事工作方案。这一步骤要求以人事数据库和人员的供求信息为依据，编写满足现在与将来人员需求的各种政策和具体的人员维持、扩张和缩减等工作计划。例如通过制定奖金制度、福利政策吸引员工留在组织内；通过人员招聘、调动、培训等计划增加人员的有效供给；制定提前退休、临时离职等计划裁减人员等。此外，人力资源战略规划还可包括员工保健、安全生产等劳动力维护计划。

（六）评价规划的有效性，并及时进行调查，控制和更新

评价人力资源战略规划的目的在于了解人力资源战略规划对组织经营的影响。它是规划的重要一环，能对人力资源战略规划作出恰当的反馈，也可以确定人力资源战略规划的效益有多大。在评估人力资源战略规划时应注意：人力资源战略规划应当反映组织内部目标或外部目标的变化；必须明确每个部门承担的相应责任及拥有的必要的职权；为了保证

有效地完成规划，人力资源战略规划必须有适当的弹性，给予执行人员一定的独立决策权；应当考虑人力资源战略规划与其他经营计划的相关性。此外，人力资源管理部门还必须追踪规划的执行，并反馈规划的运作结果，及时修正规划。

三、人力资源战略规划的原则

组织在制定人力资源战略规划时，应该遵循以下原则。

（一）目标性原则

目标性原则，即人力资源战略规划的制定和实施要与组织的发展目标相统一。人力资源战略规划的应用范围很广，既可以运用于整个组织，也可以应用于某一部门或某个工作集体。不管哪一种规划，都必须与组织的整体发展目标相统一，这样，才能确保组织各项资源的协调利用，使人力资源的规划具有准确性和有效性。

（二）动态性原则

动态性原则，即充分考虑环境的变化并积极主动地适应环境的变化。世界是变化的，事物是运动的，未来总是充满许多不确定的因素，包括组织内部和外部的不确定因素。组织内部的变化，涉及业务的变化（尤其是销售额的波动和产品的更新）、发展目标的更替、组织结构的变化和组织雇员的更换等；组织外部的变化，涉及市场的变化、政府政策的变化、人力资源供求格局的变化和竞争对手的变化等。

为了更好地适应这些变化，人力资源战略规划应当对可能出现的情况做出预测并提出应对方案，才能够发挥好人力资源这一最重要资源的价值和效用。

（三）兼顾性原则

兼顾性原则，是人力资源战略规划应尽量达到组织和员工双方的共同发展。组织和员工共同发展，是现代管理的一项理念，也是人力资源管理的基本理念。因此，进行人力资源战略规划，不仅要为组织服务，而且要能促进员工的发展。在知识经济时代，随着人力资源素质的提高，员工越来越重视自身的发展前途，组织的发展也越来越离不开员工的贡献，两者是相互依托、相互促进的。在人力资源战略规划中，应当使组织和员工的利益都得到保证，从而达到组织和员工的共同发展。

四、人力资源管理信息系统①

计算机技术的发展使人力资源管理变得信息化。人力资源管理信息系统在人力资源规划决策中以及人力资源的其他管理工作中起着越来越重要的作用。

人力资源管理信息系统利用计算机收集、管理有关人力资源方面的数据，如招聘资料、工作说明资料、工资福利待遇等，并把各种不同的数据联系起来进行综合处理，保证了组织对人力资源规划与管理的有效性，能及时反映组织人力资源的供需状况，提高了组织适应环境的能力。

人力资源管理信息系统可分为招聘、安置、培训与发展、报酬、维持和健康等分系统。招聘系统一般反映组织人员的需求状况，记录组织的人员招聘信息，提供人员的配置

---

① 张震．人力资源管理．南京：南京大学出版社，2004：82.

情况，保存招聘岗位的工作说明书与岗位规范等信息；安置系统主要记录现有劳动力配置情况；培训与发展系统记录员工接受培训的资料，可以根据组织发展需要分析未来培训的方向；报酬系统记录有关工资、奖金、福利计划，说明其激励作用；维持系统延伸到其他系统的业务中，控制与人力资源资料的收集、保存和传递相联系的各种辅助记录；健康系统记录人员的健康状况及工作和操作的安全性。目前大多数组织将重点放在建立“人力资源技能库”上，详细记录组织内部人员的知识和技能特点，以使组织能最合理、最有效地使用人力资源。

人力资源管理信息系统能扩大人力资源信息的收集范围，使信息的收集、储存、归档、分析和传递等工作变得较容易；可以将大量的原来分散在各部门的人力资源信息归纳整理成一个有效的整体信息，将所有记录，包括员工的工作偏好、工作经验、绩效评价等放在员工的档案中，可以对员工情况有更全面的反映；通过互联网，不同地区、不同领域的人员能很方便地了解组织的人力资源现状，人力资源管理部门也可以及时获得政府颁布的涉及人力资源管理的法律和法规，获得有关专家的指导，还可以向全球发出招聘信息等。

第三节　人力资源战略规划技术

一、人力资源需求预测法

在预测组织人力资源需求量方面，有客观法和主观法这两种基本方法，它们也可以分别被称作统计法和推断法。

（一）统计法

统计法是通过对过去某一时期的数据资料进行统计分析，寻找、确定与组织人力资源需求相关的因素，确定二者的相关关系，建立起数学公式或模型，从而对组织未来的人力资源需求进行预测的方法。统计法是以过去的事实为依据的预测方法，它还包括多种方法，其中最常用的是趋势分析法、比率分析法和回归分析法。

1. 趋势分析法

趋势分析法是根据过去一定时间的人力资源需求趋势来预测未来需求情况的方法。作为人力资源预测的一种工具，趋势分析法是很有价值的，但仅仅使用该方法是不够的，因为一个组织的人力资源需求趋势不仅由过去的状况决定，其他因素（例如销售额、生产率变化等）也会影响到组织未来的人力资源需求。因此，该方法得出的结果，可以作为一种趋势来参考，不能认为是完全准确的而机械地加以应用。

[例题]

某公司已知过去12年的人力数量如下：

年度	1	2	3	4	5	6	7	8	9	10	11	12
人数	510	480	490	540	570	600	640	720	770	820	740	930

根据以上数据，将年度作为横坐标，人数作为纵坐标，绘制出散点图。

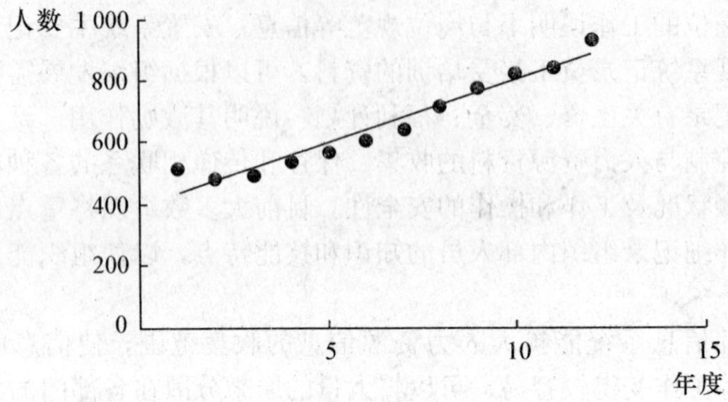

由散点图可知，应建立直线趋势方程

$$Y=a+bX$$

其中：Y——人数；X——年度。

利用最小二乘法，可以得出 a、b 的计算公式：

$$a=\overline{Y}-b\overline{X}$$

$$b=\frac{\sum_{i=1}^{n}(X_i-\overline{X})(Y_i-\overline{Y})}{\sum_{i=1}^{n}(X_i-\overline{X})^2}$$

得出：$a=390.7$　$b=41.3$　$Y=390.7+41.3X$

则可预测未来第三年的人数为：$y=390.7+41.3\times15=1\,010$（人）

2. 比率分析法

比率分析法是通过计算某种组织活动因素和该组织所需人力资源数量之间的比率来确定未来人力资源需求的数量与类型的方法。例如，教育部门的师生比、销售数量和销售人员数量比、单位食堂炊事人员与就餐人员比，等等。一些大企业有着严格的劳动定员管理标准，这些标准也可以用于比率分析法。

长期从事员工管理工作、具有实际经验的组织领导者，脑子里会储存该方面的判断标准信息。当一个组织的工作任务与条件有所改变、需要对人员数量进行增减或者对员工进行再配置时，领导者就会把类似环境下类似组织的一些数据拿来作为参考，从而对本组织的人力资源需求量做出修正。一些岗位的资深人员也能够就此提出比较准确的估测值。

[例题]

以下是全国通用的食堂工作人员标准，仅供参考。

就餐人数	工作人员与就餐人数的比例	
	日开3餐	日开4餐
200人以下	1∶(25～30)	1∶(20～25)
200～500人	1∶(30～35)	1∶(25～30)
500人以上	1∶(35～40)	1∶(30～35)

3. 回归分析法

回归分析法是通过绘制散点图寻找、确定某事物（自变量）与另一事物（因变量）之间的相关关系，用以预测组织未来对人力资源需求数量的方法。如果两者是相关的，那么一旦组织能预测出其业务活动量，就能预测出自身的人员需求量。当自变量只有一个时，为一元回归；当自变量有多个时，称多元回归。

[例题]

已知某医院病床数和所需护士数的历史记录，根据医院的发展计划，要将床位数增至1 000个，则那时将需要多少名护士？

某医院病床数和所需护士数的历史记录

病床数	200	300	400	500	600	700	800
护士数	180	270	345	460	550	620	710

将床位数设为 X，护士数设为 Y，两者之间的线性关系可表示为：$Y=a+bX$，利用最小二乘法，计算得出 $a=2.321$，$b=0.891$，则 $Y=2.321+0.891X$。所以，如果床位增加到1 000张，则需要的护士数应为894人（$Y=2.321+0.891\times 1\,000\approx 894$）。

4. 劳动生产率分析法

这是一种通过分析和预测劳动生产率，进而根据目标生产/服务量预测人力资源需求量的方法。这种方法的关键部分是如何预测劳动生产率。如果劳动生产率的增长比较稳定，那么预测就比较方便，其效果也较好。这种方法适用于短期预测。

[例题]

一所学校，目前一名老师能够承担40名学生的工作量，如果明年学校准备让在校学生达到4 000人，根据计算公式：所需人力资源＝未来的业务量/人均的生产效率，需要100名教师。如果劳动生产率提高25%，计算公式应改为：所需人力资源＝未来的业务量/[目前人均的生产效率×(1＋生产效率的变化率)]，则需要80名老师。

（二）推断法

推断法是专家和管理人员运用自身知识、经验以至直觉，对未来的人力资源需求数量做出推测、判断的方法。常用的推断法有自上而下法、自下而上法和德尔菲法。

1. 自上而下法

自上而下法主要依赖组织的高层领导者做出判断，这就要求领导者对组织的发展方向、各方面的情况、组织发展目标和运行情况有明确和清醒的认识。

2. 自下而上法

与自上而下法相对应的是自下而上法，它是依赖各部门和各层次的直线经理，靠其经验和判断对未来的人力资源需求做出预测。这种方法一般用于简单的预测，只需清楚地了解当前具体的项目需要，而不必反映未来的和整个组织全局的目标。

上述“自上而下法”和“自下而上法”两种方法，往往被同时使用，以提高预测的精确度。

3. 德尔菲法

德尔菲法是一种依靠管理者主观判断的预测方法。“德尔菲”一词，是古希腊神话中可预知未来的阿波罗神殿的所在地名。美国兰德公司在20世纪40年代以“德尔菲”为代号，研究如何通过有控制的反馈更为可靠地搜集专家意见，德尔菲调查法因而得名。

德尔菲法的具体做法是：专家们背靠背，分别提出各自的预测；调查组织者综合专家们的上述意见，并将结果再次提供给专家（可以是另外一些专家），如此反复，直到形成可行的、一致的预测结果。在人力资源需求预测方面，德尔菲法具有方便、可信和能够在缺少资料、其他方法难于实施的情况下成功进行预测的优点。

二、人力资源供给预测法

（一）内部人力资源供给预测法

由于组织经营活动规模的扩大和内容的增加，或由于本单位员工队伍的自然减员，组织就必须获得必要的人力资源补充或扩充。

组织内部人力资源的供给预测，即对未来年代本组织管理人员和技术人员可接续部分的计算。从总体上看，预测期组织的人力资源内部供给，是现有各类岗位的人力资源数量减去晋升、调动、流出、退休后的数量，并加上由本组织内部变更（下级晋升和平级调动）而来的人员。

具体来说，人力资源内部供给预测的过程是：

（1）确定人员预测的范围；

（2）估算各岗位未来年代的实际存留人数；

（3）评价和确定每一关键职位的接替人选；

（4）确定各岗位需要，并将员工个人目标与组织目标相结合；

（5）挖掘现有人力资源的潜力。

人力资源内部供给预测的方法一般采用马尔可夫分析法，该方法的基本思想是通过找出过去人事变动的规律，来推测未来的人事变动趋势，从而预测出人力资源的供给数量以及有关人力资源供给与需求的平衡问题。

[例题]

某企业现有人员和已往变动概率如下所示，请用马尔可夫分析法预测企业人力资源内部供给。

	现有人数	人员变动概率			
		经理	科长	业务员	离职
经理	10	0.8	0	0	0.2
科长	20	0.1	0.8	0.05	0.05
业务员	60	0	0.1	0.8	0.1

根据以上资料，通过马尔可夫矩阵转换求出内部供应人数，再结合需求预测计算出应补充人数，即需要通过外部招聘补充的人数，如下所示。

	经理	科长	业务员	离职
经理	8	0	0	2
科长	2	16	1	1
业务员	0	6	48	6
内部供应人数	10	22	49	
内部需求人数（假定不变）	10	20	60	
应补充人数	0	−2	11	

对于本组织的人力资源向外流动尤其是人才流动，要分析他们流动即损耗的原因，并采取有针对性的政策措施给予一定的解决。从总体上看，人力资源流动的原因可以分为外界的吸力和内部的推力两部分。具体来说，主要有组织用人状况、工资竞争力、个人发展机会、组织文化、管理制度、人际关系、工作氛围等原因。

（二）外部人力资源供给预测法

根据组织的人力资源需求预测和组织人力资源内部供给预测的结果，可以计算出本组织一定时期对人力资源需求的缺口。这一缺口要靠外部人力资源供给来满足。

为此，组织就要对外部人力资源供给状况进行预测和规划，以获取自己所需的人力资源。组织进行外部人力资源供给预测，要考虑人力资源市场的供需平衡的状况和变动趋势。为此，组织应该考虑诸多的经济、社会、文化因素对人力资源市场的影响，预测未来组织之间的竞争和合作的状况，以决定组织未来的招聘方式和吸引人才的政策和方法。

此外，人力资源管理部门还必须对人力资源市场进行及时的观察和把握，以防在补充人力资源时陷于被动。

影响外部人力资源市场供给的因素主要有：

（1）社会新成长劳动力（即新进入人力资源队伍的学校毕业生）数量与质量总况；

（2）人力资源市场上本组织所需专业和职业的人力资源状况；

（3）本组织的工资竞争力、工作环境、公共形象等；

（4）社会上同类型组织的数量与综合竞争力；

（5）国家有关法律和政府的劳动法规；

（6）社会失业率与行业失业率；

（7）政府和行业的培训计划。

三、人力资源供需平衡

人力资源战略规划的最终目的是要实现企业人力资源供给和需求的平衡，因此在预测出人力资源的供给和需求之后，就要对这两者进行比较，并根据比较的结果采取相应的措施。

（一）供给和需求结构不匹配

组织人力资源供给和需求完全平衡一般是很难发生的，即使在供需总量上达到了平衡，往往也会在层次和结构上出现不平衡。对于结构性的人力资源供需不平衡，一般要采取下列措施实现平衡：

第一，进行人员内部的重新配置，包括晋升、调动、降职等，来弥补那些空缺的职位，满足这部分的人力资源需求。

第二，对人员进行有针对性的专门培训，使他们能够从事空缺职位的工作。

第三，进行人员的置换，释放那些企业不需要的人员，补充企业需要的人员，以调整人员的结构。

（二）供给大于需求

当预测的供给大于需求时，可以采取以下措施从供给和需求两方面来平衡供需：

第一，企业要扩大经营规模或者开拓新的增长点，以增加对人力资源的需求，例如企业可以实施多种经营吸纳过剩的人力资源供给。

第二，永久性的裁员或者辞退员工，这种方法虽然比较直接，但是由于会给社会带来不安定因素，因此往往会受到政府的限制。

第三，鼓励员工提前退休，就是给那些接近退休年龄的员工以优惠的政策，让他们提前离开企业。

第四，冻结招聘，就是停止从外部招聘人员，通过自然减员来减少供给。

第五，缩短员工的工作时间，实行工作分享或者降低员工的工资，通过这种方式也可以减少供给。

第六，对富余员工实施培训，这相当于进行人员的储备，为将来的发展做好准备。

（三）供给小于需求

当预测的供给小于需求时，同样可以从供给和需求两个角度来平衡供需，可以采取下列措施：

第一，从外部雇用人员，包括返聘退休人员，这是最为直接的一种方法。可以雇用全职的也可以雇用兼职的，这要根据企业自身的情况来确定，如果需求是长期的，就要雇用全职的；如果是短期需求增加，就可以雇用兼职的或临时的。

第二，提高现有员工的工作效率，这也是增加供给的一种有效方法。提高工作效率的方法有很多，例如改进生产技术、增加工资、进行技能培训、调整工作方式等。

第三，延长工作时间，让员工加班加点。

第四，降低员工的离职率，减少员工的流失，同时进行内部调整，增加内部的流动来增加某些职位的供给。

第五，可以将企业的某些业务进行外包，这其实等于减少了对人力资源的需求。

本章小结

人力资源战略规划是人力资源管理的初始步骤。本章阐述了现代组织结构的变化和组织扁平化、柔性化等特征，分析了人力资源战略规划的地位、含义和原则。本章还阐述了人力资源战略规划的需求预测法和供给预测法，以及在人力资源供需不平衡的情况下调节供求的各种具体措施。

主要概念

组织　组织结构　矩阵制组织　扁平化　柔性化　狭义的人力资源战略规划　统计法　趋势分析法　比率分析法　回归分析法　推断法　德尔菲法

思考讨论题

1. 人力资源战略在组织中的地位是什么？
2. 人力资源战略规划的原则有哪些？其流程有哪几个环节？
3. 进行人力资源战略规划的常用方法有哪些？如何利用人力资源战略规划的常用方法解决实际问题？
4. 当今世界组织机构的发展趋势是什么？这种趋势给人力资源管理带来什么机遇与压力？
5. 用什么方法解决组织中的人力资源短缺和过剩问题？

案例讨论

莱利公司的人力资源规划

近年来，莱利公司常为职位空缺所困惑，特别是经理层次职位的空缺常使得公司陷入被动局面。莱利公司最近进行了公司人力资源规划。公司首先由4名人事部的管理人员负责收集和分析目前公司对生产部、市场与销售部、财务部和人事部4个职能部门的管理人员和专业人员的需求情况以及劳动力市场的供给情况，并估计在预测年度各职能部门内部可能出现的关键职位空缺数量。

上述结果可以作为公司人力资源规划的基础，同时也可以作为直线管理人员制定行动方案的基础。但是，在这4个职能部门里制定和实施行动方案的过程（如决定技术培训方案、实行工作轮换等）是比较复杂的，因为这一过程会涉及不同的部门，需要各部门的通力合作。例如，生产部经理为制定将本部门某员工的工作轮换到市场与销售部的方案，需要市场与销售部提供合适的职位，人事部做好相应的人事服务（如财务结算、资金调拨等）。职能部门制定和实施行动方案过程的复杂性给人事部门进行人力资源规划也增加了难度，这是因为有些因素（如职能部门间合作的可能性与程度）是不可预测的，它们将直接影响到预测结果的准确性。

莱利公司的4名人事管理人员克服种种困难，对经理层的管理人员的职位空缺作出了较准确的预测，制定了详细的人力资源规划，使得该层次上职位空缺减少了50%，跨地区的人员调动也大大减少了。另外，从内部选拔工作任职者人选的时间也减少了50%，并且保证了人选的质量，合格人员的漏选率大大降低，使人员配备过程得到了改进。人力资源规划还使得公司的招聘、培训、员工职业生涯计划与发展等各项业务得到改进，节约了人力成本。

讨论：

1. 莱利公司取得上述进步的关键是什么？
2. 本案例对你有哪些启示？

参考文献

[1] 刘庆元. 企业战略管理. 北京：中央广播电视大学出版社，2006.

[2] 宋联可，杨东涛. 备战：部署人力资源战略规划. 北京：机械工业出版社，2006.

[3] 赵曙明. 人力资源战略与规划. 北京：中国人民大学出版社，2002.

[4] 盖勇. 人力资源战略与组织结构设计. 济南：山东人民出版社，2004.

[5] 王利平. 管理学原理. 北京：中国人民大学出版社，2000.

[6] 赵西萍，宋合义，梁磊. 组织与人力资源管理. 西安：西安交通大学出版社，1999.

[7] 孙耀君. 西方管理学名著提要. 南昌：江西人民出版社，1998.

[8] 彭剑锋. 人力资源管理概论. 上海：复旦大学出版社，2006.

[9] 卿涛. 人力资源管理概论. 北京：清华大学出版社，北京交通大学出版社，2006.

[10] 张震. 人力资源管理. 南京：南京大学出版社，2004.

[11] 杨顺勇，王学敏，查建华. 现代人力资源管理. 上海：复旦大学出版社，2006.

第四章
人力资源的获取——招聘与甄选

本章要点提示

- 招聘的含义、意义及影响因素
- 招聘的原则及基本流程
- 招募的途径
- 内部获取的常用方法及优缺点，外部征聘的主要途径及优缺点
- 甄选的常用方法及选择
- 面试的含义和特点
- 面试的类型
- 面试的步骤
- 人力资源测评的功能、程序
- 人力资源测评的主要方法

引导案例

飞腾公司在发展的过程中，由于业务的增加，原有人员的工作压力越来越大，各个部门都需要增加人员以缓解目前业务发展的需要。人力资源部门根据各个职能部门的要求，让各个部门报出所需人员的数量，然后在一个专门的招聘网站上贴出了招聘的信息。之后人力资源部门开始筛选、面试，人力资源部门考虑到各个部门经理都比较忙，所以很难协调他们同时来进行面试，于是根据各个职能部门的要求自行定下了各部门所需人才。随后人力资源部门安排了新员工就职的整个过程。人员就职以后，很多部门经理发现招聘来的人员并不适合本部门的工作，新员工也发现，他所从事的工作并没有像他们想象的那样好。

人力资源部门经理很纳闷：花费了这么多招聘费用和辛苦招来的人员为什么就不适合各部门的需要呢？通过本章的学习，你会找到飞腾公司的招聘中存在困惑的主要原因。

人力资源招聘是人力资源管理工作中的一个重要环节。一方面，它直接关系到组织中人力资源的形成，即组织是由哪些人员构成的；另一方面，它与其他人力资源管理职能联系密切，它是培训、绩效考评、薪酬管理、劳动关系等一系列后续人力资源管理工作的基础。人力资源测评作为一门新兴学科，其结果可作为多项人力资源管理职能的参考依据。本章除阐述人力资源招聘的含义以外，着重介绍人力资源招聘的途径、方法以及人力资源测评的基本知识。

第一节　人力资源招聘概述

一、人力资源招聘基本范畴

(一) 人力资源招聘的含义

人力资源招聘是建立在两项工作的基础之上的：一是组织的人力资源规划；二是工作分析。人力资源规划确定了组织招聘职位的类型和数量，而工作分析使管理者了解什么样的人应该被招聘进来填补这些空缺。这两项工作使招聘能够建立在科学的基础之上。

人力资源招聘，简称招聘，是“招募”与“聘用”的总称，是指组织在总体发展战略规划的指导下，根据人力资源规划和工作分析提出的对人力资源数量与质量的要求，制定相应的职位空缺计划，并通过信息发布和科学甄选，获得合格人员填补职位空缺的过程。招募与聘用之间夹着甄选。

(二) 人力资源招聘的意义

人力资源招聘在人力资源管理中占据十分重要的位置，它的意义具体表现在以下几个方面。

1. 招聘是组织补充人力资源的基本途径

组织的人力资源状况处于不断变化之中。组织内人力资源向社会的流动、组织内部的人事变动（如升迁、降职、退休、解雇、死亡、离职等）等多种因素，导致了组织人员的变动。同时，组织有自己的发展目标与规划，组织成长的过程也是人力资源拥有量的扩张过程。上述情况意味着组织的人力资源总是处于稀缺状态，需要经常补充。因此，通过市场获取所需人力资源成为组织的一项经常性任务，人力资源招聘也就成了组织补充人员的基本途径。

2. 招聘有助于创造组织的竞争优势

现在的市场竞争归根到底是人才的竞争。一个组织拥有什么样的人力资源，就在一定意义上决定了它在激烈的市场竞争中处于何种地位——是立于不败之地，还是最终面临被淘汰的命运。而对人才的获取是通过人才招聘这一环节来实现的。因此，招聘工作能否有效地完成，对组织的竞争力能否提高、绩效及发展目标能否实现，均有至关重要的影响。从这个角度说，人力资源招聘是组织创造竞争优势的基础环节。当组织急于获取实现发展目标所紧缺的人才时，招聘更具有特殊的意义。

3. 招聘有助于组织形象的传播

研究结果显示，招聘流程质量的高低会明显地影响应聘者对组织的看法。许多经验表明，人力资源招聘，既是吸引、招募人才的过程，又是向外界宣传组织形象、扩大组织影响力和知名度的一个窗口。应聘者可以通过应聘过程来了解组织的组织结构、经营理念、管理特色、组织文化等。尽管人力资源招聘不是以传播组织形象为目的的，但招聘过程客观上具有这样的功能，这是组织不可忽视的一个对外宣传机会。

4. 招聘有助于组织文化的建设

招聘过程中信息传递的真实与否，直接影响着应聘者进入组织以后的流动性。有效的招聘既能使组织得到所需人员，同时也能为人员的保持打下基础，有助于减少由于人员流动过于频繁而给组织带来的损失，也有利于增进组织内的良好气氛，如能增强组织的凝聚力，提高士气，增强人力资源对组织的忠诚度等。

（三）人力资源招聘的影响因素

招聘活动的实施往往受到多种因素的影响，为了保证招聘工作的效果，在规划招聘活动之前，应对这些因素进行综合分析。归纳起来，影响招聘活动的因素主要有外部因素和内部因素两大类。

1. 外部影响因素

（1）国家的法律法规。国家和地方的有关法律、法规和政策，是约束组织招聘行为的重要因素，从客观上界定了组织招聘活动的外部边界。例如，西方国家的法律规定，组织的招聘信息中不能涉及性别、种族和年龄的特殊规定，除非证明这些是职位所必需的。我国在人力资源方面的法律体系尚不健全，1994 年通过的《劳动法》是我国劳动立法史上的一个里程碑。以《劳动法》为准绳，我国已经颁布了一系列与招聘有关的法律、法规、条例、规定和政策，包括《女职工禁忌劳动范围的规定》、《职业介绍规定》、《就业登记规定》、《未成年工特殊保护规定》和《企业劳动争议处理条例》等等。

（2）劳动力市场。由于招聘特别是外部招聘，主要是在外部劳动力市场进行的，因此市场的供求状况会影响招聘的效果：当劳动力市场的供给小于需求时，组织吸收人员就会比较困难；相反，当劳动力市场的供给大于需求时，组织吸收人员就会比较容易。在分析外部劳动力市场的影响时，一般要针对具体的职位层次或职位类别来进行，例如当技术工人的市场比较紧张时，组织招聘这类人员就比较困难，往往要投入大量的人力、物力。

（3）竞争对手。在招聘活动中，竞争对手也是非常重要的一个影响因素。应聘者往往是在进行比较之后才做出决策，如果组织的招聘政策和竞争对手存在差距，那么就会影响组织的吸引力，从而降低招聘的效果。因此，在招聘过程中，取得对竞争对手的比较优势是非常重要的。

2. 内部影响因素

（1）职位性质。由于空缺职位的性质决定了招聘什么样的人以及到哪个相关劳动力市场进行招聘，因此职位性质是整个招聘的灵魂。职位性质的描述可以让应聘者了解该职位的基本情况和任职资格条件，便于应聘者进行求职决策。

（2）组织形象。一般来说，组织在社会中的形象越好，越有利于招聘活动的进行。良好的组织形象会对应聘者产生积极的影响，引起他们对组织空缺职位的兴趣，从而有助于提高招聘的效果。如青岛海尔、联想集团等一些形象良好的企业，往往都是大学生毕业后择业的首选。而组织的形象又取决于多种因素，如组织的发展趋势、薪酬待遇、工作机会以及组织文化等。

(3) 招聘预算。由于招聘活动必须支出一定的成本，因此组织的招聘预算对招聘活动有着重要的影响。充足的招聘资金可以使组织选择更多的招聘方法，扩大招聘的范围，如可以花大量的费用来进行广告宣传，选择影响力比较大的媒体；相反，有限的招聘资金会使组织进行招聘时的选择大大减少，这会对招聘效果产生不利的影响。

(4) 招聘政策。组织的相关政策对于招聘活动有着直接的影响，组织在进行招聘时一般有内部招聘和外部招聘两个渠道，至于选择哪个渠道来填补空缺职位，往往取决于组织的政策。有些组织可能倾向于外部招聘，而有些组织则倾向于内部招聘。在外部招聘中，组织的政策也会影响到招聘来源的选择，有些组织愿意在学校进行招聘，而有些组织更愿意在社会上进行招聘。

二、人力资源招聘的原则

人力资源招聘的过程应遵循以下原则，才能保证其有效性。

(一) 遵纪守法原则

组织的招聘工作首先应遵循国家有关法律、政策，这也是一个组织生存所必须做到的。自 1995 年 1 月 1 日起施行的《中华人民共和国劳动法》中规定：劳动者享有平等就业和选择职业的权利，妇女享有与男子平等就业的权利，以及禁止招用未成年人等。实际中，由于法律尚不健全和执法不严等原因，这些规定在我国还没能很好地执行，但随着法制的日益完善，组织必须增强法律意识，以适应社会的发展。

(二) 效率优先原则

人力资源招聘应以提高组织效率、增强组织竞争力、促进组织发展为根本目标。在招聘时应首先考虑招聘来的人员能否充分发挥其作用、高效率地为组织工作。如果滥竽充数，不仅不能为组织做出应有的贡献，还会加重组织负担，如组织必须为此支付招聘成本、重置费用、人员离职带来的机会成本等。因此，组织在招聘过程中应注重保证人员质量，宁缺毋滥。

(三) 公平竞争原则

公平也是一个极其重要的原则。比如：对所有的应聘者都要一视同仁，公开考核办法，严格考核程序等，努力为其提供平等竞争的机会，保护求职者的合法权益。这样才能使真正的人才脱颖而出，确保招聘人员的质量，为组织广招贤能。

(四) 择优录用原则

择优录用是招聘的根本目的和要求。只有坚持这个原则，才能广揽人才、选贤任能，为组织引进或为各个职位选择最合适的人员。为此，应采取科学的考核方法来鉴别人才，精心比较，谨慎筛选。

(五) 全面考察原则

招聘时应对应聘者进行全面考核，即应兼顾品德、知识、能力、智力、心理、过去工作的经验和业绩等诸多方面的因素。因为一个人能否胜任某项工作或者发展前途如何，是由多方面因素决定的，特别是非智力因素对其将来的作为起着决定性作用。

(六) 结构合理原则

招聘时应尽量选择素质高、质量好的人才，但也不能一味强调高水平，而应使“人尽其才”、“用其所长”、“职得其人”，使整个组织的人员结构保持合理。招聘到最优的人才并不是最终的目的，而只是手段，最终的目的是使每个职位上都是最合适、成本又最低的人员，达到组织整体效益的最优。整个组织人员结构的合理甚至比单个人员的素质更为重要，合理的人员结构可以使组织达到1+1>2 的效果。

三、人力资源招聘的基本流程

人力资源招聘是一个复杂、完整、连续的程序化操作过程，又是一项极具科学性、艺术性的工作。它大致分为招募、甄选、录用、评估四个阶段。

（一）招募

招募，是指寻找和吸引能够从中挑选出胜任职位空缺的合格工作候选人的人群的过程。它是为了吸引更多更好的应聘者（或称工作候选人）而进行的若干活动，包括：招聘计划的制定和审批，招聘渠道的选择及信息发布，应聘者申请等。

（二）甄选

甄选，又称选拔或筛选，是指运用科学的工具和手段对已招募到的工作候选人进行鉴别和考察，了解他们的人格特点与知识技能水平，预测他们的未来工作绩效，从而挑选出职位空缺填补者的过程。包括：申请资格审查、初选、考试、面试、体检、甄选决策等。具体甄选方法将在第三节中详细介绍。

（三）录用

录用是对甄选出的符合职位要求的人员进行适应性培训、试用、正式录用的过程。

（四）评估

评估是对整个招聘活动的效益与录用人员的质量进行评估，并及时反馈的过程。

这四个阶段的步骤和活动内容见图 4－1。

第二节　人力资源招募渠道

招募渠道从大的方面讲可以分为组织内部获取和组织外部征聘。各种招募渠道各有特点。在组织的招募实践中到底采用哪种或哪些渠道，要取决于组织所在地的劳动力市场，拟招聘职位的性质、层次和类型，以及组织的规模等一系列因素。

一、内部获取

现代人力资源管理非常重视组织内部人力资源的开发与利用，当组织出现职位空缺时往往首先从组织内部寻找、挑选合适的人员，通过内部晋升、岗位轮换等方式填补。据抽样调查资料显示，在美国有 90％的管理职位是由内部招募来填补的，组织内部是最大的招聘来源。

（一）组织内部获取的渠道

组织内部获取的渠道主要有：

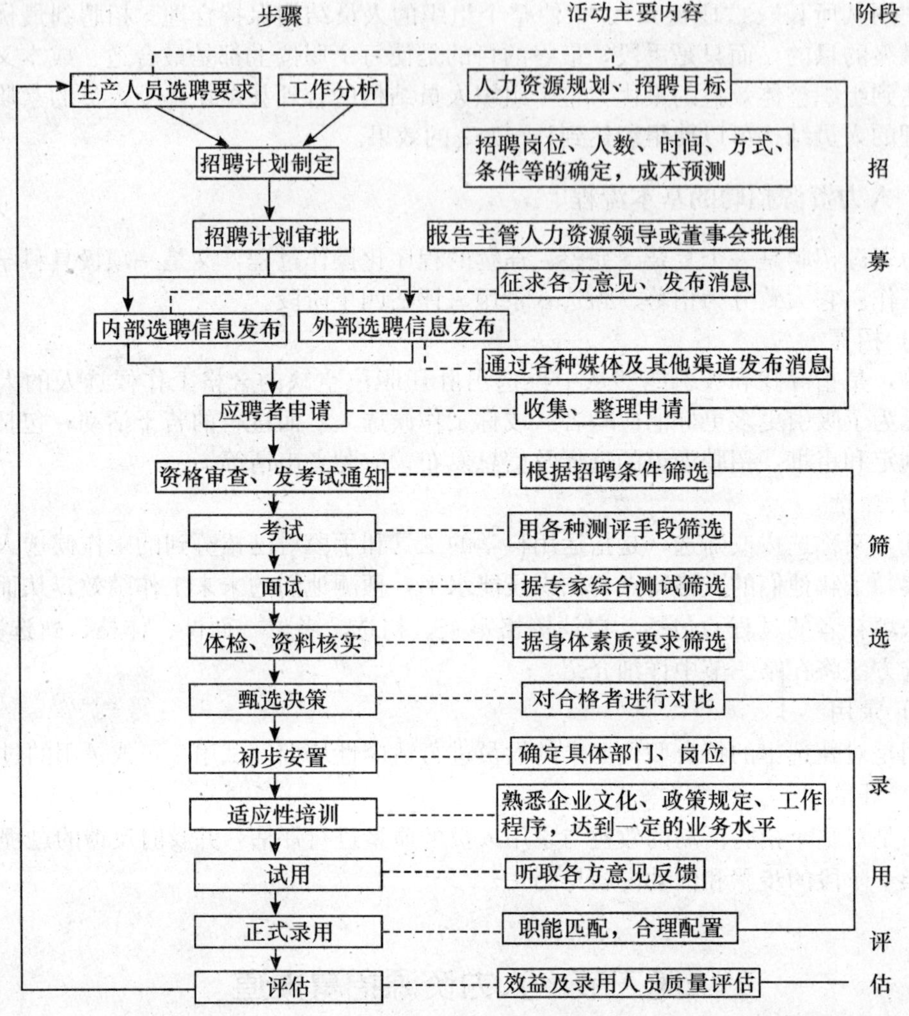

图 4-1 人力资源招聘流程图

资料来源：廖泉文．招聘与录用．北京：中国人民大学出版社，2002.

1．招募公告

招募公告是通过向员工通报现有职位空缺以进行内部获取的方法。招募公告中应包括空缺职位的各种信息，如：工作内容、资格要求、上级职位、工作时间以及薪资等级等。

招募公告示例

公告日期：________

结束日期：________

在________部门中有一全日制职位________可供申请。此职位对/不对外部候选人开放。

薪资水平：最低________ 中间值________ 最高________

职责：（参见所附工作说明书）

所要求的技能和能力（候选人必须具备此职位所要求的所有技能和能力，否则不予考虑）：

1. 在现在/过去的职位上表现出良好的绩效，其中包括：
——有能力完整、准确地完成任务；
——能够及时地完成工作并坚持到底；
——有同其他人合作共事的良好能力；
——能进行有效的沟通；
——可靠、良好的出勤率；
——较强的组织能力；
——解决问题的态度与方法；
——积极的工作态度：热心、自信、开放、乐于助人和献身精神。
2. 可优先考虑的技术和能力：
（这些技术和能力使候选人更有竞争力）

员工申请程序：
1. 电话申请可打号码________，每天下午3：00之前，________除外。
2. 确保在同一天将已经填好的内部工作申请表连同截至目前的简历一同寄至________。

对于所有的申请人将首先根据上面的资格要求进行审查。
筛选工作由________负责。
机会对于每个人来说都是平等的！

资料来源：[美] 加里·德斯勒. 人力资源管理. 北京：中国人民大学出版社出版，1999.

这种方法由员工自愿申请，经人力资源部门审核后按程序决定晋升或转调，最后将结果公布于众。如果空缺岗位属于主管级，除了用“招募公告”方法外，组织决策层也往往在管理人员中物色合适的人选，并做出具体的培养计划。

2. 利用人力资源信息系统

随着计算机和网络技术的发展，很多组织都建立了人力资源信息系统，对员工的个人信息进行动态化和规范化的管理。系统中详细记录了职位的信息和员工的信息，这些信息是经常更新的，能够全面、及时地反映所有员工的教育、培训、技能、绩效等状况，当组织出现空缺时，计算机搜索功能将及时提供所有符合条件的员工信息。例如，IBM公司的“IBM甄募资讯系统”就可以用来搜寻公司内部的合格人才来填补岗位空缺。

（二）组织内部获取的优缺点

1. 内部获取的优点

内部获取是在组织中搜寻合格人才，通过晋升或调职来满足空缺职位人力资源需求的活动。该种方式的优点是：

其一，能够对员工产生激励作用。对于获得晋升的员工来说，由于自己的能力和表现被组织肯定，因此士气大增，绩效和忠诚度都会有相当高的增加。对于大多数员工来说，由于组织为大家提供晋升机会，使人们感到升迁有望，工作会更加努力，也能够增加员工对组织的忠诚度和归属感，从而有助于稳定员工队伍。

其二，所获得人员的素质比较可靠。因为组织对晋升者的素质和以前的表现都有比较深入的了解，因此在任用时能减少用人方面的失误。

其三，所获得人员能更快适应新工作。由于晋升或调职者在组织内已工作一段时间，对组织目标和组织结构有所了解，对内部情况与工作环境较为熟悉，因此在新工作的接受过程中较节约时间，而且不需要一般性的职前培训。

其四，内部获取可节约费用。由于内部晋升或调职不必支付广告和甄选费用，因此成本较低。

2. 内部获取的缺点

其一，内部获取所得到的人才往往是一脉相承、“近亲繁殖”，因而在观念、思维方式和眼界方面可能较为狭窄，缺乏创新与活力，以至因循守旧。

其二，在甄选过程中容易引起员工之间的竞争，可能产生一定的内耗。提出申请而未能升迁的员工会感到心理不平衡，晋升者对原来的同级员工也往往难以建立声望并有效地进行管理。

二、外部征聘

组织外部征聘是根据一定的标准和程序，从组织外部众多候选人中选拔符合空缺职位要求的人员的过程。

（一）组织外部征聘的渠道

组织外部征聘的渠道多种多样，应根据具体情况做出灵活的选择。主要的招募渠道有：

1. 广告

广告是指通过广播电视、报纸、网络或行业出版物等媒体向公众传达组织的职业需求信息。一则有效的招募广告不仅可以吸引有资格的申请人，而且还会影响潜在的工作申请人和一般大众，对树立和维护良好的组织形象有非常重要的作用。

（1）广告媒体的选择。组织所要招募的职位类型决定了哪种媒体是最好的选择。一般地说，征求较低层次人员的广告，刊登在地方性报纸上即可；征求某类专业人员的广告，以商业性或专业性的报刊为宜；特殊重要岗位任职者的征聘广告，可以刊登在发行量大的全国性报刊上。此外，还可以通过广播电视媒体和互联网发布广告，广招贤才。

（2）招募广告的内容。一般来说，招募广告的内容应该包括以下几个方面：关于组织的基本情况介绍；关于招募职位的基本情况介绍；关于应聘者应该做的准备工作；关于应聘的方式和联系方式。

招聘广告示例

百家食品有限公司系外资独资企业，生产世界知名的“百家”品牌系列的巧克力及糖果产品。公司总部位于北京，现已在全国20个大中城市设立了分支办事机构。因公司业务不断扩大，现诚聘：

客户经理（北京）

职责：

- 负责与大型零售客户的谈判和沟通。
- 协调各城市销售部与大型零售客户的合作。
- 负责区域性促销计划的制定和实施。

要求：

- 大学本科以上学历。
- 5年以上消费品销售经验，有与大型零售客户谈判的经验。
- 熟练使用 MS-Office 软件。

- 良好英语沟通技能。

有意者请将简历（中、英文简历，并注明期望薪金及应聘职位），身份证复印件，相关学历、资历证明，近照一张寄至：

北京×××路××号

百家食品有限公司

人力资源部 收

邮编：1000××

来信注明“应聘”字样。

E-MAIL：ChinaHR@BAIJIA.com

- 恕不接待电话垂询及来访，相关材料恕不退还。
- 请注明你所要申请的职位。
- 请注明你的户口所在地。
- 请在应聘材料上标明此职位信息来源。

资料来源：吴志明. 员工招聘与选拔实务手册. 北京：机械工业出版社，2002.

2. 就业服务机构

就业服务机构是专门进行人力资源搜寻、筛选，并向组织提供各类所需人才的机构。我国的就业服务机构主要有人事部门开办的人才交流中心、劳动部门开办的职业介绍机构和一些私营的职业介绍机构等。

组织在以下三种情况下倾向于借助就业服务机构的力量来进行招募工作：第一，组织没有专门的人力资源部门，不能较快地进行人员招募活动；第二，组织的空缺职位需要尽快有人填补；第三，在劳动力市场供给紧张的形势下，组织试图招募到已经就业的员工。

借助就业服务机构招募人才时，机构的招募专家会帮助组织进行职位候选人的寻找和筛选，简化了组织的面试工作，为组织节约了招募时间。但组织必须积极配合：第一，向就业服务机构提供一份精确而完整的工作说明书；第二，参与监督就业服务机构的工作，如限定就业服务机构在筛选过程中采用的技术和方法、对那些被就业服务机构接受或否决的候选人材料进行复核等。

根据美国的经验，通过就业服务机构的帮助获取职位的求职者主要以蓝领工人和低层次的管理人员为主，组织很难通过就业服务机构获得专业技术人才和高级人才。从我国的情况来看，也明显存在这一问题。

3. 高级管理人员代理招募机构

高级管理人员代理招募机构就是人们通常所说的猎头公司，它们专门负责招募薪水较高的高级管理人员或高级技术人员，并收取高额费用。尽管组织需要求助猎头公司来填补职位空缺的概率不会很大，但是要招募最关键的管理和技术职位，特别是高级行政管理职位时，猎头公司往往是最佳选择。猎头公司不仅了解待岗高级人才的存量信息，而且掌握着许多在岗人员的工作动态信息，具有高级人才资源储备丰富的优势。在整个的搜寻和筛选过程中，它们能够对组织的名称保守秘密，承担为空缺职位所做的一些初期性广告工作，并且对候选人进行预先筛选，为组织节约时间。因此，如果组织要招募一些重要的高级管理人员或高级技术人员，猎头公司的帮助必不可少。但是，这种招募方式并非没有问题。猎头公司的专业化服务可以快速地帮助组织招募到填补职位空缺的人员，但也会收取较高的费用。在美国，猎头公司的收费标准一般在需要被填补职位固定年收入的25%～35%，有时甚至更高；另外，作为营利性机构，猎头公司的盲目推荐现象不可避免。

4. 校园招聘

校园招聘是指组织直接从高校应届毕业生中招募所需人才的方法。由于这些应届毕业生具备最新的知识、较好的综合素质和可塑性，因此成为组织中管理人员和专业技术人员最重要的来源之一。

校园招聘的首要目标是对求职者进行筛选，其次是把优秀的候选人吸引到组织中来。要达到这两个目标，组织必须做好以下几个方面的工作：

第一，根据招聘的目的设计有效的面试考题。校园招聘通常只有面试，不作其他测试，因此应准备好几组面试考题。因为校园的学生进入组织通常从基层做起，因此面试要达到的目标只是测试学生的知识面、应变能力、素质和潜力等。

第二，选派高素质的校园招聘人员。招聘人员是对应聘者作出最初筛选的人，他必须在较短的时间内和大量资历相仿的毕业生进行面谈，从中判断、挑选出高素质的应聘者，这正是校园招聘与其他招聘方式相比的独特之处和特殊困难所在，只有有经验的高素质的招聘人员才能完成。另外，高素质的招聘人员还可以作为组织的宣传员清楚地介绍组织的相关信息，在招聘过程中保持一种诚恳而不拘礼仪的态度，尊重应聘者，认真回答学生的提问，为组织创造良好的声誉。

第三，与学校建立良好的关系。组织除要与学校的学生工作部门和人事部门建立良好的关系之外，还要与教师加强沟通，让他们在工作中经常向学生介绍组织信息。有的组织在学校设立奖学金，资助优秀或贫困学生，有助于吸引学生毕业后到该组织工作。

校园招聘目前已经成为越来越多的组织经常使用的一种招募方法，它与其他招聘方法相比具有明显的优缺点。

其优点是：

第一，针对性强。可以根据组织需要，选择学校，选择专业，选择性别，选择特殊专长等。

第二，适宜进行战略性人才选择和储备部分优秀人才。由于校园人才的层次多，人数多，可供挑选的机会多，便于组织作战略性人才选择，如高科技人才、英语人才、外贸人才、具有较多特长的综合性人才等。

第三，校园招聘的成功率高，失误率低。校园招聘的可靠度高，既无须去辨认其证件的真伪，又有学校相关部门的鉴定，还能通过与本人或其同学交流了解到更多信息，获得的信息全面、准确、可靠，因此失误率低。

其缺点有：

第一，招募成本较高，持续时间较长。

第二，学生缺乏实践经验，组织投入的培训成本高。

第三，由于学生常有眼高手低、对工作期望值过高等缺点，因此前期流失率较高。

5. 员工推荐与随机求职者

员工推荐是指当组织出现职位空缺时，就将空缺职位以及对应聘者的要求在组织中公布，鼓励现有员工向组织推荐合格的工作候选人。如果员工向组织推荐的人被录用，组织将给予推荐者一定的奖励。现在，这种方法越来越多地被组织所重视。一方面，它可以减少广告费和招募代理费等，从而为组织节约招募成本；另一方面，由于推荐人对组织的空缺职位情况及被推荐人的情况都比较了解，加上顾及自己在组织的声誉，所以都会尽量推荐最好的候选人，有利于组织得到高质量的员工。

但是，这种方法也并非没有缺点，一方面，通过这种方式招聘员工，容易在组织内部形成帮派，不利于工作的正常进行；另一方面，一旦员工所推荐的人被拒绝，容易使其产生不满情绪。

除了员工推荐以外，随机地"走进来"，直接到组织求职的人，也是一个重要的、不容忽视的工作候选人来源，一些大型的、知名的组织经常会遇到这种随机求职者。作为组织应该记住的原则是，一定要礼貌接待、妥善处理，因为这不仅是尊重求职者自尊的问题，更关系到组织在社会上的声誉。许多组织要求人力资源部门指定专人同每一位"走进来"的求职者进行简短的面谈，并告知求职者如有合适的工作将会及时通知他。另外，组织对于收到的所有求职信件都应及时、礼貌地回复。这种招募方法既有效又低成本，缺点是当组织出现合适的空缺职位时，许多求职者往往已经找到工作了。

6. 网络招聘

随着网络技术的不断普及与发展，越来越多的组织开始利用互联网资源进行招聘。特别是近些年出现的一些专门的人才招聘服务网站，如：www.zhaopin.com、www.51job.com 等，同时为组织和个人服务，不仅提供大量的招聘信息，还可以提供网上的招聘管理和个人求职管理服务，使网上招聘变得更加方便。组织利用人才招聘网进行招聘，人员接触范围广，选择的范围大；方便快捷；成本较低；不受时间和地点限制。但是，由于网络的虚拟性特征，容易造成大量的虚假或错误信息，给人力资源部门的工作带来一定的困难。

(二) 组织外部征聘的优缺点

1. 外部征聘的优点

其一，外部征聘有利于因事求才，广招贤人。由于从社会中征聘人才的途径很多、视野开阔，因而可以从众多的求职者中筛选出符合岗位要求的优秀的人才。

其二，具有工作经历的外聘人才，往往能带来其他组织的工作经验和理念，其中一些可能会弥补本组织的不足。因此，他们就如同新鲜血液，可以为组织增强活力。

2. 外部征聘的缺点

其一，外聘人才与用人单位员工之间因缺乏相互了解，往往会存在沟通和配合的困难，工作适应所需的时间较长。

其二，任用外聘人才担任管理职务，可能使组织内部员工感到升迁无望，从而挫伤许多人的工作积极性。

其三，该形式比通过内部获取人才的费用高、工作量大。

三、不同招募渠道的选择

组织要吸引到足够数量的高质量的工作申请人，就必须使潜在的工作申请人能够知道组织空缺的职位。而哪些人能知道组织的就业机会与组织所使用的招聘渠道有密切关系。

现实中组织有多种招募渠道可以选择，但是具体选择哪种渠道由组织的传统及过去的经验来决定。一般来讲，在大的劳动力市场上进行招聘活动，比在小的劳动力市场上进行招募更容易达到目的。但如果考虑到职位的类型或吸引力、劳动力市场等因素，情况会更为复杂一些。

职位的类型和级别对招聘渠道会产生影响。招聘时，技能和层次要求越高的职位，越需要在大的范围内进行。发达国家的研究表明，职位的类型是决定使用哪一种招募来源的重要因素。例如一项调查显示，对管理职位来说，使用最多的是报纸广告，其次是就业服务机构；对专业和技术职位的招聘，使用校园招聘的组织最多，其次是使用报纸和专业杂志广告，再次是就业服务机构；对销售人员的招聘，组织使用最多的是报纸广告。

招聘的范围和投入的力量会由于组织的规模不同而有所不同。一般来说，组织越大，招聘方面的工作越容易开展。因为组织越大，在市场上的声誉就越大，应聘者就越可能注意到它；同时，组织越大，在组织内部进行招聘的可能性也越大，可以从现有员工中挑选合适的人员来填补空缺的职位。此外，许多应聘者都认为，在大型组织中有更多的晋升机会，即使是在同样的职位上，在大的组织中拥有的权利也更大。

第三节　人力资源甄选方法

为了对应聘者的知识水平、能力、专业兴趣和个性特征等多方面内容有比较全面深入的了解，大多数组织会借助不同的方式来甄选出适合工作岗位要求的最佳人选，甄选也成为组织招聘过程的一个最重要的阶段。在长期的人力资源招聘实践中，人们总结出了许多种实用的甄选技术和手段，主要包括工作申请表、推荐与背景调查、笔试、心理测验、面试、评价中心、笔迹学等。选择并使用科学、有效的甄选方法有利于组织公平、客观地作出正确的招聘决策，将招聘中的失误降到最低限度。

一、工作申请表

工作申请表是一种比较古老但运用最为广泛的甄选技术。对于大多数组织来说，都把要求外部求职者填写工作申请表作为选拔过程的第一步。

(一) 工作申请表的主要内容

一般来说，工作申请表都要反映以下几个方面的信息：

(1) 识别应聘者的信息，如姓名、性别、地址、电话等；

(2) 应聘者个人信息，如家庭成员及情况等；

(3) 应聘者身体特征，如身高、体重、健康状况等；

(4) 应聘者受教育状况，如教育水平、学历、职业培训情况等；

(5) 应聘者过去的工作经验及业绩，特别是与欲申请的职位相关的工作经验。

(二) 工作申请表的作用

一张填写完整的工作申请表可以有三个方面的作用：

其一，确定求职者是否符合工作所需要的最低资格要求，以便确定最少的候选人；

其二，申请表可以帮助招聘者判断求职者是否具有某些与工作相关的属性，例如，可以通过工作经历来判断其是否具备招聘工作岗位所需的能力；

其三，申请表中所包含的资料可被用来“推测”任何与求职者有关的潜在问题。例如，经常的工作变换可以看作是不稳定的表现，等等。

在实际工作中，由于职位的不同以及招聘工作的差异，通常会有多种工作申请表。工作申请表的设计关键在于保证每个项目均与能否胜任某项工作有一定关系。申请表比较客观，易审核，成本低，所以它是选拔人才过程中被普遍使用的方法之一。

二、推荐与背景调查

推荐与背景调查是组织在招聘中对外部工作申请人进行选拔的常用方法。背景调查是指组织通过面谈以及与工作申请人的有关推荐人进行沟通来验证工作申请人的个人资料。背景调查可以确保工作申请人资料的真实性，同时还可以从被调查者那里了解到有关工作申请人的一些额外信息，如求职动机、技术水平、诚实可靠性等。

组织在进行背景调查时应遵循以下原则：第一，只调查与工作有关的情况，并以书面形式记录，以作为将来的录用或拒绝依据；第二，在进行背景调查以前，应该征得工作申请人的书面同意；第三，不要调查工作申请人的性格等主观评价内容；第四，估计背景调查材料的可靠程度；第五，要求对方尽可能使用公开记录来评价被调查者的工作情况和个人品行。

三、笔试

笔试法是一种古老而基本的测试方法，是考评应聘者知识水平的重要工具。它是让求职者在试卷上笔答事先拟好的试题，然后由考官评定成绩。这种方法可以有效地考察被测试者的基本知识、专业知识、管理知识、综合分析能力、逻辑推理能力和文字表达能力等素质差异。

笔试法的优点是可以根据应聘岗位需要有针对性地在题库中选题，对知识、技能考核的有效性和可信性较高，有利于进行综合分析评估，具有费时少、被测试者的心理压力较小、成绩评定比较客观、资料便于存档储备等特点。

笔试法的不足之处主要表现在不能全面地考察被测试者的工作态度、品德修养、组织管理能力以及口头表达能力等。因此，笔试法虽然有效，但还必须结合其他的测试方法以取长补短。

四、面试

（一）面试的含义

面试是一种经过精心设计，在特定场景下，以面对面的交谈与观察为主要手段，由表及里地测评应试者有关素质的评价方式。它在目前的人力资源甄选中大量使用。具体来说，“面试”一词具有以下含义：

第一，面试不是一般性的交谈或谈话，而是经过专门设计的；

第二，面试不是在自然情景下对应试者做日常的观察和考察，而是在特定场景下进行的，考场是按一定要求设置的；

第三，面试不像一般的口试只强调口头语言的测评，它包括对非口头语言行为的综合分析和判断，通过“问、听、察、觉、析、判”等多种方式对应试者的能力进行测评；

第四，面试并非是万能的，它不是测评一个人的所有素质，而是根据招聘职位的特点有选择地针对一些必要的素质进行测评，比如体态、仪表、举止、口头表达能力、反应能力、应变能力、敏感性、情绪稳定性，以及知识的广度与深度、实践经验与专长、工作态度与求职动机、兴趣爱好与活力等。

（二）面试的特点

面试作为现代人力资源测评中的一种重要方法，有着其他测评形式不可替代的特点。面试的特点有以下几点。

1. 对象的单一性

在面试中，无论采用个别面试还是集体面试，由于面试考题一般要因人而异，测评的内容主要侧重于个别特征，因此主考官一般是逐个提问、逐个测评。即使在面试中引入一定的讨论，评委们也是对应试者们逐个提问和观察的。

2. 内容的灵活性

由于不同空缺岗位任职资格的要求不同，每个应试者的经历、背景和资格条件等也不同，因此，面试不是向所有应试者都提同样的问题、按统一的步骤进行。面试中所提出的问题可多可少，视所获得的信息是否足够而定；同一问题可深可浅，视主试人的需要而定；所提的问题可异可同，视应试者情况与面试要求而定。一般而言，所提的问题以10个左右为宜，面试时间在30分钟左右。

3. 信息的复合性

研究表明，素质表现的总信息量中，言辞占7%，声音占38%，体态占55%。而面试是主试人通过对应试者的问（口）、察（眼与脑）、听（耳）、析（脑）、觉（第六感官）综合进行的。也就是说，对于整体素质的测评，既注意搜集它的语言形式信息，又注意搜集它的非语言形式信息。因此，以面试形式测评素质，所搜集的信息量可以达到100%。而且，这种信息的复合性还增强了面试的可信度。

4. 交流的直接性和互动性

面试中主试人与应试者的接触、交谈、观察是面对面直接进行的，也是相互的，是主客体之间的信息交流与反馈。面试的这种直接性和互动性提高了主试人与应试者之间相互沟通的效果与面试的真实性，同时还能使主试人了解到许多在笔试中了解不到的信息。

5. 判断的直觉性

面试不仅仅依赖于主试人严谨的逻辑推理判断，而且往往有着很大的印象性、情感性与第六感觉的特点。这就可能使面试带有一定的主观色彩。

（三）面试的类型

1. 定型式面试

在定型式面试中，主试人员遵循事先规划出来的一系列问题向应试者提问。这种面试一般是先根据空缺岗位的工作性质，准备出相应的问题，再把这些问题制成表格。该类表格以美国学者罗伯特·麦克姆利所设计的最为有名。主试人按照表格向应试者发问，并把应试者的反应记录在适当的空白处。在表的空白处下方还有提醒主试人注意的重点问题，例如，向应试者询问的问题中有一项是“您应聘本工作的目的是什么?”在答案的空白处下方就写有这样的文字：“是否基于职位、安全感或收入的理由?”

在表格上的问题全部询问完毕后，主试人员要根据应试者的答案对其能力、工作态度、人际关系、耐力、自信心和工作热情做出评价和提出建议。

2. 结构式面试

结构式面试与定型式面试相似，所提出的问题是一系列事先准备好的题目。二者的区别在于，结构式面试所提的问题有与岗位工作相关的问题，这些问题是经过工作分析后提出的，并且事先设计出应试者可能有的各种答案，其标准化、系统性更强。主试人根据应试者的回答，在表格上圈选“不理想”“一般”“良好”或“优异”即可。最后，综合主试人员的集体意见，对应试者做出评价。

3. 非定型式面试

非定型式面试亦称非引导式面试。在运用这种面试方法时，主试人也许手边有一份工作规范作为指引，但所提出的问题，并不遵循什么既定的路线，而是具有很强的随机性，往往是根据应试者的反应，提出不同方面的问题。因此，双方的对话会呈现出各种方向。这种面试灵活且自然，可以广泛地发掘应试者的兴趣所在。当然，这种面试要求主试人对空缺岗位的工作相当熟悉，所提出的问题应当以空缺岗位的工作规范（或岗位说明书）为依据。

4. 系列式面试

系列式面试亦称循序式面试，它是由几个主试人如公司各个层次的管理者陆续对应试者进行面试。在这种面试中，经常采用非引导式面试，即各主试人根据自己的看法，对应试者提出不同的问题，然后将自己的评价意见写在一张标准化的评估表上。最后，所有的主试人要讨论和比较评价结果，最终达成共识。

5. 陪审团式面试

陪审团式面试亦称小组面试，它是由一群主试人同时对应试者进行面试。与系列式面试相比，陪审团式面试的优点在于，各位主试人员同时参加面试，应试者可以一次性陈述基本情况，可以在同一个场合回答不同主试人提出的问题，不仅避免时间上的浪费，同时还使主试人员了解更多的情况。

6. 压力式面试

压力式面试是以穷追不舍的方式针对空缺岗位工作中的某一事项发问，逐步深入，详细而彻底，直至应试者无法回答为止。这种方式除了可以深入了解应试者的岗位知识技能外，真正注重的是测试应试者应付工作压力的机智程度、应变能力、心理承受能力和自我控制能力。采取这种面试方法，要求主试人必须熟悉空缺岗位的工作，并具备较高水平的面谈控制能力，使面试中所施予应试者的压力是空缺岗位的工作中真正需要的。

（四）面试的步骤

无论何种类型的面试，一般都包括如下五个步骤。

1. 面试前的准备

面试前首要的准备工作是培训主试人员。培训的内容主要有两项：一是工作作风培训，要求主试人员做到大公无私、坚持原则、办事公道、认真负责；二是面试方法培训，包括组织主试人员学习面试表格的使用方法，掌握面试技巧和评分标准，熟悉空缺岗位的职务说明书，了解空缺岗位的工作内容、工作职责和所需任职人员的资格条件。主试人员还应查阅应试者的报名表和简历，记下含糊不清的问题，以便在面试时提出疑问。

安排面试场所也是一项重要的准备工作。考场要求隐秘安静，没有电话，尽可能减少各种干扰。

2. 制造轻松的面试气氛

制造轻松的面试气氛目的有二：一是减少应试者的紧张情绪，使其心情放松、态度安详，保持平和恬静的状态，从而言谈比较开放，愿意打开心扉，在面试中能发挥正常水平；二是无论应试者能否被录取，轻松的面试气氛都能给人留下良好的印象，从而有助于维护用人单位的声誉。

为此，要求考场环境要洁净大方；面试前对应试者的接待要热情、友好、自然；面试一开始主试人员要找一些让人感到轻松、自在的话题，例如谈谈当日的天气和交通状况等；面试中主试人员要以平等、关心的态度与应试者进行对话，并设法控制音调和谈话的速度，努力创造一种轻松和谐的气氛。

3. 进行面试

面试类型有许多种，上面已经就主要类型做了介绍，用人单位可以根据实际情况选定不同的面试方式。在进行面试时，应当注意的问题有以下几点：

其一，要尽量避免提出只需回答“是”或“不是”的问题，而要提出需要详细回答和发挥的“开放性”（或“开口型”）问题，以便启发应试者的思路，考察出其真实水平。如，“你在大学读书期间，当过学生干部吗?”“您频繁调动工作，是否因为在原工作单位难以施展自己的才能?”与“你在大学期间，承担过哪些社会工作?”“什么原因促使您在两年间调换了三次工作?”就是两组截然不同的提问方式，显然后者的问题要好。

其二，要先易后难、循序渐进地提问。面试所准备提问的问题一般都是根据重点信息的需求拟定的。在提问中应该将那些应试者熟悉的容易回答的问题先行提出，当应试者进入角色后，再逐步加大提问难度，这样有利于应试者逐渐适应，树立信心，发挥正常水平。

其三，面试进行中不要有任何提示或倾向的流露，否则应试者的回答将以主试人员的观点为转移。主试人员提出问题后，要仔细“倾听”应试者的陈述，其间主试人员的反应可以沉默不语，也可以不时点点头，或是“唔，唔”发出鼻音，不含任何评价之意，只是鼓励应试者做完整的表达。当然，主试人员也不是提出问题后就一听到底，可以适当插话交流，以活跃面试的气氛。

其四，及时做好面试记录，以便最后对应试者进行全面评价。

4. 结束面试

在面试结束之前，应当留有时间让应试者提出问题，也可以将有关工作的详细情况告诉应试者。结束面试时，要以诚恳的态度告诉应试者：如果被录用，大约在何时可获得录用通知。

5. 评估面试结果

应试者离去之后，主试人员应立即仔细检视一遍面试记录，认真回顾面试印象，并把相关资料和评估意见填入面试表格中。

五、笔迹学法

笔迹学法是以书写字迹分析为基础来预测书写者的个性特征的一种方法。笔迹分析学认为：书写者的个性特征会通过笔迹表现出来。笔迹学法的赞成者相信笔迹能够显示一个人的潜力和能力，而这是通过简历或申请表的调查得不出来的。

笔迹学专家一般需要测试者提供至少一满页一气呵成的字迹，最好用钢笔或圆珠笔写在未画线的纸上。然后遵循一套严格的规定测定字迹的大小、斜度、页面安排、字体宽度以及书写力度。从而判断测试者是否倾向于忽视细节、是否具有创造力、是否讲求逻辑、办事是否谨慎、是否容易与人相处、情绪是否稳定等。另外，笔迹学专家还可以通过笔迹分析工作申请人的需要、欲望以及其他心理特征。

笔迹学法在法国、瑞士等国应用广泛。欧洲大陆的报纸招聘广告页中常常指明递交手写应聘书。笔迹学法在我国应用较少，一方面是对这种方法缺乏了解，另一方面是因为缺少笔迹学分析专家。我国是一个书法大国，运用笔迹学法进行甄选是一种值得推荐的方法，而且这种方法成本较低。

六、工作样本测试

工作样本测试是要求应聘者在实际工作职位上进行该项工作，根据其工作表现做出评价。如申请叉车操作员职位的人实际操作叉车，申请教师职位的人进行现场讲课等。在进行工作样本测试时，首先要挑选出职位中的关键任务；然后让应聘者完成这些任务，同时由测试者对他们的表现进行检测并记录下任务的执行情况；最后由测试者对应聘者的表现和工作完成情况做出评价。

工作样本测试的优点在于它测量的是应聘者在实际工作任务中的表现，应聘者很难伪装，或给出假答案；缺点是需要对每一位应聘者进行单独测试，实施成本较高，不适用于完成周期比较长的工作。

除以上甄选方法之外，心理测验和评价中心技术也是常用的甄选方法，这两种方法将在第四节中详细介绍。其中评价中心就是通过情景模拟的方法来对应聘者做出评价。它与工作样本测试类似，不同的是工作样本测试是用实际的工作任务来进行测试，而评价中心技术则是用模拟的工作任务来进行测试。工作样本测试比较适用于常规的职务，而在选拔管理人员时评价中心技术则更为有效。

第四节　人力资源测评

人力资源测评是现代人力资源管理中新兴的一门基础学科。尽管我国古代在选人、用人方面亦有“任人唯贤”“尚贤任能”等朴素的测评思想，真正系统化、理论化的研究却是从 20 世纪 80 年代开始的。特别是随着人才市场的蓬勃发展，知识型员工的重要性不断提升，全面的、科学的人力资源测评体系越来越受到重视。

一、人力资源测评基本范畴

所谓人力资源测评，就是指综合运用心理学、测量学、统计学等学科的理论、技术和方法，收集被测评者在主要活动领域中的表征信息，并用这些表征信息对特定素质标准体系作出量值或价值判断的过程。也就是先测量，后评定。该过程能够为招聘、任职、考核、晋升及培训等人力资源其他职能提供可靠的参考依据。

（一）人力资源测评的主要类型

按照不同的标准，可将人力资源测评划分为不同的类型。以测评内容为标准，可划分为智力测评、人格测评、职业兴趣测评、动机测评和工作绩效测评等；以测评范围为标准，可划分为单项测评和综合测评；以测评主体为标准，可划分为自我测评、他人测评、个人测评、小组测评、上级测评、同级测评、下级测评等；以测评客体为标准，可划分为干部测评、管理人员测评、工人测评等；以测评时间为标准，可划分为日常测评、期中测评与期末测评、定期测评与不定期测评等；以测评所用方法为标准，可划分为标准化的纸笔测评、投射测评、行为模拟和观察类测评、工作模拟情景的综合类测评等。

除此之外，按照测评的目的与用途可将人力资源测评分为以下几种类型：选拔性测评，是一种以选拔优秀人才为目的的素质测评；配置性测评，是以人事合理配置为目的的测评；开发性测评，是以开发人员素质为目的的测评；诊断性测评，是以了解素质现状或素质开发问题为目的的素质测评；考核性测评，是以鉴定与验证某些素质是否具备或者具备程度大小为目的的测评，它经常穿插在选拔性测评与配置性测评之中。

（二）人力资源测评的主要功能

人力资源测评具有多方面的功能，归纳起来主要有三个方面。

1. 甄别和评定功能

这是人力资源测评最直接、最基础的功能。所谓甄别评定，是指对人力资源素质优劣、水平高低的鉴别和评定。甄别是测量个体之间的素质差异，评定是衡量受测者素质构成及其成熟程度，看其是否具备规定的资格条件和常模标准。

2. 诊断和反馈功能

诊断与反馈二者是相互联系、相辅相成的功能。诊断是指通过测评，找出被测者素质构成及发展上的问题及不足。反馈是指根据测评结果，提供调整和改进测评对象素质缺点的建议，分析缺点和不足及其产生的原因，提出诊断意见和素质优化开发方案，帮助其克服缺点，发扬优势，推动其素质的全面发展。

3. 预测和激励功能

预测和激励功能与上述两功能紧密相联，并为其所派生。预测功能，是指通过对人力资源素质现有状态的鉴别评定，可以推测其素质发展的趋向。这种预测的有效性取决于人力资源素质特征的稳定程度。激励功能，是指通过对人才素质的诊断和反馈，使受测者增强进取心，促使其勤奋学习、努力工作，尽快尽好地掌握一定的知识和能力，充实完善自我，通过不同的途径培养提高自己，立志成为对国家、对社会的有用人才。

二、人力资源测评基本程序

（一）明确测评目的

确定测评目的是设计测评方案的前提及基础。一般来说，人力资源测评有以下三个方面的目的：（1）作为人力资源获取的依据；（2）为人力资源的配置和使用提供参考；（3）明确培训需求，检验培训效果。就某一具体的测评项目而言，还需结合现实，将测评目的细化，明确测评应该达到什么样的效果。

就人力资源获取而言，还需要明确以下方面：其一，测评在招聘的哪些环节发挥作用、发挥什么样的作用；其二，测评结果在招聘决策中占多大的比重；其三，测评应该具有多大的信度及效度；等等。

（二）确定测评项目

在国际上具有权威性的加拿大《职业岗位分类词典》，对于各种职业从业者应具备的条件提出了一般性要求，这也就是进行人员测评的一般性项目。全面的测评项目内容包括：能向（即能力）、普通教育程度（GED）、专门职业培训（SVP）、环境条件（EC）、体力活动（PA）、工作职能（DPT）诸项基本条件和兴趣、性格等参考条件。上述各项条件，按照各自程度和水平分别打分，区分为不同的等级。

（三）把握测评重点

测评内容即需要测评的素质要素。测评内容要根据测评的目的而定，应尽最大努力使之具体明确，切忌抽象、空洞。测评内容只有方向明确、项目具体，才易于掌握和较好地付诸实施。要根据需求岗位的工作内容和被测评群体的特点，选择有针对性的测评项目。

（四）设计测评指标

一般而言，素质测评需要针对每一素质要素编制评价项目，进而形成评价的指标体系，并给出评定标准。评价指标体系的科学与否，对测评的信度及效度具有重要影响。评价标准的确定应力求客观、明确。对每一评价等级应有相对清晰的评价标准，不同的评价等级之间应能明确地区分开来。若只是给出评价等级，如仅设立优、良、中、差、不合格五个等级，而没有明确的数量标准，或相应的代表性的行为的描述，其评价效果肯定不佳。

（五）选择测评方法

选择测评方法是指对素质要素的多种测评方法进行比较、选择。某一素质要素可能有数种测评方法，这就需要对各种方法进行深入分析、比较，认真选择。在选择测评方法时切忌简单化或复杂化。

对某些素质要素的测评可能要选择多个评价主体。例如对人的能力或工作态度的测评，往往需要由上级、同事、下级等多个评价主体来进行评价。此时，应注意各个评价主体的权重的分配。

另外，在其他地方成功的测评方法在本企业、本地区不一定是有效的，在引入新的方法时要对其进行验证，以确定其适用性。

（六）组织测评实施

对测评的全过程进行过程管理，对于提高测评工作的效率具有重要作用。过程管理的内容包括测评由哪个部门负责、具体的项目由谁负责、过程中由谁进行协调、主试的选择与培训、表格设计、时间安排、数据的传递和处理程序等。测评的组织者对测评的每一个环节、每一个方面都应精心设计、认真组织实施。鉴于人力资源测评在人力资源开发与管理中的重要性，企业应深入对人力资源测评工作的认识，加强对人力资源测评过程的组织与管理，以充分发挥人力资源测评的积极作用。

测评的设计者及组织者应对各类人员的素质构成以及各素质要素间的相互关系有深入的研究及认识，否则测试过程将是低效率的。比如，对于企业管理人员，人们可以轻松地列举出十多种素质，但这些要素中，哪些是核心要素？各要素间的相互关系如何？哪些是名不同而实质上高度相关的要素？这些都要进行深入的研究分析。测评的设计者及组织者应注重对人员素质理论以及素质测评的理论、技术的研究，成为这方面的专家，以便充分发挥人力资源测评的功能。

三、人力资源测评方法

（一）心理测验

心理测验是通过一系列标准化的实验工具（如量表）来测量应试者能力和个性等方面差异的一种科学方法。这种方法的最大特点是可以对被测试者的心理现象或心理品质进行定量的分析。心理测验有许多形式，常见的主要有一般能力测验、特殊能力测验、创造力测验、能力倾向测验、个性测验、职业兴趣测验等。

1. 一般能力测验

一般能力测验又称智力测验，是对人的一般认知能力进行测量，测验结果常用一个商数，即 IQ 来表示。一般能力测验主要包括知觉、空间意识、语言能力、数字能力和记忆力等方面的内容，要求被测试者运用比较、排列、分类、运算、理解、联想、归纳、推理、判断、评价等技能来解答测试题。现在常用的智力能力测验工具主要有斯坦福-比奈智力测验、韦克斯勒智力量表、瑞文标准推理测验等。

2. 特殊能力测验

特殊能力指那些与具体职位相联系的不同于一般能力要求的能力。例如人力资源管理职位要求具备较强的人际协调能力；保安的职位对反应能力的要求就比较高。目前世界上比较著名且应用比较广泛的特殊能力测验方法主要有克劳福特灵活性测验、西肖音乐能力测验、梅尔美术判断能力测验等。在进行特殊能力测验时，组织要根据空缺职位的类别，选择相应的测试方法。

3. 创造力测验

创造力是一种特殊的能力，是人的一种高级能力，是产生新的想法、发现和创造新的事物的能力或能力倾向。心理学家一般认为创造力是发散思维的能力，在行为上表现为流畅力、变通力、精致力、敏觉力和独创力等。现在运用较多的创造力测验量表有吉尔福特的发散性思维测验、托兰斯的创造性思维测验、盖泽尔斯的创造力测验等。

4. 能力倾向测验

能力倾向测验强调的是对能力的各个方面的测量，有些能力倾向是各种不同种类的职位都需要的，有些能力倾向只是一些特定的职位才需要，但各种职位都需要一定的能力组合。美国劳工部自1934年起花费十多年的时间研究制定了《一般能力倾向成套测验》，包括九种职业能力倾向：一般能力、语言能力、数理能力、书写能力、空间判断力、形状知觉、运动协调、手指灵活度以及手腕灵巧度等。这套测试所涵盖的各种能力与不同的职业类型密切相关，经过测试可以对应聘者是否适宜从事所应聘的职位做出判断，例如手指灵活度不高的人，就不适宜打字员这一职位。

5. 个性测验

个性测验也称人格测验，用以了解被测试者的情绪、性格、态度、工作动机、品德、价值观等方面的情况。个性测验有助于判断应聘者的性格特征和工作要求是否匹配。例如销售人员需要经常与人打交道，这就要求应聘者性格外向一些较好。个性测试的方法有很多，应用比较广泛的主要有卡特尔的16种个性因素测验（16PF）、爱德华的个人倾向量表（EPQ）等。

6. 职业兴趣测验

职业兴趣是指人们对具有不同特点的各种职业的偏好以及从事某一职业的愿望。职业兴趣会影响人们对工作的投入程度，如果应聘者的职业兴趣和应聘的职位不符，就会影响其工作热情；相反，就会积极主动地去工作。较常用的职业兴趣测验方法主要有斯通-坎贝尔编制的强力坎贝尔兴趣量表（SCII）、库德的库德职业兴趣量表（KOIS）、霍兰德的职业偏好量表（VPI）等。

（二）评价中心技术

评价中心技术综合运用了各种测评技术，它的主要特点是使用情景性的测验方法对被试者的特定行为进行观察和评价。这种方法通常将被试者置于一个模拟的工作情境中，采用多种评价技术，观察和评价被试者在这种模拟工作情境中的心理和行为。因此，这种方法有时被称为情境模拟的方法。评价中心的活动形式主要有公文处理测验、小组讨论、管理游戏、角色扮演、个人演说、根据所给的材料撰写报告、案例分析等。

1. 公文处理

公文处理是以书面材料的形式提供给被试者若干需要解决的问题以及相关的背景资料，让其在较短的时间内进行处理，以考察其分析问题及解决问题的能力的一种评价方法。公文处理的方法可以有效地测试被试者利用信息的能力、系统思维的能力以及决策能力，具有较高的信度及效度。

2. 小组讨论

小组讨论的方法是给被测试的小组一个待解决的问题，由他们展开讨论以解决问题，评价者则通过对该过程的观察来对被试者的人际交往能力，在群体里分析、解决问题的能力以及领导能力等进行评价。小组讨论有多种形式，如无领导小组讨论、有领导小组讨论、不指定角色小组讨论、指定角色小组讨论等。

3. 管理游戏

管理游戏是指设计一定的情景，分给被试小组一定的任务由他们共同完成，如购买、搬运等，或者在几个小组之间进行模拟竞争，以评价被试者的合作精神、领导能力、计划能力、决策能力等多种能力的一种评价方法。管理游戏一般具有较强的趣味性，但设计的工作量大。管理游戏一般具有较好的信度及效度。

4. 角色扮演

角色扮演是在一个精心设计的管理情景中，让被试者扮演其中的角色以评价其能力的模拟活动。要提高评价的准确性，管理情景的设计是关键，情景中的人际矛盾与冲突必须具有一定的复杂性，使得被试者只能按其习惯方式采取行动，从而降低伪装的可能性。

5. 个人演说

通过让应试者就一指定的题目发表演讲来评价其沟通技能和说服能力。

(三) 其他测评技术

人力资源测评方法除以上几种外，在企业中应用较多的还有面试法、观察评定法、申请表法、民意测验法、履历分析法等。

1. 面试法

面试法是以面对面的交谈及观察为主要形式，对被试者的有关素质进行测评的一种人力资源测评方式。它是人力资源测评中的一种最常用的方法，有着其他方法不可替代的特点，在某些情况下，它甚至是必不可少的。

2. 观察评定法

观察评定法是借助一定的量表，在观察的基础上对人的素质进行评价的一种测评活动。观察评定具有以下几种基本类型：日常观察评定、现场观察评定、间接观察评定等。其优点是客观、方便；缺点是可控性差，观察结果难于记录及处理。

3. 申请表法

申请表法是通过对求职者在申请表上所提供的信息进行分析，对其素质作出判断、预测的一种测评方法。申请表法是素质测评中最常用的方法之一。对于求职量特别大的企业来说，该方法可以提高筛选的效率。

4. 民意测验法

民意测验对敬业精神、合作意识、工作态度、领导方式等素质项目的测评具有较好的效果。主要原因是上述素质要素在其他测评方法中容易被伪装，民意测验法则能有效地消除伪装的影响。

5. 履历分析法

履历分析法是指根据档案记载的事实，了解一个人的成长历程和工作业绩，从而对其素质状况进行推测的一种评价方法。该方法可靠性高、成本低，但也存在档案记载不详而无法全面深入了解的弊端。

本章小结

本章对招聘基本范畴进行了阐释，对招聘的两种渠道——内部获取和外部征聘的优缺点进行了比较，进而介绍了外部征聘的六种方式，并详细分析了甄选的常用方法。面试是人力资源招聘中大量应用的手段，本章对面试的主要类型和步骤也进行了分析。最后阐述了人力资源测评的程序及主要方法。

主要概念

招聘　招募　甄选　内部获取　校园招聘　员工推荐　面试　结构式面试　陪审团式面试　压力式面试　人力资源测评　评价中心

思考讨论题

1. 人力资源招聘对人力资源管理的影响有哪些？
2. 什么是人力资源招聘？其原则是什么？影响因素有哪些？招聘的流程有哪几步？
3. 试简述各种类型面试的特点和适用的情况。
4. 面试的主要步骤有哪些？分别简要介绍。
5. 简述人力资源测评的基本程序。
6. 内部获取和外部征聘各有什么利弊？试举例说明。
7. 组织一次模拟面试，人数为10～20人。模拟面试后，对考官和求职者的表现进行评价和讨论。

案例讨论

幸福公司的外部招聘特色

幸福科技发展有限公司成立于1997年，公司专门从事网络音视频产品的研究、应用、生产、销售，为用户提供技术咨询、技术服务、客户培训等。公司初建时，只有员工100多人。其中技术人员占有大半，都是在视频通信和数字监控领域具有丰富经验的工程师，可以为用户定制符合实际情况及最有效和最经济的网络视频解决方案。幸福公司以在中国普及视频通讯和监控产品、提供视频通讯和数字监控应用解决方案、提高各企事业单位的办公效率为目标，多年来在网络视频领域中取得了相当大的成就。该公司逐步在北京、上海、天津、广州、武汉、成都、青岛、沈阳及香港设立了地区办事处，业务范围逐渐扩大。

一、校园招聘

幸福公司总裁林雨雄先生的口号是："宁愿放弃100万元销售收入，绝不放过一个有用之才。"在这样的人才观的指导下，幸福公司管理层特别是人力资源部经理高勇都非常重视每年从高校招聘优秀毕业生的工作。

在激烈的人才争夺战中，幸福公司逐年加大了引进优秀毕业生的力度，接收应届大学毕业生的数量逐年递增，层次也逐年提高。1998年招聘毕业生104人，其中硕士8人，本科生74人，专科生22人；1999年招收毕业生246人，其中硕士16人，本科生214人，专科生16人；2000年接受毕业生的总量激增到665人，其中硕士生51人，本科生541

人，专科生73人。该公司还在全国17所重点院校设立“幸福奖学金”，拿出60余万元奖励成绩优秀的在校生，既支持了教育事业，也扩大了公司在高校的影响。

幸福公司的校园招聘有其独特之处：第一，大多数公司只是指派人力资源部的人去校园招聘，但高勇主张由人力资源部配合用人部门去招聘，即由用人部门亲自选人，而非人力资源部作为代理来选人才，让用人部门参与到挑选应聘者的过程中去，走出了“不要人的选人，而用人的不参与”的怪圈。第二，建立一套科学的评估体系。幸福公司的招聘评估体系日益走向全面深入，一改传统的招人看证书、凭印象来判断的表面考核制度，从深层次多方位考核应聘人，通过严格的笔试、面试等环节，以事实为依据来评价应聘者的综合素质和能力。第三，建立了富有温情的“招聘后期沟通”制度。高勇认为在物质待遇大致相当的情况下，“感情投资”便是人才竞争的重点。幸福公司一旦决定录用某个毕业生，人力资源部就会专门派1名本部的员工去跟踪服务，定期与录用人保持沟通和联系，把他当成自己的同事来关怀照顾，使应聘学生从“良禽择木而栖”的彷徨状态迅速转变为“非他不嫁”的心态。高勇解释道：“这种制度扩展了传统意义上的招聘过程，使其不仅限于将合适的人招到公司，而且在招聘过程中迅速地使录取者建立了极强的认同感，使他们更好地融入公司文化。”这正是幸福公司在人才竞争中的过人之处。

讨论：

1. 请说明校园招聘的优点及适用范围。
2. 你认为幸福公司的“招聘后期沟通”制度在校园招聘中有何作用？
3. 请分析幸福公司校园招聘的特色及给我们的启示。

二、员工推荐奖励制度

其实，人力资源部经理高勇本人就是通过老员工推荐的方式来到幸福公司的，因此他对这种招聘方式的好处深有感触。高勇来到公司后，很快就制定出一套完整的老员工推荐奖励制度，鼓励员工推荐合适的人选加入公司，如果员工推荐的人选被公司录用，推荐人可获得被录用人员年薪的5%～10%作为奖励。幸福公司由于发展的需要每年都要吸纳大批新鲜血液，仅1998年公司人数就从300名增长到了900名。在新增员工中，有30%是靠老员工推荐而来的。

高勇表示：“这种招聘方式经济、有效，不仅可以节约大量的招聘费用，而且经过这种方式录用的员工相对来说比较稳定，跳槽的较少，而且成功率也比较高。由于公司的增长幅度仍然很大，所以我们准备加大员工推荐奖励制度的力度，鼓励更多的老员工参与到这项工作中来。”

讨论：

1. 说明员工推荐制度的优点。
2. 员工推荐制度与我们通常说的“走后门”有何不同？
3. 你是否同意幸福公司加大员工推荐奖励制度的力度？为什么？

三、独出心裁的“赛马式”招聘

除了一些日常的招聘工作之外，由于工作需要，幸福公司经常会遇到一些招聘任务非常紧急的情况。一次，公司驻成都办事处的营销主管突然患病入院，刚刚打开的产品销售市场急剧萎缩，销售额直线下降，而公司内部又没有合适的人选可接替，关键是其他人都对成都地区的市场不熟悉。经再三考虑，公司决定在当地高薪招聘一名新的营销主管。但采用什么方式来进行招聘呢？如果在报纸上刊登一则招聘广告，一定是报名者云集。但对众多应聘者逐一筛选，不仅时间来不及，而且人手也不够。作为招聘工作小组负责人的小张非常着急，马上向高勇汇报，高勇提出了一个快速选才的方法，他说：“相马不如赛马。为了能选拔出高素质的营销人员，我们只在招聘广告中出一道实践性的试题，题目就是：想办法把木梳尽量多地卖给和尚。以5日为限，届时汇报销售成果。”

广告一经登出，众人哗然，绝大多数对此职位感兴趣的应聘者感到困惑不解，甚至愤怒：出家人剃度为僧，要木梳有何用？岂不是神经错乱，拿人开涮？大多数应聘者摇头叹息，打消了前来应聘的念头。5日限期到，只有三个应聘者前来应聘：小尹、小石和小钱。

负责人问小尹：“卖出多少？”答：“一把。”“怎么卖的？”小尹讲述了历经的辛苦，以及受到众和尚的指责和追打的委屈。好在下山途中遇到一个小和尚一边晒太阳，一边使劲挠着又脏又厚的头皮。小尹灵机一动，赶忙递上了木梳，小和尚用后满心欢喜，于是买下一把。

负责人又问小石：“卖出多少？”答：“10把。”“怎么卖的？”小石说他去了一座名山古寺。由于山高风大，进香者的头发都被吹乱了。小石找到了寺院的住持说：“蓬头垢面是对佛的不敬。应在每座庙的香案前放把木梳，供善男信女梳理鬓发。”住持采纳了小石的建议。那山共有10座庙，于是卖了10把木梳。

负责人又问小钱：“卖出多少？”答：“1 000把。”负责人惊问：“怎么卖的？”小钱说他到一个颇具盛名、香火极旺的深山宝刹，朝圣者如云，施主络绎不绝。小钱对住持说：“凡来进香朝拜者，多有一颗虔诚之心，宝刹应有所回赠，以做纪念，保佑其平安吉祥，鼓励其多做善事。我有一批木梳，你的书法超群，可先刻上‘积善梳’三个字，然后便可做赠品。”住持大喜，立即买下1 000把木梳，并请小钱小住几天，共同出席了首次赠送“积善梳”的仪式。得到“积善梳”的施主与香客很是高兴，一传十，十传百，朝圣者更多，香火也更旺。这还不算完，好戏跟在后头。住持希望小钱再多卖一些不同档次的木梳，以便分层次地赠给各类型的施主与香客。

把梳子卖给和尚，听起来荒诞不经，但梳子除了梳头的实用功能，还可以有很多附加功能。在别人认为不可能的地方开发出新的市场来，这才是真正的营销高手。招聘结果显而易见。经过快速招聘被录用的小钱运用其高超的营销技巧，很快就在当地打开了市场，为公司解了燃眉之急。

事后，幸福公司总裁林雨雄先生欣慰地说：“很庆幸，我们拥有了像高勇先生这样的经验丰富、思维敏捷而又敢于创新的人力资源部经理。”

讨论：

1. 你如何评价幸福公司的“赛马式”招聘策略？
2. 小钱为何最终会取胜？他的营销技巧体现在哪里？
3. 试分析通过外部招聘途径获取人才的优势。
4. 请分析幸福公司外部招聘策略中的不足之处，并提出改进建议。

参考文献

[1] 新民，熊烨. 员工招聘方略. 广州：广东经济出版社，2002.

[2] 廖泉文. 招聘与录用. 北京：中国人民大学出版社，2002.

[3] 吴志明. 员工招聘与选拔实务手册. 北京：机械工业出版社，2002.

[4] 曹荣，孙宗虎. 员工招聘·面试·甄选与录用管理. 北京：世界知识出版社，2002.

[5] 况志华，张洪卫. 人员素质测评. 上海：上海交通大学出版社，2006.

[6] 李小勇. 100 个成功的人力资源管理. 北京：机械工业出版社，2004.

[7] 彭剑锋. 人力资源管理概论. 上海：复旦大学出版社，2006.

第五章 人力资源的提升——员工培训

本章要点提示

- 培训的概念
- 培训的意义
- 培训系统模型
- 培训一般流程
- 培训需求分析的内容和方法
- 培训评估的内容和方法
- 培训的类别
- 培训的技术和方法

引导案例

京海大酒店是一家集住宿、美食、会议、休闲娱乐于一体的经济型酒店，有员工300多人，客房180间，会议室20间。公司为了迎接圣诞节和元旦的到来，提高酒店的服务质量，树立良好的社会形象，人力资源部决定对员工开展基本英语口语培训。人力资源部在酝酿培训计划后，决定将所有的员工分两批进行培训，所有的员工必须参加，培训时间为每天下午四点钟到六点钟，共培训一周的时间，培训后进行书面考试，考试不及格者将罚款50元，前三名每人奖励50元。培训地点选在酒店的员工食堂，由公司选两位英语基础比较好的员工负责培训。人力资源部将计划上报分管副总经理审批后又呈报总经理批准，最后下发各个部门。

可到了公司培训时，各个部门都说工作繁忙没有时间培训，参加培训的人少，迟到、早退现象严重。培训时间也因培训教师的时间不确定而进行多次变动，而且员工食堂五点要开放，培训效果较差。另外，由于财务部门说公司资金紧张，考核前三名的员工未能领到奖励，考核不及格的员工照样受罚。这次培训就雷声大雨点小地结束了，培训效果可以想象。

资料来源：卿涛．人力资源管理概论．北京：清华大学出版社，北京交通大学出版社，2006：171.

员工培训究竟有什么重要性？培训需求该如何确定？培训计划该如何制定？培训师要符合什么要求？培训工作如何开展？如何进行培训管理？这些问题正是本章需要解决的问题。

第一节　人力资源培训基本范畴

一、培训的含义

培训与开发在英文中是两个既相互联系又相互区别的词：培训（training）是企业向员工提供工作所必需的知识与技能的过程；开发（development）是依据员工需求与组织发展要求对员工的潜能开发与职业发展进行系统设计与规划的过程，两者的最终目的都是通过提升员工的能力实现员工与企业的同步成长。在实践中，我们往往对培训和开发不做严格的区分，统称为培训。培训是指企业通过各种方式使员工具备完成现在或将来工作所需要的知识、技能并改变他们的工作态度，以改善员工在现在或将来职位上的工作绩效，并最终实现员工与组织同步成长的一种计划性和连续性的活动。

二、培训的意义

员工培训是现代组织人力资源管理的重要组成部分。组织发展最基本、最核心的制约因素是人力资源，人是现代企业中最重要、最活跃的生产要素。是否具有适应外部环境变化的能力是组织是否具有生命力的重要决定因素。要增强组织的应变能力，关键是不断地提高人员的素质，不断地培训、开发人力资源。员工培训的重要性体现在以下几个方面。

第一，培训能增强员工对企业的归属感和主人翁责任感。就企业而言，对员工培训得越充分，对员工越具有吸引力，越能发挥人力资源的高增值性，从而为企业创造更多的效益。

第二，培训能促进企业与员工、管理层与员工层的双向沟通，增强企业的向心力和凝聚力，塑造优秀的企业文化。不少企业采取自己培训和委托培训相结合的办法。这样做容易将培训融入企业文化，因为企业文化是企业的灵魂，是一种以价值观为核心对全体职工进行企业意识教育的微观文化体系。企业管理人员和员工若认同企业文化，不仅会自觉学习掌握科技知识和技能，而且会增强主人翁意识、质量意识、创新意识，从而培养敬业精神、革新精神和社会责任感，形成上上下下自学科技知识、自觉发明创造的良好氛围，企业的科技人才将茁壮成长，企业科技开发能力会明显增强。

第三，培训能提高员工综合素质，提高生产效率和服务水平，树立企业良好形象，增强企业盈利能力。美国权威机构监测，培训的投资回报率一般在33%左右。在对美国大型制造业公司的分析中，公司从培训中得到的回报率可达20%～30%。摩托罗拉公司向全体雇员提供每年至少40小时的培训。调查表明：摩托罗拉公司每1美元培训费可以在3年以内实现40美元的生产效益。摩托罗拉公司认为，素质良好的公司雇员们已通过技术革新和节约操作为公司创造了40亿美元的财富。摩托罗拉公司的巨额培训收益说明了培训投资对企业的重要性。

第四，适应市场变化，增强竞争优势，培养企业的后备力量，保持企业永续经营的生命力。企业竞争说穿了是人才的竞争。明智的企业家愈来愈清醒地认识到培训是企业发展不可忽视的“人本投资”，是提高企业“造血功能”的根本途径。

三、培训的原则

员工培训是企业生产经营活动中的重要内容，对企业的生存和发展有着至关重要的意义。为了高效率地开展培训工作，必须使培训工作同企业的发展目标、管理方法、生产特点密切结合，必须遵循以下基本原则。

（一）战略原则

人力资源战略是企业总战略的分解和落实，它应该为企业战略的实现服务。企业员工培训既要满足当前生产经营的迫切需要，又要具有战略眼光，做到未雨绸缪，为企业的未来发展做好人力资源方面的战略储备。企业的培训要服务于企业的整体发展战略，培训工作要从战略的高度考虑，要以战略的眼光去组织员工培训工作，不能只局限于某一个培训项目或某一项培训需求，不能为培训而培训。在制定培训计划时，既要满足企业目前的工作需求，更要符合企业整体发展的需要，既要立足眼前，又要照顾长远，既要有针对性，又要保持连续性。

（二）按需施教、学以致用的原则

企业员工培训具有强烈的针对性，一定要从本企业实际出发，根据企业的实际需要组织培训，使培训与生产经营实际紧密结合。企业进行员工培训的目的在于通过培训让员工掌握必要的知识技能，提高工作效率，完成规定的工作任务，最终提高部门和企业的整体经济效益。如果培训不能按需培训，培训与实际工作脱节，既浪费企业的财力、物力、人力，又使培训失去意义，员工也会失去培训的动力。

（三）点、面结合的原则

企业在进行员工培训时，应该将全员教育培训和重点提高培训相结合，点和面都要兼顾。企业要有计划、有步骤地对所有员工进行教育和训练，提高企业员工的整体素质。但同时也要分清主次先后、轻重缓急，制定规划，分散进行不同内容、不同形式的教育培训。在进行全员培训的同时，要重点抓好企业的领导人才、管理人才和工作骨干的培训，优先培训企业急需的人才，要在核心员工的培训和开发上制定短期、中长期计划和实施方案，并由公司高层领导亲自负责。这样，企业的生产经营和长远发展才有人力资源基石。

（四）主动性原则

企业员工培训要提高培训质量和效果，使培训内容与实际工作紧密结合起来，就要发挥员工的主动性，让员工积极参与到企业的培训中。企业人力资源部和部门主管应该定期调查员工的培训需求状况，让员工根据自己的岗位工作对技能的要求和自己的技能状况，结合行业的发展趋势，提出培训需求；企业人力资源部和部门主管再综合员工的培训需求，制定相应的培训计划和培训方案。主动性是员工培训取得成功的一个重要基础，只有结合了员工的工作需求，调动了员工的主动性，员工才会克服工作、生活中的各种困难，积极参与到培训中来，从而提高培训的质量和效果。

（五）考核与奖惩相结合的原则

考核是对培训的一种事后监督。严格考核是保证培训质量的必要措施，也是检测培训质量的重要方法。同时，考核要与激励相结合，可以根据考核结果设置相应的奖项，并把培训结果计入员工档案中，在以后的晋升、评优中发挥作用。也可以对考核优秀者给予适当的物质奖励，而对考核不合格者进行再培训或物质方面的惩罚。

（六）经济性原则

传统人事管理把员工培训看成一种资源消费，而现代人力资源把员工培训看成企业的一种投资行为。1968 年 T. W. 舒尔茨认为：在人力资本投资与人的经济价值不断提高之间，存在很强的关联性。人力资本不是一般的商品，而是一种投资商品，人力资本的投资作为一种对人的投资，包括教育、培训、健康、迁移等方面，是满足未来需要和创造收益的源泉。但培训也讲究经济性原则，也要考虑投资的产出效益、近期效益问题。所有培训都是有费用的，无论是有计划的培训还是无计划的培训。培训材料、有形的协助手段和师资费用是培训的直接费用。间接费用包括主管和受训者的时间消耗和培训期间的生产损失。只有企业认为培训能够在短期或长期使企业的生产效益、企业服务质量等方面得到提高，并产生高于费用的效益时，才会进行培训。而且企业在制定培训计划时，也会把经济性原则作为首先考虑的一个重要方面。

（七）长期性原则

培训工作是企业的一项长期的工作，不能一蹴而就。由于员工的流动和经营环境的变化，员工的培训需要经常开展；而员工技能的提高和绩效的改善也为员工的培训提供支持；此外，员工的职业生涯规划的实施更需要企业给予指导和支持，需要企业开展相应的培训活动。这就要求企业综合考虑各个方面的因素制定短期、中长期的培训计划。

四、培训系统模型①

现代企业的人力资源培训系统模型从培训体系的核心基础、操作层面、执行环节等方面，为培训中出现的一些问题提供了可操作的系统解决方案。培训系统设计一般包括两大核心、三个层面、四大环节，此模型构成了培训的整体结构，见图 5－1。

设计这一系统模型的两大核心要点是，既要考虑企业战略与经营目标对人力资源的要求，又要切实考虑员工的职业生涯发展需求。许多企业的培训活动是“为培训而培训”，脱离战略要求，因而得不到高层支持；同时又不能真正提高学员的职业能力，与员工职业生涯发展关系不大，从而失去了员工的参与和支持，导致许多企业的培训活动成为可有可无的事情，必要的培训经费经常被列为预算外支出。为了真正发挥培训开发工作在企业人力资源管理以及企业经营活动中的作用，一切培训开发活动都应体现以上两个理念的基本要求。

人力资源培训系统模型可以分为三个不同的层面，即制度层、资源层和运营层。制度层面涉及企业培训开发活动中的各种制度，如课程开发与管理制度、教材开发与管理制度、师资开发与管理制度、培训经费使用与管理制度等；资源层面描述了构成企业培训系

① 杨顺勇，王学敏，查建华. 现代人力资源管理. 上海：复旦大学出版社，2006：101-102.

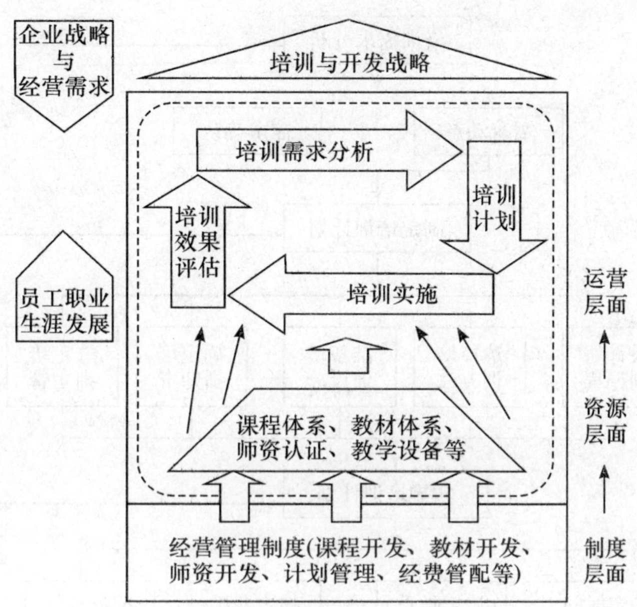

图 5-1　培训系统运作图

统的各种关键要素，如课程、教材、师资、场地、设备、经费等；运营层面主要从实践的角度来界定企业培训机构的工作内容与流程。

四大环节描述了企业培训机构组织一次完整的培训开发活动所必须经过的一系列程序步骤，即培训需求分析、培训计划制定（主要是培训课程与教材设计）、培训活动组织实施以及培训效果评估。企业培训开发机构在四大环节上执行力的强弱直接决定了培训活动的结果。

第二节　人力资源培训流程

一、培训基本流程

培训流程是企业实施培训活动的有序的排列。培训项目的全过程，按时间顺序应包含培训需求分析、制定培训计划、实施培训计划、评估培训效果四个部分，此外还有培训总结资料归档的具体工作，见图 5-2。

二、培训需求分析

培训需求分析是判断培训是否必要以及培训什么内容的过程。

(一) 培训需求的确定

在决定是否进行培训之前，管理者首先应该回答以下几个问题：

- 什么是组织的目标?
- 什么是达成这些目标所必需的工作?
- 什么行为对于工作完成责任者来说是必需的?

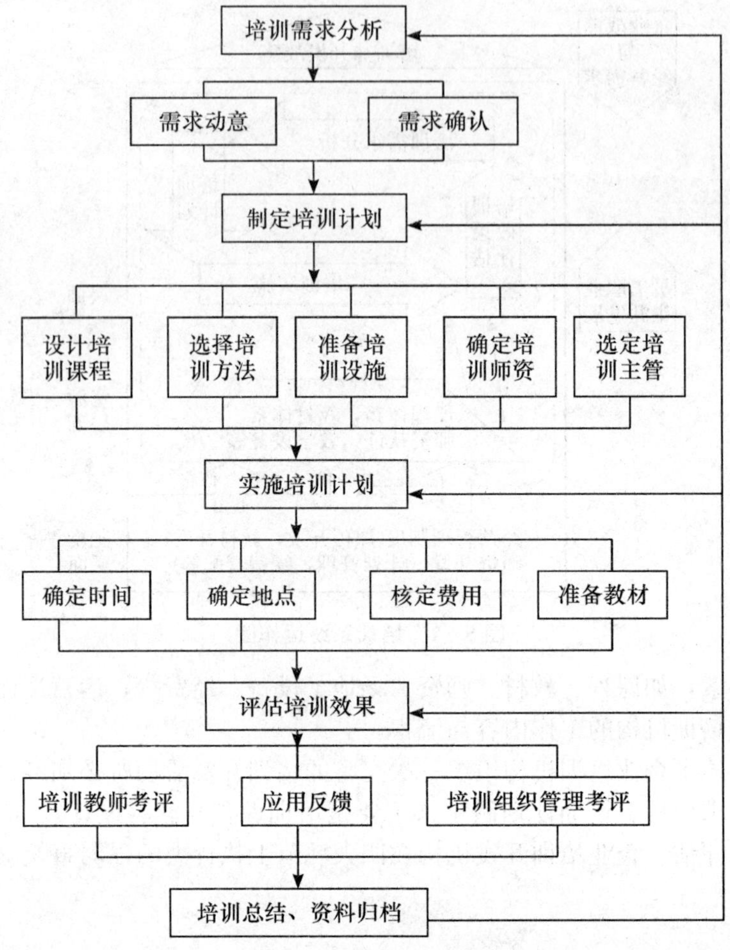

图 5-2　培训工作流程图

- 什么是负有工作完成义务者在表现应有行为时所缺乏的？是技术、知识还是态度？

以上四个问题与人员培训需求的确定是紧密相连的。一旦我们可以明确地回答这四个问题，则对培训需求的本质和内容就可以有所了解。

究竟哪些现象可以提示管理者需要进行员工培训呢？很明显，与绩效有直接关系的现象是最易于让管理者觉察。一般说来，培训需求应通过以下几方面的论证来确定。

1. 员工行为或工作绩效差异是否存在

行为或工作绩效差异是指实际行为或工作绩效与计划的行为或工作绩效的差异。组织可以通过单位生产、单位成本、安全记录、缺席率、能力测验、个人态度调查、员工意见箱、员工申诉案件、工作绩效评估等指标，了解组织现有员工的行为、态度及工作绩效与组织目标之间的差异。如有差异存在，就说明有培训之必要。

2. 绩效差异的重要性

只有绩效和行为差异对组织有负面影响时，这个绩效和行为的差异才值得重视。绩效差异的重要性要根据组织的目标和发展方向而定。当绩效差异影响到组织目标的实现与组织未来的发展时，就必须分析影响绩效的原因和根源：是欠缺适当的知识技能？是环境上的限制或制约？是缺乏适当的诱因或动机？还是员工的身心健康状况不佳？这主要由组织的上层领导来分析，并确定是否有进行培训的必要。

3. 培训员工是否是最佳的途径

当绩效和行为差异是因为个人知识和技能不足，或因员工行为表现不好，或因主管不积极参与员工培训所引起的，对员工或主管进行培训便可能是最好的方法。因为培训不仅仅能提高员工的技术、增加员工知识，而且能够引导员工的行为规范。但是，培训是否为解决问题的最有效途径，还应考虑培训成本和绩效差异所造成的损失的比较，如果不进行这种比较，可能会导致培训的最终效用受到影响。

（二）培训需求分析的层次

进行培训的需求分析，一般来说应从以下几个方面入手。

1. 组织分析

培训需求的组织分析主要是通过对组织的目标、资源、特质、环境等因素的分析，准确地找出组织存在的问题与问题产生的根源，以确定培训是否是解决这类问题的最有效的方法。培训需求的组织分析涉及能够影响培训规划的组织的各个组成部分，包括对组织目标的检查、组织资源的评估、组织特质的分析以及环境影响的分析等方面。组织分析的目的是在收集与分析组织绩效和组织特质的基础上，确认绩效问题及其病因，寻找可能解决的办法，为培训部门提供参考。

一般来说，组织分析主要包括以下步骤：

（1）组织目标分析。明确、清晰的组织目标既对组织的发展起决定性作用，也对培训规划的设计与执行起决定性作用，组织目标决定培训目标。例如，如果一个组织的目标是提高产品的质量，那么培训活动就必须与这一目标相一致，假若组织目标模糊不清，培训规划的设计与执行就会很困难。

（2）组织资源分析。如果没有确定可被利用的人力、物力和财力资源，就难以确立培训目标。组织资源分析包括对组织的经费、时间、人力等资源的描述。一般情况下，通过对下面问题的分析，就可以了解一个组织资源的大致情况。

- 经费。组织所能提供的经费将影响培训的范围和深度。
- 时间。对组织而言，时间就是金钱，培训是需要相当的时间的，如果时间紧迫或安排不当，极有可能只能进行粗略的培训。
- 人力。对组织人力状况的了解非常重要，它是决定是否安排培训的关键因素。组织的人力状况包括：工作人员的数量与年龄、工作态度、技能水平和知识水平、工作绩效等。

（3）组织特性。组织特性对培训的成功与否也起着重要的影响作用，因为当培训规划和组织的价值不一致时，培训的效果就很难保证。组织特性主要是组织的系统结构、文化、资讯传播情况等。具体来说就是：

- 系统特性。指组织的输入、运作、输出、次级系统互动以及与外界环境间的交流特质。了解组织的系统特性能使管理者系统地面对组织，避免组织分析中以偏赅全的缺失。
- 文化特性。指组织的软硬件设施、规章、制度、组织经营运作的方式、组织成员待人处事的特殊风格。文化特性使管理者能够深入了解组织，而非仅仅停留在表面。

● 资讯传播特性。指组织部门和成员收集、分析和传递信息的分工与运作，这一特性可促使管理者了解组织信息传递和沟通的特征。

对上述问题和特性的了解，将有助于管理者及培训部门全面真实地了解组织。

2. 工作分析

工作分析的目的在于了解与绩效问题有关的工作的详细内容、标准和达成工作所应具备的知识和技能。工作分析的结果也是将来设计和编制相关培训课程的重要资料来源。工作分析需要富有工作经验的员工积极参与，以提供完整的工作信息与资料。

按照分析目的的不同，工作分析可分为两种：

（1）一般工作分析。一般工作分析的主要目的是使任何人都能很快地了解一项工作的性质、范围与内容，是进一步分析的基础。

（2）特殊工作分析。特殊工作分析是以工作清单中的每一工作单元为基础，针对各单元详细探讨并记录其工作细节、标准和所需的知识技能。

工作分析是培训需求分析中最烦琐的一部分，但是，只有对工作进行精确的分析并以此为依据，才能编制出真正符合企业绩效和特定工作环境的培训课程来。

3. 个体分析

个体分析主要是通过分析工作人员个体现有状况与应有状况之间的差距，来确定谁需要和应该接受培训以及培训的内容。工作者分析的重点是评价工作人员实际工作绩效及其工作能力。主要包括下列内容：

（1）个人考核绩效记录。主要包括员工的工作能力、平时表现（请假、怠工、抱怨）、意外事件、参加培训的记录、离（调）职访谈记录等。

（2）员工的自我评量。自我评量是以员工的工作清单为基础，由员工针对每一单元的工作成就、相关知识和相关技能真实地进行自我评量。

（3）知识技能测验。以实际操作或笔试的方式测验工作人员真实的技能水平。

（4）员工态度评量。员工对工作的态度不仅影响其知识技能的学习和发挥，还影响与同事间的人际关系，影响与顾客或客户的关系，这些又直接影响其工作表现。因此，运用定向测验或态度量表，可帮助了解员工的工作态度。

对以上问题的分析结果，可以帮助培训部门列出一张代表其培训需求的清单，并以此作为将来设置培训课程的依据。完整、科学的培训需求分析，是确保工作、绩效、培训高度契合的基础。

（三）确定培训需求的方法

确定培训需求的方法有两种。

1. 任务分析法

任务分析法是指对工作内容进行详细研究，以确定工作中需要哪些特殊技能，并根据一定的工作任务所需要的技能，制定培训计划。例如，装配工人的工作需要焊接技能，“面试”技术是人力资源管理工作人员的技能等。任务分析法主要适用于新员工的培训。

由于职务说明书中记载着各岗位的职责和工作所需的资格条件，因此，它可以成为任务分析法的主要方法。此外，任务分析还可以采用“任务分析记录表”和“工作盘点法”等。任务分析记录表列出了工作中的主要任务和子任务及其所对应的技能或知识，然后据此确定培训需求。工作盘点法是列出岗位任职者所应从事的各项工作活动，以及各项工作活动的重要程度和执行时所需花费的时间，然后据此排出培训活动的优先次序。

2. 绩效分析法

绩效分析，是首先通过检查工作进行绩效评估，确认有绩效偏差存在，然后进行原因分析，最后确定采用培训或其他相应的方式去矫正绩效偏差。绩效分析法主要适用于确定现职员工的培训需求。

绩效分析包括 8 个主要步骤，如图 5－3 所示。

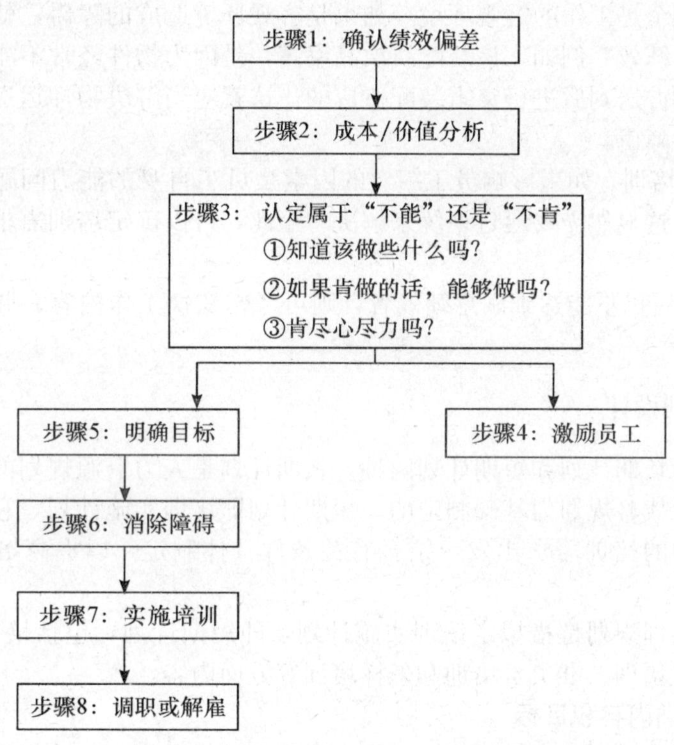

图 5－3　确定培训需求的绩效分析步骤

步骤 1：绩效评估，以确认绩效偏差存在。这一步可以称为“找出问题”。

步骤 2：成本/价值分析。权衡一下花费时间和努力去解决上述问题是否值得，因为在某些场合让问题存在比进行培训要合算。如果值得解决，就进入下一步，这一步可以称为“要不要解决问题”。

步骤 3：绩效偏差的原因分析。在这一步骤，要认定究竟是“能不能”的问题还是“肯不肯”的问题，即分析绩效偏差的原因是员工“不能做”还是“不肯做”。如果员工不了解岗位工作的内容和绩效标准，或者员工肯尽心竭力地工作，但仍不能够做好工作，这就说明绩效偏差的原因是员工“不能做”；如果员工知道岗位工作的内容和绩效标准，也有能力做好工作，但是不肯尽心竭力去做，就说明绩效偏差的原因是员工“不肯做”。

步骤 4：激励员工。这是解决员工“不肯做”的问题。在一般条件下，员工不肯做常常是由于企业没有有效地运用激励手段，没有及时地表扬和批评、奖励和惩罚所致。因此，“不肯做”的问题可以通过运用激励手段来解决。

步骤5：明确标准。对“不能做”的问题，并非都要通过培训来解决。因为培训不一定是最好的办法，有时还可能是成本最高的解决办法。例如，装配线工人根本不了解“次品率不得超过10%”的绩效标准，而且也不了解自己的次品率高。这样的问题就可以通过明确绩效标准和强调产品质量来解决。例如把质量标准及显示每小时次品率的图表贴在工作现场，问题就可能会很快得到解决。这一办法省时省力，节约成本，不用培训。

步骤6：消除障碍。步骤3所述“员工肯尽心竭力地工作，但仍不能够做好工作”的问题，也并非都由培训来解决。因为在这里，影响员工绩效的因素主要有两个，一个是员工的自身能力，一个是工作的客观环境。如果是客观环境造成的障碍，就应当设法消除障碍，以提高员工的绩效。例如，该装配线次品率高，是因为物件经常不能及时运到装配现场，致使工人在物件送到后进行突击装配造成的，这就应当解决物件运送问题，来消除影响装配工人绩效的障碍。

步骤7：实施培训。如果影响员工绩效的因素是员工自身的能力问题，如装配工人的焊接技术不过关，这显然需要通过训练来解决。至此，可以确定培训需求的所在，并着手进行培训。

步骤8：培训后仍不能达到满意绩效者，则可考虑变换工作内容、调职直至按合同规定解除劳动关系。

三、培训规划设计

培训规划包括长期计划和短期计划两种。长期计划是人力资源规划的组成部分，它是以组织的长期经营战略规划为基础制定的；短期计划即培训实施计划，它以长期培训计划为依据，从现实中的培训需求出发，结合有关条件具体制定，以提高培训的针对性和有效性。

这里所讲的培训规划是指拟定培训实施计划，即短期计划，包括培训什么、培训谁、何时培训、在哪里培训、谁负责培训和怎样培训等方面内容。

(一) 明确培训内容和目标

培训计划要明确培训内容和目标。培训内容包括思想教育、文化知识教育、业务技能培训、经营管理知识培训等。培训目标在于指出培训对象在接受培训以后，应达到的工作行为标准或应具有的工作表现。目标要力求具体，要能够观察、可以衡量，能够成为人们评估培训效果的依据。

(二) 确定培训对象

培训计划要先确定培训对象，然后再确定培训内容、期限、场所、师资和方法等。培训对象有纵向和横向的划分。纵向可以按级别分，如三级岗位、中级技工等；横向可以按岗类、岗群、岗系分，如营销岗系干部、财务岗系干部等。

(三) 确定培训时间

培训的时间可根据培训的目的、场所、师资和培训对象的素质水平、上班时间等因素来确定。新员工可实施一周至十天，甚至一两个月的岗前培训。一般员工则可根据培训对象的能力、经验来确定培训期限。培训时间的选定，以尽可能不过分影响工作为宜。

(四) 选择培训场所

培训场所要根据培训内容与手段的需要而定。一般可分为本单位内部培训基地与外部培训机构两种。培训场所要有必要的设备。

（五）建立师资队伍

从事培训工作的师资包括本组织自有的师资和从外部聘请的师资两种。要提高培训质量，必须建立一支实力雄厚的师资队伍。教师必须具有精深的专业知识和丰富的经验，还应具有卓越的训练技巧和对教育培训工作的执著、耐心和敬业精神。

（六）选定培训方法和教材

组织要根据不同的培训内容和培训对象来选定不同的课程和教材，并根据自身的规模、经费、技术性质、培训对象、人数、目的等实际情况选定适合的培训方法。

四、培训活动实施

（一）编制培训费用预算草案

培训费用预算草案是指通过会计的方法决定培训项目的各项费用支出。它包括：

1. 计算培训成本

包括预算培训的不同阶段（培训项目设计、实施、需求评估、开发和评估）所需的设备、设施、人员和材料的成本，明确不同培训项目成本的总体差异。

2. 确定培训收益

培训收益一般为潜在收益，如培训的实施可能降低生产成本或额外成本，或者增加重复购买量。在公司大规模投入资源前，可以通过实验性的培训评价一小部分受训者所获得的收益；或者通过对成功的工作者的观察，帮助企业确定成功与不成功的工作者的绩效差别。

（二）选择培训机构

组织通常是在认识到企业内部缺乏拥有满足企业管理目标的知识或技能的受过培训的合格人员之后，才会决定用外部资源来说明本组织的培训或发展需求。近些年来，管理顾问的可用性和质量有所提高，培训咨询机构变得越来越多，规模培训的发展以及组织发展顾问机构一直致力于确保其完善的程度。培训机构主要包括：管理顾问、管理咨询机构、商务学校、管理学院、培训公司等。

（三）实施培训管理

培训课程的实施是指把课程计划付诸实践的过程，它是达到预期的课程目标的基本途径。课程设计得再好，如在实践中得不到实施，也没有什么意义。课程实施是整个培训过程中的一个实质性阶段。

1. 前期准备工作

在新的培训项目即将实施之前做好各方面的准备工作，是培训成功实施的关键。准备工作包括以下几个方面：确认并通知参加培训的学员；培训后勤准备；确认培训时间；教材的准备；确认理想的讲师。

2. 培训实施阶段

做好上课前的准备措施；做好培训器材的维护、保管。

3. 培训实施计划的控制

培训实施计划控制步骤如下：收集培训相关资料；比较目标与现状之间的差距；分析

实现目标的培训计划，设计培训计划检验工具；对培训计划进行检验，发现偏差并进行培训计划纠偏；公布培训计划，跟进培训计划落实。

五、培训工作评估

对于培训工作的评估，目的在于了解培训目标是否达成，进而肯定成绩、找出差距，以改进培训工作，提高培训工作的水平。

(一) 培训评估的对象

培训评估的对象，包括绩效评估和责任评估两项。绩效评估是以培训成果为对象进行评估，包括接受培训者的个人学习成果和他在培训后对组织的贡献。绩效评估是培训评估的重点。责任评估是对负责培训的部门或培训者的责任的评估，目的是进一步明确培训工作的方向，改进培训工作。

(二) 培训评估的指标

1. 绩效评估的指标

(1) 反映指标。即测定受训者对培训计划的反映，包括培训计划是否针对了客观的培训需求、计划的内容是否合理和适用等。

(2) 学习指标。即测定受训者对所学原理、技能、态度的理解和掌握的程度。

(3) 行为指标。即测定受训者经过培训后在实际岗位工作中行为的改变，以判断所学知识对实际工作的影响效果，例如受训者的生产质量是否提高、工作态度是否改进等。

(4) 成果指标。即测定受训者在培训后对企业经营成果的贡献，例如次品率降低、产量提高、缺勤率和离职率降低等。

2. 责任评估的指标

(1) 培训计划评估指标，包括：培训计划是否以企业长期经营规划为基础；培训有无必要、有无客观需求；培训目标是否正确；培训时间是否适当。

(2) 培训设施评估指标，包括：环境是否良好、安静；教室和训练场地是否适用；设备是否充足；辅教器材是否运用得当。

(3) 培训师资评估指标，包括：专业知识是否充分；语言是否清晰流畅；表达能力是否令人满意；教材准备是否充分；教学方法是否合适。

(4) 培训教材评估指标，包括：内容是否符合培训目标并切合受训者的程度；教材编写是否自成体系、重点突出，内容是否深入浅出、具有较强的针对性和实用性。

(5) 培训成果评估指标，包括：受训者对所学原理、技能、态度的掌握程度如何；培训结果对受训者工作绩效的影响如何；受训者对培训工作的意见如何；接受受训者意见的程度如何，改善了哪些工作；培训与人力资源管理措施的结合程度如何（如晋升、调职、加薪等）。

(三) 培训评估方法

1. 绩效评估的方法

进行培训绩效的评估，可以运用问卷法、测试法、考核法和现场成果测定法进行。

(1) 问卷法。用问卷法收集受训者反映的意见，然后由培训负责人和专家等组成的评估小组，对反映出的意见进行分析与评估。

（2）测试法。用测试法测定受训者的学习成果，包括口试、笔试和工作现场的实际操作等形式。

（3）绩效考核法。用绩效考核法测定受训者在接受培训之后在岗位工作中的行为变化。这种考核应当由对受训者的工作情况最为熟悉的上级、下级、同事和本人发表看法，再对这些看法进行分析和评估。

（4）现场测定法。可以用这个方法测定经过培训后受训者对经营成果的具体而直接的贡献，如次品率降低、产量提高、缺勤率和离职率降低、士气提高等。

2. 责任评估的方法

培训责任评估工作，主要由负责培训的部门及其责任者进行自我总结和评估，以便肯定成绩，找出差距，改进培训工作。采用的方法有问卷法、追踪法、现场验证法及对照法等。

第三节 人力资源培训的内容

培训的目的是要确保员工具有能够胜任他们工作的能力，提高他们工作的效率，改善他们的工作绩效，所以，培训的内容是很广泛的，既可以是提高专业实践技能的培训，也可以是针对员工文化知识的培训。

培训内容的选择还必须考虑两个方面的因素：

一是培训内容的选择必须和组织的发展相一致，不仅要满足企业当前发展的需要，还要满足组织潜在发展的需要。此外，从花费组织资源和员工时间精力的角度看，培训有很高的成本，只有针对性强和高效率的培训和开发活动才能给组织带来效益。

二是培训的内容必须具有由学到用的可转化性，组织对员工的培训内容与学校讲授的基础和专业知识要有所区别。组织人力资源的培训以提高工作岗位的工作效率和水平、改进工作绩效为核心和直接目的。因此，培训内容的选择应该侧重那些能够指导工作实践或是具有可操作性的内容，关注培训与实践的结合。

另外，由于培训对象的不同，具体培训内容的选择也有所不同。对刚进组织的新员工来说，培训主要是帮助新员工了解组织，帮助他们适应组织的目标和宗旨；对组织的现有员工来说，培训的主要目的是使他们能够不断地适应组织的发展变化以及知识与技术的更新。

培训的内容一般包括以下几个方面。

一、管理培训

管理培训是一种计划和管理过程的总称，是组织为了提高其生产力和赢利能力，确定和持续追踪高潜能员工，帮助组织内经理人成长和提高的过程。管理培训不仅是正式的培训项目和教育，它还包括与组织内部和经理人员有关的许多政策和惯例，如在职培训、绩效评估、工作轮换、职业轨迹、管理继任、高潜能人员确认系统、特别项目以及职业发展咨询活动。管理培训是一个持续不断的过程，它从上至下渗透到整个组织，对组织发展而言，是一项战略性的任务。

一项有效的管理培训项目可以不断地提供称职和经过良好训练的各级管理人才，并使新任经理人员接受组织的价值观和准则。具体来说，其作用在于：

第一，通过帮助经理人员掌握管理技能和技术，提高他们的自信，提升他们帮助下属提高的能力，提高他们在现任岗位上的生产力和工作效率；

第二，帮助组织确认将来的领导人，并加速他们的成长，以确保领导的连续性；

第三，能为组织培养相当数量的经理人，以满足组织成长的需要；

第四，鼓励经理人员的自我成长，提升经理人员的能力，使他们能承担更多责任，发挥所有潜能；

第五，为高级管理人员和经理人员提供可能对组织有影响的企业理论和实践方面的创新思想或新技术手段；

第六，鼓励建立一种参与管理的氛围，组织和个人可以共同建立业绩目标和评估方法。

搞好管理培训，首先，要在职位分析和绩效评估的基础上找出管理者实际绩效同期望绩效之间的差距，明确该职位所需的技能和素质；其次，要针对各个管理者的不同情况，分别制定具体的计划并认真落实。管理开发培训的重点是要提高受训者的能力，所以培训的内容必须和组织的实际工作有机联系在一起。

二、专业职能培训

专业职能培训指对财务人员、工程技术人员等，围绕其业务范围进行掌握本专业的知识技能的培训。在现代组织中，团队工作方式日益普遍，如果各类专业人员局限于自己的专业领域，彼此之间缺乏沟通与协调，必将妨碍团队的工作。培训的目的，首先是强化他们的专业技能，使他们及时了解各自领域内的最新动态和最新知识，不断更新专业知识。其次是让他们了解别人的工作，并了解自己的工作对他人工作的意义，使他们能从组织整体效益出发开展工作。

三、骨干员工技能培训

骨干员工的技能培训主要是依据工作说明书和工作规范的要求，明确职业分工、操作规程、权责范围，使其掌握必要的工作技能，培养与组织相适应的工作态度与行为习惯，使之有效地完成本职工作。骨干员工技能培训有以下四个要求：

（1）强调培训的专业性，即针对不同职能部门人员进行不同类型的知识、技能培训。

（2）强调专业知识和技能的层次，对同一职能部门相同专业的不同员工分别提出不同的专业技能要求，以适应不同职务、不同岗位的需要。

（3）强调培训的适应性和前瞻性，即根据变化了的外部环境和人员结构，以及未来的预期组织的生存状况，适时地开展某些专业的培训，以调整组织内员工素质结构，适应外部形势，为未来储备必要的人才。

（4）强调培训的实践性，即要求骨干员工通过技能培训，能将所学的知识应用到实践中，并在组织内部传播培训的成果。

第四节　人力资源培训的方法

培训与发展的目的和特性形成培训和发展目标。在实施具体的培训活动时要划定培训的领域。要想在这些领域中有效地开展教育培训活动，必须选择恰当的技巧和方法。

一、直接传授式培训

直接传授式培训，是指培训者通过一定途径直接向培训对象发送培训信息。这种方法的主要特征是信息交流的单向性和培训对象的被动性。它适宜于知识类的培训，应用范围极广。其具体形式如下所述。

（一）讲授法

讲授法即教师按照准备好的讲稿系统地向受训者传授知识。它是最基本的培训方法。讲课教师是决定讲授法成败的关键因素。讲授法适用于学员对学科知识、前沿理论有系统了解的情况，主要有灌输式讲授、启发式讲授、画龙点睛式讲授三种方式。

（二）专题讲座法

专题讲座法在形式上和课堂教学基本相同，但在内容上有所差异。课堂教学一般用于系统知识的传授，每节课涉及一个专题，接连多次授课；专题讲座是针对某一个专题知识，一般只安排一次培训。此方法适用于向管理人员或技术人员传授专业技术发展方向或当前热点问题等方面的知识。

（三）研讨法

研讨法即在教师引导下，学员围绕某一个或几个主题进行交流、相互启发的培训方法。此方法适宜培训各类学员围绕特定的任务或过程独立思考、判断评价问题的能力及表达能力。研讨法主要有集体讨论、分组讨论、对立式讨论三种形式。

二、实践性培训

实践性培训是通过让学员在实际工作岗位或真实的工作环境中亲身操作、体验，以掌握工作所需的知识、技能的培训方式，在员工培训中应用最为普遍。

其主要优点是：经济——受训者边干边学，一般无须特别准备教室等培训设施；实用、有效——受训者通过实干来学习，使培训的内容与受训者将要从事的工作紧密结合，而且受训者在“干”的过程中，能迅速得到关于他们工作行为的反馈和评价。

实践性培训的具体运用如下所述。

（一）工作指导法

或称教练法、实习法，是由一位有经验的工人或直接主管人员在工作岗位上对受训者进行培训。负责指导的教练的任务是教给受训者如何做，提出如何做好的建议，并对受训者进行激励。这种方法应用广泛，适用于基层生产工人或各级管理人员。

（二）工作轮换

这种方法是让受训者在预定时期内变换工作岗位，使其获得不同岗位的工作经验。以利用工作轮换进行管理培训为例，其具体做法是让受训者有计划地到各个部门学习，如生产、销售、财务等部门，在每个部门工作几个月。或实际参与所在部门的工作，或仅仅作为观察者，使受训者了解所在部门的业务，加深其对整个企业各环节工作的认识。

（三）行动学习

行动学习，是让受训者将全部时间用于分析、解决其他部门而非本部门问题的一种课题研究法。受训者 4～5 人组成一个小组，定期开会，就研究进展和结果进行讨论。这种方法为受训者提供了解决实际问题的真实经验，可提高他们分析、解决问题以及制定计划的能力。

（四）个别指导法

这种方法和我国以前的"师傅带徒弟制度"或"学徒工制度"相类似。目前我国仍有很多企业在使用这种帮带式的培训方式，其主要特点在于通过资历较深的员工的指导，使新员工能够迅速掌握岗位所需的技能。

三、参与式培训

参与式培训是调动培训对象的积极性，使其在与培训者和其他培训对象的互动中学习的培训方法。这类方法的主要特征是：每个培训对象积极参与培训活动，从亲身参与中获得知识、技能和正确的行为方式，开拓思维，转变观念。参与式培训的主要方法如下所述。

（一）自学

自学适用于知识、技能、观念、思维、心态等多方面的学习。自学既适用于岗前培训，又适用于在岗培训，新员工和老员工都可以通过自学掌握必备的知识和技能。其具体形式有：指定与培训项目、培训要求相匹配的学习材料让员工学习；网上学习；电视教育。

（二）案例研究法

案例研究法是一种信息双向交流的培训方式，它将传授知识和提高能力两者融合到一起，是一种非常有特色的培训方法。它可分为案例分析法和事件处理法两种。

1. 案例分析法

它是围绕一定的培训目的，把实际中真实的场景加以典型化处理，形成供学员思考分析和决断的案例，通过使学员独立研究和相互讨论，提高其分析及解决问题的能力的一种培训方法。案例应具有三个基本特点：内容真实；案例中应包含一定的管理问题；案例必须有明确的目的。

2. 事件处理法

这种方法让学员自行收集亲身经历的案例，将这些案例作为个案，利用案例研究法进行分析讨论，并用讨论结果来应对日常工作中可能出现的问题。学员可以通过自编案例及交流分析，了解工作中相互倾听、相互商量、不断思考的重要性。此方法可以提高学员理论联系实际的能力、分析解决问题的能力以及表达、交流能力；还可使企业内部信息得到充分利用和共享，培养员工间良好的人际关系，同时有利于形成一个和谐、合作的工作环境。

（三）头脑风暴法

也有人将其称为“研讨会法”“讨论培训法”或“管理加值训练法”等。头脑风暴法的特点是培训对象在培训活动中相互启迪思想、激发创造性思维。这种方法能最大限度地发挥每个参加者的创造能力，提供解决问题的更多更佳的方案。

（四）模拟训练法

这种方法是以工作中的实际情况为基础，将实际工作中可利用的资源、约束条件和工作过程模型化，学员在假定的工作情境中参与活动，学习从事特定工作的行为和技能，提高其处理问题的能力。其基本形式有：由人和机器共同参与模拟活动；人与计算机共同参与模拟活动。

（五）敏感性训练法

简称 ST（sensitivity training）法，又称 T 小组法。它要求学员在小组中就参加者的个人情感、态度及行为进行坦率、公正的讨论，相互交流对各自行为的看法，并说明其引起的情绪反应。目的是要提高学员对自己的行为和他人的行为的洞察力，了解自己在他人心目中的“形象”，感受与周围人群的相互关系和相互作用，学习与他人沟通的方式，发展在各种情况下的应变能力，最终在群体活动中采取建设性行为。

（六）管理者训练

简称 MTP（manager training plan）法，是产业界最为普及的管理人员培训方法。这种方法旨在使学员系统地学习、深刻地理解管理的基本原理和知识，从而提高他们的管理能力。此方法适用于使中低层管理人员掌握管理的基本原理、知识，提高管理的能力，一般采用专家授课、学员间研讨的培训方式。企业可进行大型的集中训练，以脱产方式进行。

四、综合素质培训

（一）角色扮演法

角色扮演法是在一个模拟真实的工作情境中，让参加者身处模拟的日常工作环境之中，按照他在实际工作中应有的权责来担当与实际工作类似的角色，模拟性地处理工作事务，从而提高处理各种问题的能力。这种方法适宜对各类员工开展以有效开发角色的行为能力为目标的训练，可以使员工的行为符合特定职业、岗位的行为规范要求，提高其行为能力。培训内容可根据具体的培训对象确定，如客户关系处理、销售技术、业务会谈等内容。

（二）拓展训练

拓展训练应用于管理训练和心理训练等方面，用于提高员工的自信心，培养员工把握机遇、抵御风险的心理素质，培养团队精神，令其保持积极进取的态度等。它以外化型体能训练为主，学员被置于各种艰难的情境中，在面对挑战、克服困难和解决问题的过程中，使自己的心理素质得到改善。拓展训练的具体形式包括：拓展体验；挑战自我课程；回归自然活动。

本章小结

本章主要阐述员工培训系统，概括了员工培训的有关基本概念、重要作用、系统模型和关键内容；介绍了员工培训的具体操作程序，包括员工培训的需求分析、培训的主要层次和内容、培训的组织与实施、培训效果评估，以及培训的方法和技术；介绍了企业员工培训的主要类别和内容；分析了员工培训的优选方法和实用技术。上述内容的介绍可使学生掌握有关员工培训的原理和知识，并获得在实践中可应用的技能。

主要概念

培训　培训流程　培训需求分析　培训规划　培训成本预算　培训效果培训评估　管理培训　案例研究法　敏感性训练　角色扮演法　拓展训练

思考讨论题

1. 简述培训的意义、一般流程及其内容。
2. 什么是培训需求分析？它有哪些方法？
3. 简述培训效果评估的层次和内容。
4. 如何进行管理人员的培训与发展？
5. 常见的培训方法有哪几种？其适用性如何？
6. 培训评估的指标是什么？
7. 怎样抓住和把握组织、工作、个体三个层面的培训需求？如何处理好三者的关系？
8. 你所在的单位是否进行过培训评估？操作中的难点是什么？

案例讨论

枫蓝公司的培训困惑

枫蓝公司是一家处于发展阶段的小型制造企业，近几年来，该企业一直致力于提高市场占有率，保持产品鲜明的市场定位。随着企业的发展壮大，公司管理人员发现：员工现有的素质已经跟不上公司发展的步伐了，不仅新产品研发速度落后于竞争对手，管理人员的管理手段也不够科学，最重要的是有不少优秀员工跳槽了。在这种情况下，公司人力资源部的张经理为了推进公司的人力资源管理工作，提高员工的各方面素质，决心从培训环节下手，改变现状。他经过一段时间的考虑，借鉴同类企业的培训经验，根据一些部门提出的当前工作需求，针对企业的发展状况，制定了一套比较全面的培训制度，在公司内部试行，并听从同行业人士的意见，花重金请来知名的培训师为受训员工讲授当前流行的各种课程。在张经理的监督和指导下，公司的培训工作全面展开。公司为技术员工提供了本领域比较先进的技术的培训课程，公司的管理层也参加了各类管理、财务方面的培训，培训投入的资金比以前有很大增加。张经理为了做到最好，连每个星期的上课天数、时数都规定得十分明确详细。培训师采用的是课堂讲课的培训方式。在培训过程中，张经理发现，员工似乎对培训不感兴趣，有的员工不认真做笔记，有的竟然在课堂上睡觉，培训的后勤服务也跟不上。培训后，虽然公司的人员流失率稍有降低，但仍有跳槽现象，不少员工反映，所学的知识和技能利用率不高，人力资源部也因培训成本的增加而不得不缩减其他支出。张经理百思不得其解：公司的培训计划已经算是“面面俱到”了，为何还不能取得预期的成效呢？

讨论：

1. 枫蓝公司的培训中存在哪些问题？
2. 怎样才能显著提高枫蓝公司的培训效果？

参考文献

[1] 金延平. 人员培训与开发. 大连：东北财经大学出版社，2006.
[2] 徐芳. 培训与开发理论及技术. 上海：复旦大学出版社，2005.
[3] 雷蒙德. 雇员培训与开发. 北京：中国人民大学出版社，2002.
[4] 曹振杰. 人力资源培训与开发教程. 北京：人民邮电出版社，2006.
[5] 李德伟. 人力资源培训与开发技术. 北京：科学技术文献出版社，2006.
[6] [美] 鲍勃·派克. 员工培训游戏精选. 北京：电子工业出版社，2005.
[7] [美] 理查德·泰勒. 一切从零开始. 北京：企业管理出版社，2004.
[8] 彭剑锋. 人力资源管理概论. 上海：复旦大学出版社，2006.
[9] 卿涛. 人力资源管理概论. 北京：清华大学出版社，北京交通大学出版社，2006.
[10] 张震. 人力资源管理. 南京：南京大学出版社，2004.
[11] 杨顺勇，王学敏，查建华. 现代人力资源管理. 上海：复旦大学出版社，2006.

第六章 人力资源的考评 ——考核与绩效管理

本章要点提示

- 绩效考核的定义与分类
- 绩效考核的原则及内容
- 绩效管理系统的构成
- 绩效考核的流程
- 绩效考核的常用方法
- 考核与绩效管理一体化三大方法

引导案例

对于管理与绩效管理，摩托罗拉有一个观点，就是企业＝产品＋服务，企业管理＝人力资源管理，人力资源管理＝绩效管理。可见，绩效管理在摩托罗拉公司的地位是多么的重要。摩托罗拉给绩效管理下的定义是——绩效管理是一个不断进行的沟通过程，在这个过程中，员工和主管以合作伙伴的形式就下列问题达成一致：

1. 员工应该完成的工作；
2. 员工所做的工作如何为组织的目标实现做贡献；
3. 用具体的内容描述怎样才算把工作做好；
4. 员工和主管怎样共同努力才能帮助员工改进绩效；
5. 如何衡量绩效；
6. 确定影响绩效的障碍并将其克服。

从这个并不烦琐的定义里，可以看出绩效管理在摩托罗拉的地位，绩效管理关注的是员工绩效的提高，而员工绩效的提高又是为组织目标的实现服务的，这就将员工和企业的发展绑在了一起，同时也将绩效管理的地位提升到了战略层面，战略性地看待绩效管理，战略性地制定绩效管理的策略并执行策略。

另外，这个定义还特别强调了员工和主管是合作伙伴的关系，这种改变不仅仅是观念的改变，而且是更深层次的观念创新，给了员工更大的自由和民主，也在一定程度上解放了管理者的思维。随着这种观念的深入，员工和主管的关系将更加和谐，彼此之间将会有更多的互助，互补提高，共同进步，这也正是绩效管理要完成的任务。

同时，这个定义也强调了具体的可操作性，即工作内容的描述要具体，衡量的标准要具体，影响绩效的障碍要具体。只有具体的东西，才有解决问题的操作性，因此，“具体”两个字包含着极其深刻的内涵。

“沟通”也是一个被特别强调的用词，没有沟通的绩效管理是无法想象的，没有沟通的管理也不能给我们希望，因此，强调沟通、实施沟通在绩效管理中显得尤其重要。

第一节　考核与绩效管理基本分析

一、绩效考核范畴

（一）绩效考核的定义

“绩效”一词，英文为 performance，其含义是“表现”，是个体或群体的工作表现、直接成绩和最终效益的统一体。“考核”一词，其含义是评价、评估，是一定的评估人对被考核对象的评价和打分。

绩效考核，是指对员工在工作过程中表现出来的工作业绩（工作的数量、质量和社会效益等）、工作能力、工作态度以及个人品德等进行评价，并用之判断员工与岗位的要求是否相称。绩效考核是人力资源管理中非常重要的范畴，是管理工作中大量应用的手段，也构成人力资源与管理操作系统五大体系中的一个部分。绩效考核的目的是，确认员工的工作成就，改进员工的工作方式，提高工作效率和经营效益。

进一步来看，广义的考核不仅仅是对员工工作绩效的考核，还可以对员工的各项素质状况以及是否适合从事某项工作进行考核。人员素质测评的内容，在本书前面章节已经阐述，这里不赘述。

（二）绩效公式

绩效受多种因素的影响，是员工个人素质和工作环境共同作用的结果。了解影响绩效的相关因素，对正确设计和实施绩效考评有着重要作用。绩效与影响因素的关系可以用以下的公式来反映：

$$P=f(s,m,o,e)$$

在这一函数式中，P(Performance）是绩效；s(skill）代表技能，实际上是指员工本身的工作能力，是员工的基本素质；m(motivation）为激励，其含义是指员工的工作态度，包括工作积极性和价值观等各种因素；e(environment）为环境，指员工进行工作的客观条件，包括劳动的物质设施条件、制度条件、人际关系条件等；o(opportunity）为机会，指可能性或机遇。

（三）绩效考核的分类

1. 按考核性质划分

按照考核性质，绩效考核可以分为定性和定量两大类。定性考核是由评估人在充分观察和征询意见的基础上对员工绩效所做的较为笼统的评价。其优点是简单易行；缺点是主观性较强，容易受心理因素的影响。定量考核是指按照标准化、系统化的指标体系来进行考评。其优点是比较客观、随意性较小；缺点是由于“工作”包含众多方面，难于把所有方面都予以量化，因而影响了定量考核的使用范围。

2. 按考核主体划分

按照考核主体，绩效考核可以划分为上级考核（直接领导者对自己下属员工的考核）、专业机构人员考核（人力资源部门对员工进行考核）、下级考核（员工对自己的直接上级进行考核）、自我评价（被评估人自己对照有关的标准对自己的工作做出评价）、相互评估（被考核的员工们相互评价）、外部评价（由组织外部的有关人员或工作对象所做的评价）、专门小组考核（由各方面结合组成小组来实施考核）等。

3. 按考核形式划分

按绩效考核的工作组织形式，可以分为口头考核与书面考核、直接考核和间接考核、个别考核与集体考核。

4. 按考核方法划分

绩效考核的方法众多，有排序法、配对比较法、要素评定法、目标管理法等。其具体内容将在本章后面专门介绍。

5. 按考核时间划分

按绩效考核的时间长度，可以分为日常考核、定期考核、长期考核、不定期考核。

二、绩效考核的原则

（一）公开与开放原则

从事绩效考核，应最大限度地减少考核者与被考核者之间的神秘感，绩效标准的制定要双方协商进行，考核结果要公开，考评工作要公开化。同时应进行客观的考核，注重用事实说话，切忌主观武断。

（二）反馈与提升原则

在绩效考核的工作流程中，及时把考核结果与员工沟通，可以有利于缺陷的改进和优势的发挥。这种反馈和提升，实际上构成了绩效管理的一部分。

（三）定期化和制度化原则

定期化和制度化的绩效考核，有利于组织全面了解员工的情况，有利于及时发现组织中的问题，促进组织的健康发展。

（四）可靠性与正确性原则

可靠性与正确性也就是强调绩效考核的信度和效度。所谓信度，在绩效考核中是强调结果的一致性和稳定性，即强调不同评价者对同一评价对象评价结果的一致性。主要判断方法有重测法、考评者内部信度、考核量表的内在信度等。所谓效度，是指绩效考核结果与要考核的内容的相关程度，即强调绩效考核方法测量的人的能力和实际绩效内容的准确程度。基本评估方式有内容效度、预测效度、结构效度。

（五）可行性与实用性原则

可行性是指绩效考核与组织的客观环境之间的适应性，实用性是指绩效考核与实际考核对象之间的适应性。

三、绩效考核的内容

（一）确定绩效考核的基本内容

从“绩效考核”一词的字面上，可以看出对人力资源的考核是以实际成效为中心的，是注重劳动成果的。但是，仅仅看“绩效”还是不够的。实际上，许多考核都把员工的工作态度和行为也作为考核的内容。从总体上看，考核项目分为“个人特征”（包括技能、能力、需要、素质）、“工作行为”和“工作结果”三大方面。① 但这三方面的指标各有侧重，适用范围有所不同，也都存在着一些不足，具体见表 6－1。

表 6－1　　绩效考核项目的适用性

	个人特征	工作行为	工作结果
适用范围	适用于对未来的工作潜力做出预测。	只用于评价可以通过单一方法或程序化的方式实现绩效标准或绩效目标的岗位。	适用于评价那些可以通过多种方法达到绩效标准或绩效目标的岗位。
不足	没有考虑情景因素，预测效度较低； 不能有效区分实际工作绩效，员工易产生不公正感； 将注意力集中在短期内难以改变的人的特质上，不利于绩效改进。	需要对那些同样能够达到目标的不同行为方式进行区分，以选择真正适合组织需要的方式，这一点是十分困难的； 当员工认为其工作重要性较小时意义不大。	结果有时不完全受被评价对象的控制； 容易诱使评价对象为了达到一定的结果而不择手段，使组织在获得短期效益的同时丧失长期利益。

不同的组织会根据自己的特点选择相应的指标作为绩效考核的依据。绩效考核指标不仅会因组织的不同而不同，而且同一组织中，不同性质的岗位选择的考核指标也会有很大的区别。

（二）建立考核项目指标体系

为了使绩效考核具有操作性，还必须对考核的内容做进一步的细化，形成考核项目指标体系。即在工作分析的基础上，根据考核和整个人力资源开发与管理工作的需要，把要考核的各方面分解为体现工作性质及相关方面具体内容的项目，规定出真正用于考核的各项详细指标，进而形成考核的指标体系。

1. 绩效评价指标的构成

（1）指标名称：对评价指标的内容做出的总体概括。

（2）指标定义：指标内容的操作性定义，用于揭示评价指标的关键可变特征。

（3）标志：评价指标中用于区分各个级别的特征规定。

---

① 石金涛．现代人力资源开发与管理．上海：上海交通大学出版社，1999：164-165；张一驰．人力资源管理教程．北京：北京大学出版社，1999：175.

（4）标度：用于对标志所规定的各个级别包含的范围做出规定，揭示各级别之间差异的规定。

标志和标度是一一对应的，因此常常把这两者统称为绩效评价中的评价尺度。

2. 评价尺度的类型

（1）量词式：采用带有程度差异的形容词、副词、名词等词组表示不同的等级水平。

（2）等级式：使用一些能够体现等级顺序的字词、字母、数字等。

（3）数量式：有两种形式，一是离散型，二是连续型。

（4）定义式：对每一个评价指标的不同标志设定相应的标度，对标度有比较详细的说明和定义。

3. 绩效评价指标的基本要求

（1）内涵明确清晰：每一个绩效评价指标有明确的含义，以避免不同评价者对评价指标内容产生不同的理解，减少评价误差的产生。

（2）具有独立性：每一个评价指标一定要有独立的内容，有独立的含义和界定。

（3）具有针对性：评价指标应针对某个特定的绩效目标，反映出相应的绩效标准。

（三）各项目的分值分配

在列出考核的各项具体指标以后，考核管理部门就根据考核的重点，对每个指标分别给予加权及赋值打分。这一过程体现了各指标在整个考核体系中的位置与重要性。应当指出的是，加权和赋值打分的过程十分关键，对某一因素的加权、打分不同，会导致考核结果完全不同。同时，它具有政策导向的作用，会引导被考核者的行为。

（四）规定各项目的打分标准

在对每一个考核项目分别给予赋值打分以后，要对每一项目给出打分依据。例如，国家公务员考核中的“德”总分为10分，其中的“对职业的态度和行为表现”项目为4分，其具体要求为“敬业精神、廉政勤政”。对于这个项目，要根据被考核者的情况划分为不同的等级，如“非常敬业，高度廉政勤政”为4分，“达到敬业精神、廉政、勤政”为3分，“基本上能做到敬业、廉政、勤政”为2分，“在敬业、廉政、勤政方面有一些疏忽和缺点”为1分，“存在明显的不敬业、不廉政、不勤政问题”为0分。为了使打分科学、准确，还应当对得分进行更加细致和量化的规定。例如，3分的“达到敬业精神、廉政、勤政”要有“工作很认真，自觉加班，拒绝收礼”等具体考核标准。

又如，表6-2为某公司营销员的考核项目设置和赋分。

表6-2　某公司营销员考核表

考核项目		考核指标	分数
工作能力	总分		20
	1. 专业产品知识	对行业的了解、对产品深入全面了解	8
	2. 服务和计算能力	技术熟练	6
	3. 语言与人际沟通能力	语言流畅、有说服能力	6

续前表

考核项目		考核指标	分数
业绩情况	总分		55
	1. 营业数量、金额	达到基本定额、完成销售额	35
	2. 市场开拓情况	有进展	5
	3. 退货率	退货率低	2
	4. 上门服务情况	上门服务及时、解决问题快	3
	5. 主管评价	对综合情况及关键事件评价	10
品行	总分		10
	1. 遵守法律制度	遵守国家法律法规、公司规章制度	6
	2. 有职业道德	对公司负责	4
工作态度	总分		15
	1. 工作热情	努力工作、对客户热心	7
	2. 顾客反映	顾客口头、书面的反映、投诉等	4
	3. 出勤率	出勤数据	4

四、绩效管理初析

(一) 绩效管理的基本思想

所谓绩效管理(performance management),指的是以目标为导向,管理者与员工在目标、任务要求以及努力方向的问题上达成共识后,形成利益与责任共同体,共同制定规则并促进组织与个人努力创造高业绩,成功地实现目标的过程。

绩效管理的思想源于20世纪30年代舒哈特(Shewhart)提出的质量持续改进循环,即著名的PDCA循环。绩效管理作为现代人力资源管理理念,与传统意义上的绩效评价有一定的差异。可以说,绩效管理是传统的员工绩效考核的升华。

绩效管理,既把对员工的绩效考核提升到管理层面上,通过对员工工作绩效良莠的评价和反馈,激起员工的工作热情和创新精神,又通过对绩效信息的分析,帮助员工提出改进措施、制定改进计划,将员工的职业生涯规划与组织的发展紧密结合起来,提高员工的个人工作绩效,从而推动组织达到既定的战略目标,实现组织的可持续发展。

(二) 绩效管理系统的构成

绩效管理系统由三部分构成:绩效标准的界定、绩效的衡量(考核)与绩效信息的反馈。首先是进行绩效标准的界定,绩效标准以工作分析为基础,明确员工绩效的哪些方面对于组织是重要的;其次是通过绩效的衡量(评价)对各个绩效方面进行衡量——绩效评价是对员工的绩效进行管理的唯一方法;最后是通过绩效反馈,将绩效衡量或评价结果反馈给员工,使之能根据组织的目标来改进自己的行为方式与方法,提升绩效,为实现以后的目标做好准备。

绩效管理系统必须能够精确地对绩效标准的达成水平进行衡量;能够将绩效标准与企业内部与外部的顾客需求联系起来发挥战略职能的作用;还应能够根据环境约束所产生的影响而动态地调整绩效管理系统。

(三) 绩效管理模型

绩效管理模型见图 6-1。

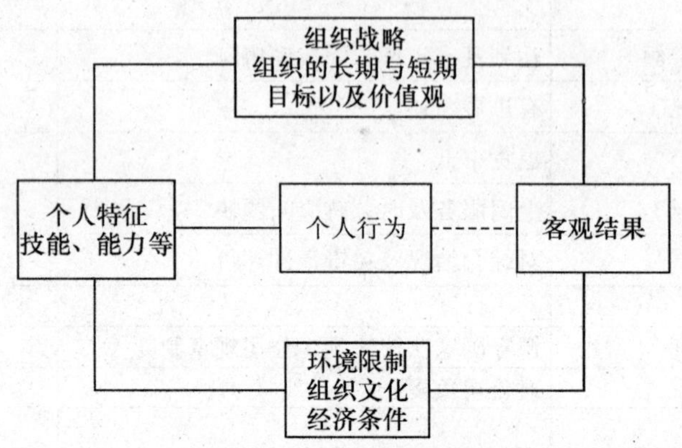

图 6-1 绩效管理模型

资料来源：[美] 雷蒙得·A. 诺伊. 人力资源管理：赢得竞争优势. 北京：中国人民大学出版社，2001：344.

根据该模型所描述的组织战略、环境和员工个人素质对工作行为的影响和对工作绩效的影响的关系，可以看出，有效地实施绩效管理应把握以下几点。

1. 把握员工个人特征对绩效形成的作用

员工个人特征如技能、能力等是绩效的客观结果产生的基础或内因。比如，对销售员而言，组织期望其有良好的人际关系和丰富的产品知识。但内因是通过员工个体行为转化为客观结果的，只有当员工具有必要的知识、技能并想要发挥时，才能实现其行为。为了获得竞争优势，组织应创造有利的工作条件，利于员工形成与企业发展匹配的个人特征，促进有效行为的产生。

2. 把握组织战略与绩效管理的关系

绩效管理与组织的战略和目标密切相关，并通过绩效计划与评价系统来实现组织的战略和目标。具体而言是明确为了执行组织战略而需要完成哪些工作以及需要什么样的行为，即为实现组织战略所需要的绩效类型与绩效水平。理想条件下，绩效管理系统将会确保组织内所有的活动均能支持组织的战略目标。

3. 把握环境约束对绩效管理的影响

管理者应重视环境约束在绩效管理中的作用。这些环境因素首先是组织的客观条件，如任务性质、劳动条件、工作设计的质量；上级的领导风格与监控方式；组织结构与环境政策；工资福利、培训机会以及企业文化等。当然也包括较间接的企业外部环境，诸如政治、经济等宏观环境。

第二节 绩效考核流程

绩效考核的流程通常按照制定考核计划、进行技术准备、选拔考核人员、收集信息资料、考核分析评价五个环节进行，此后，还要将考核结果进行运用。

一、制定考核计划

为了保证绩效考核顺利进行，人力资源部门应当事先制定考核工作计划。

首先，明确考核的目的和对象。不同的考核目的，有不同的考核对象。例如，为评职称而进行考核，对象是专业技术人员；而评选先进、决定提薪奖励的考核，则往往在全体员工的范围内进行。

其次，选择考核内容和方法。根据不同的考核目的和对象，重点考核的内容也不同。例如，为发放奖金，应以考核绩效为主，着眼点是当前行为；而提升职务，既要考核成绩，更要重视品德及能力，重点是发展潜力。考核的方法与考核的内容是相互关联的。根据不同的考核内容确定有效的考核方法。

最后，要根据不同的考核目的、对象和内容，确定考核时间。例如，思想品德及工作能力，是不会迅速改变的，因此，考核间隔期可长一些，一般是一年一次；工作态度及工作业绩则变化较快，间隔期应短些。生产、销售人员的绩效可每月考核，而专业技术人员、管理人员一年一次考核为好。

二、进行技术准备

绩效考核是一项技术性很强的工作。其技术准备主要包括确定考核标准、选择或设计考核方法等。

(一) 确定考核标准

考核标准包括绩效标准、行为标准及任职资格标准。任职资格标准也称职务规范或岗位规范。确定考核标准与前述考核体系设置是类似的，或者说是后者的具体化。

(1) 绩效标准，例如对生产人员的定额要求、对独立核算单位的利税指标等。

(2) 行为标准，例如要求服务员热情待客，不得与顾客争吵；采购员不得收受回扣等。

(3) 任职资格标准，例如某装饰公司的设计部经理岗位，其任职资格见表 6-3。

表 6-3　设计部经理任职资格

条件	最低要求
学历方面	装饰设计专业本科以上学历，或具有实际设计经验的同等学力
知识方面	必须具备从事经理业务的良好知识；非常熟悉公司的政策；必须理解接受公司的目标、标准
能力方面	强有力的领导才能；分析、解决问题的能力；良好的沟通及人际交往能力；勤奋实干，综合素质高
经验方面	有 2～3 年以上的设计部管理经验

(二) 选择或设计考核方法

在选择或设计考核方法环节，要解决的问题包括：需要哪些信息，从何处获取这些信息，采用何种方法收集这些信息。常用的收集、记录考核信息的方法有：收集考核记录、工作日志、生产报表、备忘录、现场观察记录、事故报告、交接班记录等，以及各种统计账目和有关的会计核算资料。

三、选拔考核人员

选拔考核人员是关系着考核成败的大事。在选择考核人员时，应考虑两方面的因素：一是能够全方位地对员工的工作表现进行观察，二是有助于消除或者减小个人偏见。

通过培训，可以使考核人员掌握考核原则，熟悉考核标准，掌握考核方法，克服常见偏差。

在挑选考核人员时，按照上述两方面因素的要求，通常考虑下面的人选。

（一）直接主管

员工的直接主管对于员工日常的工作表现了解较为全面，因此他们通常是最好的考核人员。主要缺点是可能会因他们的个人偏见、与员工的矛盾或者私交等，影响评价的客观性。

（二）高层管理者

在不少组织的考核工作中，由一名高级管理者对员工直接主管的考核进行检查和补充，可以抵消某些直接主管的偏见。

（三）相关部门管理者

员工有时要接受几个部门的管理，例如，车间会计核算人员既受车间主任的领导，也受财务部的领导。因此，有时需要将几个与员工联系密切的部门管理者组成一个考核小组，对员工进行考核。这种考核有利于消除个人偏见，如果采用小组会议的形式，还可以增加考核的信息量。

（四）同事

同事的评价是对上述考核的补充。作为员工的同事，他们与被考核者朝夕相处，因此，同事评价具有较高的信度。① 需要注意的是，同事之间的友情、敌意等因素常常影响到他们的评价，而且同事评价容易在员工之间造成利益的冲突，影响考核的效果。

（五）下级人员

在考核工作中，可以组织被考核者的下属员工来评价他们的上级，考核其在信息沟通、工作任务委派、资源配置、信息传递、协调下属矛盾、公正地处理与员工之间关系等方面的能力。下属评价要与其他评价的信息结合使用。

（六）自我考核

自我考核可以使员工对自己的工作行为及时进行控制。表现在：第一，员工寻找各自存在的问题，并制定有针对性的、解决问题的措施。第二，制定某一阶段的目标，这些目标要与个人的每日计划相联系，以达到实现目标的功用。第三，采取一系列能够实现的奖惩措施，对自己进行督促，保证工作目标的实现。自我评价可以提供有效的信息。在组织员工进行自我绩效评价时，应注意对员工正确的自我评价进行激励；让员工按照相对标准（如平均以下、平均、平均以上）而不是绝对标准（如优秀、××分、不合格等）来评价；对员工进行绩效反馈；对评定结果保密，直到自我评价结果的偏差得到解决。

---

① 张一驰. 人力资源管理教程. 北京：北京大学出版社，1999：171.

(七) 客户

对与组织外部的客户和社会公众大量接触的服务性职务，客户的评价十分重要。虽然评价的结果往往并不十分全面，但在某些方面的参考价值较大。

(八) 专家

外部人力资源考核、测评专家，具有专业水平高、客观公正的优点，但也有费用高、时间不能保证以及了解情况浅和片面的缺点。

四、收集资料信息

作为考核基础的信息，必须做到真实、可靠、有效。收集资料信息要建立一套与考核指标体系有关的制度，并采取各种有效的方法来实施。以生产企业为例，成套的收集信息的方法有：

(1) 生产记录法。对生产、加工、销售、运输、服务的数量、质量、成本等数据填写原始记录并统计。

(2) 定期抽查法。定期抽查生产、服务、管理工作的数量、质量，用以代表整个期间的情况。

(3) 考勤记录法。对出勤、缺勤及原因进行记录。

(4) 项目评定法。采用问卷调查形式对员工逐项评定。

(5) 减分抽查法。按职务（岗位）要求规定应遵守的项目，制定出违反规定扣分的办法并进行登记。

(6) 限度事例法。抽查在通常线以上的优秀行动或在通常线以下的不良行动，对特别好或特别不好的事例进行记录。

(7) 指导记录法。不仅记录员工的所有行动，而且将主管的意见及员工的反映也记录下来。①

五、进行分析评价

这一阶段的任务，是对员工个人的各方面做出综合性的评价结果。分析评价是由定性到定量再到定性的过程，其过程具体为：

(一) 确定单项的等级和分值

确定等级，是对单一考核项目的量化。一般来说，对员工某一个评价项目的评定等级划分，常用的有十等级、九等级、七等级、五等级四种。例如，五等级法可以分为优、良、中、及格和不及格，见表 6-4。在划分等级后，还要赋予不同等级以不同的数值，作为考核评价的数量依据。

表 6-4　　五等级划分法

	优	良	中	及格	不及格
表现	非常出色	比组织期望的水平高	达到组织期望的基本要求	比组织期望水平低，但不妨碍业务	水平低，已妨碍业务

① 白嘉．企业人力资源主管．北京：经济管理出版社，1999．

续前表

	优	良	中	及格	不及格
以出勤为例	全年无迟到	个别月份有过迟到	偶尔迟到，平均每月不超过1次	迟到较多，每月迟到2～3次	迟到频繁，每月4次以上
以业绩为例	完成业绩120%以上	完成业绩120%～100%	完成业绩	未完成业绩任务，但在80%以上	完成业绩不足80%

为了能把不同性质的项目综合在一起，就必须对每个考核项目进行量化，即赋予不同考核等级以不同数值，用以反映实际特征。

赋值方法有不同的种类，以最常见的五等级为例，可以把优定为10分，良定为8分，中定为6分，及格定为4分，不及格定为2分。具体可见表6-5。

表6-5　　五等级考核的赋值法

等级	优	良	中	及格	不及格
单向等差赋值A	5	4	3	2	1
单向等差赋值B	10	8	6	4	2
单向非等差赋值	10	6	3	1	0
双向对称赋值	4	2	0	−2	−4
累进对称赋值	3	1	0	−1	−3
不对称非等差赋值	2	1	0	−2	−4

(二) 对同一项目各考核来源的结果综合

通常同一项目由若干人对某一员工进行考核，所得出的结果是不相同的。为综合这些考核意见，可采用算术平均法或加权平均法。如假定上级评定5分，下级评定为2分，相关的两个部门评定为2分与3分，按算术平均综合，其工作能力得分为（5＋2＋2＋3）÷4＝3分。

若考虑到上级意见更为重要，权数为2，相关部门权数为1.5，下级权数为1，则加权平均综合为（5×2＋2×1＋2×1.5＋3×1.5）÷4＝4.875分，结论就与前有所不同。

(三) 对不同项目考核结果的综合

评价一个人的能力时，要将其知识、学历、判断能力、人际交往能力等综合起来考虑。这时需要根据考核的主要目的确定各考核项目的权数值。具体可见表6-6。

表6-6　　推荐提薪晋级因素权数表　　单位：%

因素		管理层	中间指导层	操作层
成绩	工作质量	30	20	25
	工作数量	20	10	35
	小计	50	30	60

续前表

因素		管理层	中间指导层	操作层
态度	纪律性	—	8	5
	协作性	—	8	5
	积极性	10	12	5
	责任性	10	12	5
	小计	20	40	20
能力	工作知识技能	4	8	10
	判断分析能力	6	5	10
	人际关系能力	5	5	—
	领导能力	5	5	—
	决策能力	10	7	—
	小计	30	30	20
合计		100	100	100

六、考核结果运用

考核结果可以为组织管理提供大量有用的信息，其主要的应用范围包括：向员工反馈考核结果，帮助员工改进绩效；为任用、晋级、提薪、奖励等人力资源管理措施提供依据；检查企业管理各项政策，如企业在人员配置、员工培训等方面是否有成效等。

对考核结果的运用，反映了绩效管理的流程。

第三节　常用绩效考核方法

一、简单排序法

（一）简单排序法的含义

简单排序法也称序列法或序列评定法，即对一批考核对象按照一定标准排出“1，2，3，4…”的顺序。例如，把销售部门所有业务员按销售数量或金额进行排序，最高的为第一位，最差的排在最后。该方法的优点是简便易行，具有一定的可信性，可以完全避免趋中倾向或宽严误差。缺点是考核的人数不能过多，以5～15人为宜；而且只适用于考核同类职务的人员，应用范围较窄，不适合在跨部门人事调整时应用。

（二）简单排序法的操作

第一步，拟定考核的项目。项目的数量和内容，应当根据所考核职务的具体状况进行设计。

第二步，评定小组就每项内容对被考核人进行评定，并排出序列。最好的排序为1，第二名排序为2，以此类推。

第三步，把每个人各自考核项目的序数相加，得出各自的排序总分数，以总序数最小者为成绩最好，即总体情况的第一名。排序的结果，又分为简单排序和分级排序两种做法。前者是根据序数的多少，从小到大排成从第一名到最末一个的排名序列；后者是按序数得分的多少划分为若干等级，如总序数 15 以内的等级属于优，16～30 的等级为良，31～45的等级为中，46～60 的等级为及格，60 以上的等级为差。

需要指出的是，上述方法是各个项目的简单相加。由于各个项目有着不同的重要性，更好的做法是将不同的项目确定不同的权重，然后进行加权计算。

二、要素评定法

（一）要素评定法的含义

要素评定法也称功能测评法或测评量表法，它是把定性考核和定量考核结合起来的方法。

该方法的优点，一是内容全面，二是定性考核和定量考核相结合，三是能体现多角度、立体考核的原则，四是使用计算机处理测评结果，手段先进。通过定量考核和对定性考核结果的数量化处理，可以形成绩效量化结构，从而对每个员工的绩效状况进行定位，而且可以比较员工之间和不同时期的绩效状况。

该方法的缺点，一是烦琐复杂，二是考核标准的说明是定性语言，高度概括，较难掌握，因而在实践中可能出现打分中间化倾向或其他考核误差。

（二）要素评定法的操作

（1）确定考核项目。这些项目又可划分为若干要素（即指标）。所考核的项目和要素指标，因考核对象的职业领域或职务层次的不同而不同。

（2）将每个要素（指标）按优劣程度划分为若干等级，一般为 3～5 级。3 级为“好、一般、差”；4 级为“好、较好、一般、差”；5 级为“优秀、良好、一般、较差、差”。然后，给每个等级打相应的分数，并以定性语言和简洁的文字写出每一等级的标准说明，制定出统一的考核标准表和测评量表。

（3）对考核人员进行培训，使其掌握考核标准，熟悉操作方法。

（4）实施考核活动，把测评量表发给考核者打分。考核一般包括上级领导者考核、同级同事考核、下级考核和本人的自我考核四个方面。

（5）对所取得的考核原始资料进行分析、调整和汇总。调整有两方面的原因，一是由于参加考核的各方面人员对被考核者的了解程度不同，因此他们所打分数的重要性程度也不同；二是每个考核要素在整个指标体系中的重要程度也不同。为此，需要制定第二套权数折算量表。具体方法是，按有关要素的重要程度分别规定其比重（即加权），然后把每个被考核者各个要素的数据输入计算机，由计算机程序对数据加以处理，计算每个要素加权后的分数，最后汇总得出每个被考核者的总评成绩。

三、工作记录法

工作记录法，也称生产记录法或劳动定额法，一般用于对企业生产工人操作性工作的考核。该方法是先设置考核指标，指标通常为产品数量、质量、时间进度、原材料消耗和工时利用状况等，然后制定生产记录考核表，由班组长每天在下班后按工人的实际情况填写，经当事人核对无误后签字，交基层统计人员按月统计，作为每月考核的主要依据。

该方法的优点在于参照标准较为明确，评价结果易于做出。其缺点在于，标准制定特别是针对管理层的工作标准制定难度较大，缺乏可量化衡量的指标。此外，工作标准法只考虑工作结果，对影响工作结果的其他客观因素不加反映，其结果有时较为片面。目前在绩效评价中，工作标准法常常与其他方法结合在一起使用。

四、关键事件法与行为锚定法

(一) 关键事件法

1. 关键事件法的含义

关键事件法，是指对那些能够对组织效益产生重大影响（包括积极影响和消极影响）的行为进行记载考核的方法。例如，营销经理在商务谈判中的举措、售货员对顾客退货或重大产品质量问题的处理、保安人员面对罪犯时的行为等，都属于这类行为。在关键事件法中，应当对员工进行一段时间的观察，把在考察期间内的关键事件及次数都真实地记录下来，得出结论，并把这些资料提供给考核者用于对员工业绩考核。

2. 关键事件法的步骤

运用关键事件进行评价必须经过以下三个步骤：

(1) 准备阶段。该阶段的主要工作就是提取关键行为，编制关键行为表。在工作中有许多对工作的成功与失败有决定意义的行为，称为关键行为。获取关键行为，可以采用调查法，包括谈话、问卷法等。应特别注意，这些行为既包括最成功的行为，也包括最无效的行为。调查完成后，编成关键行为记录表。

(2) 评定阶段。主管人员直接观察被评者的行为，一旦发现有好的关键行为就在记录表中相应的地方打记号；同样，发现有失败的关键行为，也在记录表中作相应的记录。

(3) 分析阶段。汇总一个时期的关键行为记录，根据每个被考评者关键行为的出现次数以及程度对其进行评定，最后得出总体结论。

(二) 行为锚定法

1. 行为锚定法的含义

行为锚定法（behavior anchored rating scale，BARS），其实质是关键事件法的量化。具体来说，该方法是将某一工作可能发生的各种典型行为进行评分度量，建立一个锚定评分表，表中有一些典型的行为描述性说明词与量表上的一定刻度即评分标准相对应（这就是“锚定”的含义），以此为依据，对员工工作中的重要实际行为进行测评打分。

在行为锚定评分表中，有代表着从最劣到最佳典型绩效的、对具体行为描述的说明词，不但使被考评者能较深刻而信服地了解自身的现状，还可找到具体的改进目标。由于锚定评分表中典型行为的说明词数量有限（一般不会多于10条），不可能涵盖员工千变万化的实际行为，被考核者的实际表现很少恰好与给定的描述性说明词完全吻合；但有了量表上的这些典型行为锚定点，考核者在打分时便有了一定的分寸感，使打分的大致水平定位不会出错。

2. 行为锚定表的制定

行为锚定表的制定，通常是由公司领导、直接考核人员（一般是直线经理）、人力资源管理专业人员、被考核的员工代表共同研究、民主协商而完成。

行为锚定法考核的关键，在于锚定评分表的合理性。为此，必须确定好该表的项目和标准。具体来说，该考核标准表的制定过程有以下步骤：

（1）记录关键事件。一般应当由工作执行者或者直接主管采用《工作记录日志》或《工作台账》的方式，随时记录那些突出的、与该员工工作效果直接相关的重要事件。这种事件既包括成功的，也包括失败的。

（2）进行整理和描述。将所收集的关键事件加以归纳整理，用规范化的语言描述出来。

（3）进行系统处理。将上述材料进行系统处理，通过对已经加以规范表述的典型事件进行全面比较，确定评价的等级，作为考核打分的依据。

（4）绘制锚定评分表。根据对某一特定情景下不同具体工作行为的描绘，给出不同的分值，这种打分与一般量表中的"优、良、中、差、劣"之类的等级相比，要准确得多。需要注意的是，该方法的说明词必须是行为实例，而不是"优""劣"等的简单判断，在实施考核的描述中，虽不必用精确的数值（如"92%的精度"等），但也要尽量用具体的行为去说明。

3. 行为锚定法的适用性

使用行为锚定法，需要花费较多时间进行评分表的设计，其使用也比较复杂。但是，该方法具有以下突出的优点：（1）表中给定的关键事件可以为考核者提供作出判断的直接依据，考核结果比较明确、客观；（2）由关键事件构成的"行为锚"是由工作者与上级共同制定的，因而在评价时容易取得共识，从而取得合理的结果；（3）该方法具有良好的沟通效果，减少了考评打分理由不明确而引起的纠纷，减少了员工对考核结果的异议；（4）员工可以对照"行为锚"上的关键事件评价自己的行为，有利于考核反馈和改进工作，从而提高绩效。

五、360 度考核法

（一）360 度考核法的含义

360 度考核法是一种从多角度进行的比较全面的绩效考核方法，也称全方位考核法或全面评价法。这种方法是选取与被考核者联系紧密的人来担任考核工作，包括上级、同事（以及外部客户）、下级和被考核者本人，用量化考核表对被考核者进行考核，采用五分制记录考核结果，最后用坐标图来表示，以供分析。

（二）360 度考核法的实施方法

首先，考核主持者要听取被考核者的 3～6 名同事和 3～6 名下属的意见，并让被考核者进行自我评价。听取意见和自我评价的方法，是填写调查表。

然后，考核者根据这些调查表对被考核者的工作表现、能力状况等方面做出评价。根据考核项目的不同对各个考核者的得分赋予不同的权重。

评价结果出来后，考核者要将所有同事和下属的评价调查表全部销毁，而后，考核者与被考核者见面，将评价报告拿出来与被考核者一起讨论。在分析讨论考核结果的基础上，双方一起讨论定出被考核者下年度的绩效目标、评价标准和发展计划。

（三）360 度考核法的优缺点

360 度考核法的优点在于，能够使上级更好地了解下级，鼓励员工参与管理，同时也促使上级帮助下属发展，改善团队合作状态。其缺点是花费时间太多，只适用于管理者。此外，这种方法在我国受组织文化的影响非常大，可能会遇到保密性、同事之间的竞争、人际关系的影响、缺少发展机会等方面的问题。

第四节 考核与绩效管理一体化方法

一、目标管理法

（一）对于目标管理法的认识

1. 目标管理法的含义

目标管理法（management by objectives，MBO）是一种综合性的绩效管理方法，而不仅仅是单纯的绩效考核技术手段。目标管理法是由美国管理学大师彼得·德鲁克提出的，他认为："每一项工作都必须为达到总目标而展开。"

目标管理是一个领导者与下属之间的双向互动过程。在进行目标制定时，上级和下属依据自己的经验和手中的材料，各自确定一个目标，双方沟通协商，找出两者之间的差距以及差距产生的原因；然后重新确定目标，再次进行沟通协商，直至取得一致意见，即形成了目标管理的期望值。

2. 目标管理法的优点

目标管理法的优点较多，主要有：

（1）考核职能由主管人员转移到直接的工作者，因而能保证员工的完全参与；

（2）员工的目标由本人参与设定，在实现业绩目标后，员工会有一种成就感；

（3）改进授权方式，有利于促进员工的自我发展；

（4）促进良性沟通，加强上下级之间的联系。

总之，目标管理法是一种适用面较广、有利于整体绩效管理的考核方法。但它也有一定的局限性：某些工作难于设定短期目标，因而难于实行目标管理法；有时员工们在设定目标时偏宽松；一些管理者也对"放权"存在抵触情绪。

（二）目标管理法的实施步骤

1. 确定工作职责范围

每个员工在进行工作时都要弄清楚自己的职责。确定工作职责的常用方法是：员工和上级各自列出员工的主要职责，然后双方把所列清单放在一起进行比较，并达成一致，最终产生双方同意的下级工作目标的清单。

2. 确定具体的目标值

目标为员工与主管提供了制定计划和衡量业绩的依据。员工以书面形式设定目标清单，清单既包括定量目标，也包括定性目标，并体现出责任、承诺和义务、优先顺序以及实现目标的日期。在目标的确定中，应注意以下几点：

（1）员工的个人绩效目标必须依据组织的战略目标及本部门的分目标来制定，要使个人目标与这两个大目标尽可能一致。

（2）目标确定时应当考虑到员工的能力水平和以往的业绩，切忌主观设置。

（3）目标一般要符合以下要求：其一，目标数在5～6个为宜，不宜太多，且应有针对性；其二，目标是可以衡量和比较的；其三，目标是成果导向型的，例如，销售人员的目标应当侧重于销售收入增长率、新市场开拓率等指标，对技术部门则应当注重创新性指标。

3. 审阅确定目标

设定目标后，员工将其送交上级主管进行审阅，这时主管要帮助下级对目标进行评估并最后确定指导方针。讨论完毕后，即生成一致同意的目标。

4. 实施目标

这一阶段是目标管理的推进阶段。在目标实施的过程中，执行者有充分的自主权。当然，这一阶段上级也应当进行有效的控制，而非放任自流。在执行中，如出现了不可抗拒的因素，上下级之间可以进行沟通，对目标进行适度调整。

在该阶段，目标的执行者要定期（通常是每季度）以及不定期向上级主管人员汇报进展情况。汇报时应重点说明工作是否按预定计划正在完成、存在什么主要问题。汇报情况可以使上级主管深入了解计划的实施情况，给予执行者一定的帮助，必要时可采取适当措施。

5. 总结报告

在目标管理预定时间的期末，执行者要提供一份工作完成情况报告，包括所取得的主要成绩、存在问题、对实际结果与预期结果之间偏差的陈述等。组织可制定专门的目标管理表格，供员工自我评价用。

6. 考核及后续措施

运用目标管理方法考核，关键要看员工的目标完成情况，要找出完成目标的成功原因或者没有达到目标的失败原因，为下一次制定目标奠定基础。此外，组织还要制定计划，来帮助员工改进下一阶段的工作。这实质上构成了一种循环。

二、关键绩效指标法（KPI法）

（一）对关键绩效指标的认识

1. KPI的基本含义

关键绩效指标（key performance indicators，KPI），其中“关键”一词的含义是指组织在某一阶段战略上要解决的最主要问题，绩效管理体系针对这些问题的解决设计指标，这就是关键绩效指标。关键绩效指标是用来衡量某一职位工作人员工作绩效表现的具体量化指标，是对工作完成效果的最直接的衡量方式。关键绩效指标来自于对企业总体战略目标的分解，反映能最有力地影响企业价值创造的关键驱动因素。

KPI法符合一个重要的管理原理——“二八原理”。在一个企业的价值创造过程中，存在着“20/80”的规律，即20%的骨干人员创造企业80%的价值。相应的，抓住20%的关键行为，对其进行分析和衡量，就能抓住业绩评价的重心。因此，设立关键绩效指标的价值在于，使经营管理者将精力集中在对绩效有最大驱动力的经营行动上，及时诊断生产经营活动中的问题并采取提高绩效水平的改进措施。

2. KPI 的特点

(1) KPI 是对公司战略目标的分解。KPI 所衡量的内容最终取决于公司的战略目标，KPI 是对公司战略目标的进一步细化和发展，是对真正驱动公司战略目标实现的具体因素的发掘，是公司战略对每个职位工作绩效要求的具体体现。因此 KPI 随公司战略目标的发展演变而调整。

(2) KPI 是对重点经营活动的衡量。每个职位的工作内容都涉及不同的方面，但 KPI 只对那些对公司整体战略目标影响较大、对战略目标的实现起到不可或缺作用的工作进行衡量，而不是对所有操作过程的反映。

(3) KPI 是得到组织上下认同的。KPI 不是由上级强行确定下发的，也不是由员工自行制定的，它的制定过程由上级与员工共同参与完成，是双方所达成的一致意见的体现，是组织中相关人员对职位工作绩效要求的共同认识。

(二) KPI 体系建立流程

1. 分解企业战略总目标，建立各个子目标

在通常情况下，企业的总体战略目标均可以分解为几项主要的支持性子目标。在本环节，要完成以下三项工作：

(1) 企业高层确立公司的总体战略目标；

(2) 由企业（中）高层将战略目标分解为主要的支持性子目标；

(3) 将企业的主要业务流程与支持性子目标之间建立关联。

把公司级的 KPI 逐步分解，首先分解到子公司、分公司或事业部，进而分解到部门，再由部门分解到各个职位。按此层层分解的方法，来确定各部门、各职位的 KPI，并用定量或定性的指标确定下来。

目前常用战略分解的方法是“鱼骨图”分析法（如图 6-2 所示），它可以帮助我们在实际工作中抓住主要问题，解决主要矛盾。

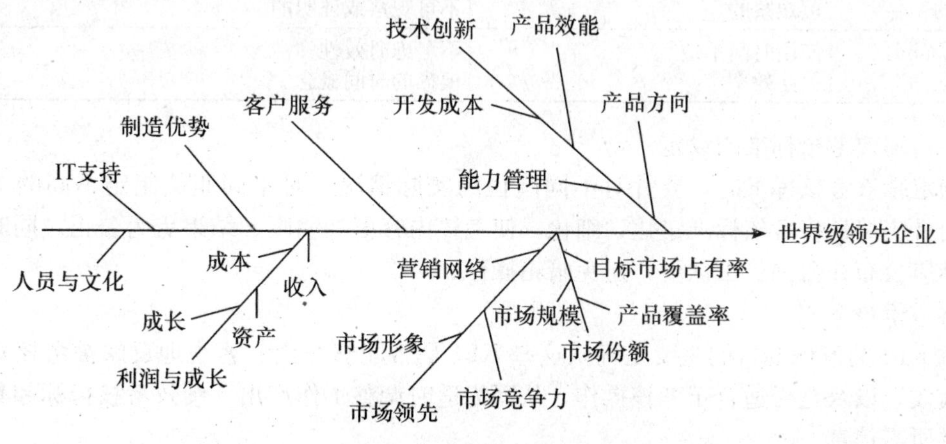

图 6-2　鱼骨图分析法示例

2. 确定各支持性的业务流程目标

在确认对各战略子目标的支持性业务流程后，需要进一步确认各业务流程在支持战略子目标达成的前提下流程本身的总目标，并进一步确认流程总目标在不同维度上的详细分

解内容。

3. 确认各业务流程与各职能部门的联系

本环节建立流程与工作职能之间的关联，从而在更微观的部门层面建立流程、职能与指标之间的关联，为企业总体战略目标和部门绩效指标建立联系。

4. 部门级 KPI 的提取

本环节要在上述环节建立起来的流程重点、部门职责之间的联系中提取部门级的 KPI。

(1) 明确工作产出。

由于 KPI 体现了绩效对组织目标的增值的部分，所以 KPI 是根据对组织绩效目标起到增值作用的工作产出来设定的。因此要设定 KPI 首先要确定组织内各个层次的工作产出。确定工作产出的基本方法是绘制客户关系图。

(2) 考核指标的建立。

在确定 KPI 时可运用 SMART 原则。其具体做法见表 6-7。

表 6-7 确定的 SMART 原则

原则	正确做法	错误做法
Specific: “具体的”	切中目标 适度细化 随情景变化	抽象的 未经细化的 复制其他情景中的指标
Measurable: “可度量的”	数量化的 行为化的 数据或信息具有可得性	主观判断 非行为化描述 数据或信息无从获得
Attainable: “可实现的”	在付出努力的情况下可以实现 在适度时限内可实现	过高或过低的目标 期限过长
Realistic: “现实的”	可证明的 可观察的	假设的 不可观察或证明的
Time-bound: “有时限的”	使用时间单位 关注效率	不考虑时效性 模糊的时间概念

(3) 绩效考核标准的设定。

制定绩效考核标准时，要针对不同岗位的实际情况，对不同职位制定不同的考核参数，而且应尽量将考核标准量化、细化，使考核内容更加明晰、结果更为公正。同时，考核标准应公布并得到员工认可，避免暗箱操作。

(4) 审核 KPI。

对 KPI 的审核的目的主要是确认这些 KPI 是否能够全面、客观地反映被考核对象的工作绩效，以及是否适合于考核操作，从而为适时调整工作产出、绩效考核指标和具体标准提供所需信息。

5. 目标、流程、职能、职位目标的统一

根据部门 KPI、业务流程以及确定的各职位职责，使企业目标、流程、职能与职位得到统一。

三、平衡计分卡①

(一) 平衡计分卡基本分析

1. 平衡计分卡的含义

所谓“平衡计分卡”(balanced score card，BSC)，是通过财务、客户、内部流程及学习与发展四个方面的指标之间相互驱动的因果关系，展现组织的战略轨迹，从而实现绩效考核(绩效改进)与战略实施的综合管理方法。平衡计分卡是1990年美国诺兰诺顿学院的项目研究开发的绩效测评模式，1996年在一些在中国有业务的跨国公司中得到运用，2004年以来平衡计分卡作为一种战略管理工具开始在中国受到重视和运用。

传统的绩效评测往往仅限于测评财务指标。然而，财务指标是滞后的指标，只能说明过去的行动取得了哪些结果，至于驱动业务的一些关键因素有没有改善、朝着战略目标迈进了多少步，仍然无从知晓。平衡计分卡的出现，完全改变了财务指标一统天下、绩效测评指标极端失衡的状况。平衡记分卡在传统的财务指标的基础上又引入了客户、内部流程和学习与成长这三个方面的指标，这些新指标衡量的正是企业良好业绩的驱动力。这四个指标合起来，构成了内部与外部、结果与驱动因素、长期与短期、定性与定量等多种平衡，从而为企业的绩效评测管理提供了立体、前瞻的评测依据。

2. 平衡计分卡考核的四个视角

平衡记分卡从四个不同的视角提供了一种考察价值创造的战略方法：

(1) 财务视角：其目标是解决“股东如何看待我们?”这类问题。企业经营的直接目的和结果是为股东创造价值，因此从长远角度来看，利润始终是企业所追求的最终目标，财务方面是其他三个方面的出发点和归宿。财务指标包括销售额、利润额、资产利用率等。

(2) 客户视角：其目标是解决“顾客如何看待我们?”这类问题。客户方面体现了企业对外界变化的反应。客户视角是从质量、性能、服务等方面，考验企业的表现。主要包括两个层次的绩效考核指标：一是企业在客户服务方面期望达到绩效而必须完成的各项指标，包括市场份额、客户保有率、客户获得率、客户满意度等；二是针对第一层次的各项目标进行细分，形成具体的绩效考核指标，如送货准时率、产品退货率、合同取消数等。

(3) 内部运作流程视角：其目标是解决“我们擅长什么?”这类问题。这是BSC与传统绩效考核方法最大的区别。企业是否建立起合适的组织、流程、管理机制？在这些方面存在哪些优势和不足？内部角度从这些方面着手，制定考核指标。关注公司内部效率，如生产率、生产周期、成本、合格品率、新产品开发速度、出勤率等。内部过程是公司改善经营业绩的重点。

(4) 学习和成长角度：其目标是解决“我们是在进步吗?”这类问题。企业的成长与员工能力素质的提高息息相关，企业惟有不断学习与创新，才能实现长远的发展。学习和成长角度关注员工士气、员工满意度、平均培训时间、再培训投资和关键员工流失率等。

---

① 毕意文，孙永玲. 平衡计分卡中国战略实践. 北京：机械工业出版社，2004.

3. 平衡计分卡与企业战略管理

平衡计分卡的最大特点是始终把战略和愿景放在核心地位，其实质是将战略规划落实为具体的经营行为，并对战略的实施加以实时控制。所以平衡记分卡是一种战略管理工具，它的四个维度几乎涵盖了企业的各个方面，在企业的组织战略设计和执行落实之间成功搭起了一座桥梁。

平衡计分卡提供了一个可以帮助企业高层管理者建立成功战略的工具，那就是企业战略因果图。

战略因果图画出了企业战略与实施战略的重要因素之间的假定关系；表明了财务目标与非财务目标之间的假定因果关系；同时也揭示了结果指标（滞后指标）和绩效驱动指标（领先指标）之间的因果联系。战略因果图还形象地表现了驱动企业绩效的关键目标以及它们之间的重要关系。战略因果图的常见架构如图 6－3 所示。

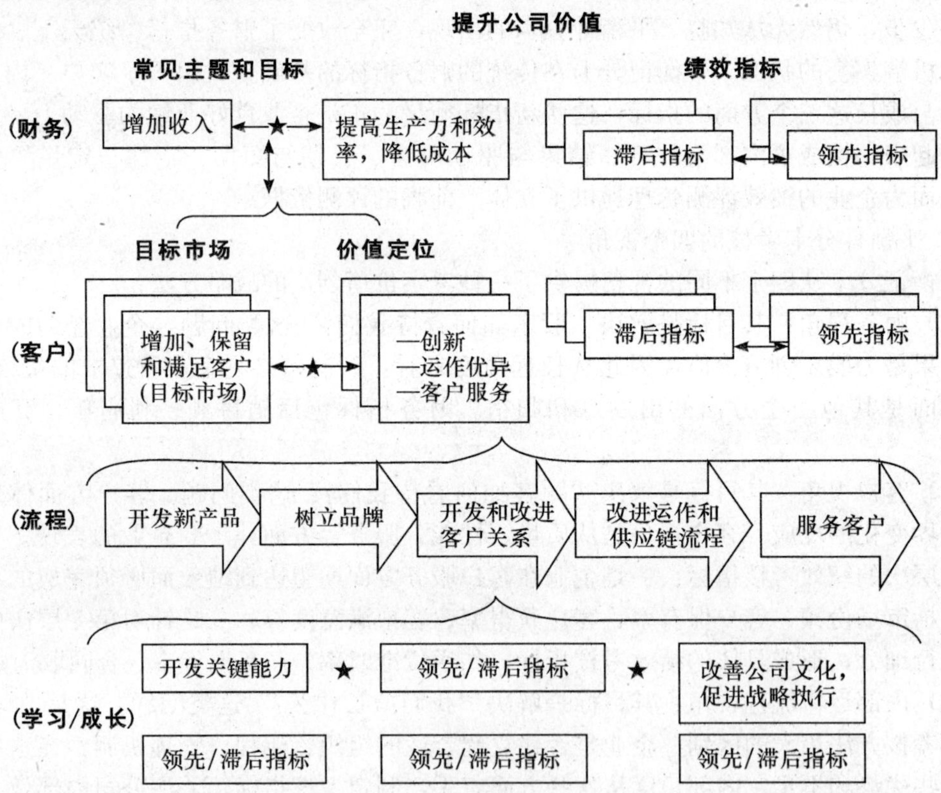

图 6－3 战略因果图的常见构架

（二）平衡计分卡的实施方法

具体说来，一个组织要建立和实行平衡计分卡制，需要进行如下工作。

1. 建立公司愿景与战略

企业战略要力求满足适合性、可衡量性、合意性、易懂性、激励性和灵活性等要求，并对每一部门均具有意义，使每一部门可以采用一些业绩衡量指标去完成公司的愿景与战略。

2. 建立组织的四类具体目标

要成立平衡计分卡小组或委员会去解释公司的愿景和战略，并建立“财务、顾客、内部流程、学习与成长”四类具体的目标。

目标的衡量是BSC管理系统的基础和关键，选择和设计对企业运营最为恰当、有效的衡量指标至关重要。平衡计分卡体系的建立需要系统性地把一个公司的战略与其价值定位、具体目标及具体目标的衡量指标连接起来。“因果关系分析”是平衡计分卡提供的一个有力工具，它能够帮助企业领导层确定最适合企业战略的具体目标。

如要达到提高收入25%的目标，那么新产品的收入必须提高到总收入的40%。开发能够迅速占领市场的新产品对实现这个收入增长目标是至关重要的。这就要求缩短50%的新产品开发周期。当然，达到这一预期目标的前提是必须同时达到公司其他方面的目标，如：销售X吨A产品和为B产品开发10家新的客户，还必须提供优质的售后服务来保持现有的客户，以求他们继续惠顾。

3. 为四类目标确定业绩衡量指标

业绩衡量指标的设计和选择与目标的设计和选择同样重要，因为业绩衡量指标能够帮助组织检验战略设想并通过结果不断总结经验。遵循SMART原则和“二八原理”是确定业绩衡量指标的基本原则。

战略因果图描绘的因果关系分析把公司战略思想具体化为各角度的目标，四个角度的所有目标代表着管理层实现关键财务目标的整体设想。战略因果图内的所有目标必须分解出具体的衡量指标。有些目标的指标可以从公司已经存在的财务或其他信息系统的指标库中选择，而有些目标的绩效指标则需要特别设计。绩效指标的设计和选择赋予管理层一个机会，有助于加强他们对于达到最重要的目标所需方法和手段的判断力。

4. 加强公司内部沟通与教育

有了业绩目标后，就开始实施平衡计分卡。这时，要利用各种不同的沟通渠道如定期的公司刊物、信件、公告栏、标语、会议等，让各层管理人员都知道公司的愿景、战略、目标与业绩衡量指标，推广绩效管理的理念。

5. 实施业绩衡量指标的测量与管理

要确定平衡计分卡中的年、季、月业绩衡量指标的具体数字，并与公司的计划和预算相结合。同时，注意各类指标间的因果关系、驱动关系与连接关系。

要将对考核对象的年、季、月报酬奖励制度与平衡计分卡挂钩，从而加大绩效管理的效果。

在平衡计分卡的实施过程中，要主动地听取员工意见，以修正平衡计分卡的衡量指标并改进公司的战略。

(三) 平衡计分卡的优缺点

1. 平衡计分卡的优点

(1) 以公司竞争战略为出发点。平衡计分卡将有助于增强公司竞争力的内容，诸如顾客导向、质量提升、快速反应、团队合作等，对公司明确工作重点、全面提高管理水平与竞争优势意义重大。

(2) 全面动态地评估。相对于传统的绩效评估，平衡计分卡可以全面、动态地评估企业、部门、个人绩效，达到适当运用资源、快速响应瞬息万变的市场、逐步实现战略发展和取得长远竞争优势的目的。

（3）有效防止次优化行为。平衡计分卡迫使管理人员把所有的重要指标放在一个系统内考虑，并将注意力集中于由决定当前和未来绩效的关键指标构成的一个简短清单上，避免某一方面的改进以牺牲另一方面的效率为代价，甚至付出更高的成本，可以实现有效优化工作行为的目的。

（4）提出具体的改进目标。平衡计分卡提出了企业、部门和个人的具体的改进目标及改进时限，避免一些取得高绩效的员工不再继续努力改进自身工作。

2. 平衡计分卡的限制条件

（1）对信息系统的灵敏性要求高。信息系统在帮助管理人员实施平衡计分卡方面作用显著。例如，当平衡计分卡体系中出现了未预期到的信号时，管理人员可以查询信息系统，找出问题的根源所在。但若信息系统不够灵敏，它就会成为绩效评估的致命弱点。

（2）对企业管理的基础要求较高。平衡计分卡建立在对企业经营战略的正确理解的基础之上，要求企业管理人员不但明确企业的竞争优势与劣势，而且清楚行业特点与竞争对手的战略，立足长远，提出与企业长期战略密切相关的绩效评估指标。同时，成功实施平衡计分卡，不仅需要各级管理者的理解和支持，还需要相当的配套措施，这一切都要求企业具备良好的管理基础。

第五节　绩效管理操作

一、控制考核误差

为了搞好整个绩效管理工作，必须首先解决好绩效考核过程中容易出现的问题，控制考核误差。绩效考核误差可以分为两类：一类与考核标准有关，一类与主考人有关。

（一）考核标准方面的问题

1. 考核标准不严谨

当考核项目设置不严谨、考核标准说明含糊不清时，人们打分时必然有一定的任意性，这会导致考核评价的不准确。

2. 考核内容不完整

在考核体系中，如果考核内容不够完整，尤其是关键绩效指标有缺失，不能涵盖主要工作内容，自然不能正确评价员工的真实工作绩效。

（二）主考人方面的问题

1. 晕轮效应

晕轮效应也称“光环效应”，是指在考察员工业绩时，由于主考人只重视员工的一些突出特征而忽视了与被考核人相关的其他的重要内容，因而影响考核结果正确性的现象。例如，某经理看到某员工经常早来晚走、忙忙碌碌，对他的工作态度很有好感，在年终考核时对他的评价就较高，而忽视了他的综合表现甚至工作的主要方面。又如重视营销人员的服务态度好坏而忽视其销售额，都是晕轮效应的表现。

2. 宽严倾向

宽严倾向包括“宽松”和“严格”两个方面。宽松倾向指考核中所做的评价过高，严格倾向指考核中所做的评价过低。这两类考核误差出现的原因，主要是缺乏明确、严格、一致的判断标准，不同的考核者掌握的评分标准不同，往往依据自己的经验来判断。在评价标准主观性很强，并要求评价者与员工讨论评价结果时，很容易出现宽松倾向，因为评价者不愿意因为给下属过低的评价而招致其不满并在以后的工作中变得不合作；当评价者采用的标准比组织制定的标准更加苛刻时，则会出现严格倾向。

3. 平均倾向

平均倾向也称调和倾向或居中趋势，是指大多数员工的考核得分都居于“平均水平”，并往往是中等或良好水平。这也是考核结果具有“集中倾向”的体现。与过宽或过严倾向相反，考核者不愿意给员工们“要么优秀、要么很差”的极端评价，无论员工的实际表现如何，统统给中间或平均水平的评价。但实际上这种中庸的态度，很少能在员工中赢得好感，反而会起到“奖懒罚勤”的副作用。这种平均倾向与我国的中庸文化有一定联系。

4. 近因效应

近因效应是考核者只看到考核期末一小段时间内的情况，而对整个评估期间的工作表现缺乏了解和记录，以“近”代“全”，使考核评估结果不能反映整个评估期内员工的绩效表现。产生这种情况的原因，通常是因为考核者对被考核者近期的表现印象深刻，或者被考核者在临近评价时有意表现自己以留下较佳印象。

5. 首因效应

首因效应是指考核者凭“第一印象”就作出判断。当被考核者的情况与考核者的“第一印象”有较大差距时，考核者就可能因首因效应而产生偏见，在一定程度上影响考核的正确性。

6. 个人好恶

凭个人好恶判断是非，是绝大多数人难以察觉的弱点，甚至是人的一种本能。在考核评价他人时，很多人都会受到“个人好恶”的影响。因此，考核者应该努力反省自己的每一个判断是否因个人好恶而导致不公的结论。采用基于事实（如工作记录）的客观考评方法，由多人组成考核小组进行考核，有助于减少因个人好恶所导致的考核误差。

7. 成见效应

成见效应也称定型作用，是指考核者因经验、教育、世界观、个人背景以至人际关系等因素而形成固定思维，对考核评价结果产生刻板化的影响，通俗的说法是“偏见”、“顽固”等。例如，考核者容易对老乡、同学、同职务、战友等产生认同，自觉和不自觉地给予好评。成见效应是绩效考核中的常见问题，需要进行考核培训以及心理辅导，为考核人员纠正可能导致不正确结果的个人错误观念。

二、考核申诉处理

（一）考核申诉产生的原因

当发生以下情况时，有可能引发考核申诉：其一，被考核员工对考核结果不满，或者认为考核者在评价标准的判断上不公正；其二，员工认为组织对考核结果运用不当、有失公平。

无论问题出现在哪里，组织都应该对员工的考核申诉进行认真的了解分析和正确、合理的处理。通过对考核申诉的处理，可改进组织中存在的一些问题，从而提高组织的绩效。

（二）处理考核申诉的要点

1. 尊重员工的申诉

考核申诉处理机构在处理考核申诉的过程中，要尊重员工的个人意见，认真分析员工所提出的问题，找出问题发生的原因。在处理考核申诉的过程中，应当对员工表现出耐心。如果是员工方面的问题，应当“以事实为依据、以考核标准为准绳”，对员工进行说服和帮助；如果是组织方面的问题，则必须对员工所提出的问题加以改正，并将处理结果告知员工，对其有所交代。

2. 把处理考核申诉作为互动互进过程

绩效考核是为了用好人力资源，是为了实现组织的经营目标、完善人力资源政策并促进员工的个人发展，而不是组织用来管制员工的工具，绩效考核应当是一个互动互进的过程。因此，当员工提出考核申诉时，组织应当把它当作一个完善绩效管理体系、促进员工提高绩效的机会，而不要简单地认为员工申诉是“一些小问题”，甚至认为是员工在“闹意见”。

3. 注重处理结果

在处理考核申诉时，应当把能令申诉者信服的处理结果告诉员工。如果所申诉的问题属于考核体系的问题，应当完善考核体系；如果是考核者方面的问题，应当将有关问题反馈给考核者，以使其改进；如果确实是员工个人的问题，就应该拿出使员工信服的证据，对其解释处理结果的合理性。

三、完善绩效管理的措施

为了减少绩效评价中的偏差，保证考核过程和结果的正确性，需要采取以下措施。①

（一）采用客观性考核标准

在绩效考核中，要尽量采用客观性的考核标准。用于考核绩效的标准，必须是与工作密切相关的。以职务说明书为依据制定考核项目和标准，是一个简便有效的方法；如没有现成的职务说明书，必要时可以进行专门的职务分析来确定工作内容，制定考核标准。

需要注意的是，一些主观性较强的品质因素（如主动性、热情、忠诚和合作精神等）虽然很重要，但它们难于界定和计量，容易产生偏差，在评价时应当尽量少采用。

（二）合理选择考核方法

每种考核方法都有优、缺点，因此正确选择考核方法的原则是：根据考核的内容和对象选择不同的考核方法，使该方法在该次考核中具有较高的信度和效度，能公平地区分工作表现不同的员工。

---

① 邵冲. 人力资源管理概要. 北京：中国人民大学出版社，2000.

（三）由了解情况者进行考核

绩效考核工作应当由能够直接观察到员工工作的人承担，甚至应由最了解员工工作表现的人承担。一般情况下，绩效考核的主要责任人是员工的直线经理。这是因为，直线经理在观察员工的工作绩效方面处在最有利的位置，而且对员工进行绩效考核也是他应该承担的管理责任之一。但是，直线经理不可能对下属的所有工作全部了解，同时还可能存在“领导者人为操纵考核”的问题，因此，考核者还应当包括考核对象的同事、下属和考核者本人，以避免这一问题。

（四）培训考核工作人员

对考核者进行培训，是提高考核科学性的重要手段。通过培训，有助于减少因考核者引起的误差问题，特别是晕轮效应、宽严倾向和集中倾向等误差。

进行考核培训，首先要让考核评价者认识到，绩效考核是每一个管理者的工作组成部分，要确保考核对象了解组织对他们考核工作的期望是什么，因为这是与管理目标相联系的。同时，要让考核者正确理解考核项目的意义和评价标准，掌握常用的考核方法，并能够根据不同的对象选择合适的考核方法。此外，还要让考核者了解在绩效考核过程中容易出现的问题及可能带来的后果，以避免这些问题的发生。

（五）以事实材料为依据

在考核工作中，每一项考核的结果都必须以充分的事实材料为依据，如用具体事例作为评分的理由。这可以避免凭主观印象考核和由于晕轮效应、成见效应等所产生的问题。

（六）公开考核过程和考核结果

绩效考核必须公开，这不仅仅是考核工作民主化的反映，也是组织管理科学化的客观要求。考核评价做出以后，上级要及时对下级进行逐一的考核面谈，以反馈考核评价的结果，让员工了解自己的考核得分和各方面的意见，也使管理者了解下级工作中的问题及意见。将考核结果反馈给员工，有利于使员工更客观地认识自己，扬长避短，搞好工作；对绩效考核结果保密，只会导致员工的不信任与不合作。

（七）进行考核面谈

向员工反馈绩效信息的面谈既是一种机会也可能是一种风险。在谈话中，管理者主要关注的是如何既强调员工表现中的积极性方面，同时也就员工应该改进的方面进行讨论。

（八）设置考核申诉程序

要设立一定的程序，处理员工因认为对其评价结果不正确和不公平所提出的申诉，以从制度上促进绩效考核工作的合理化。处理考核申诉，一般是由人力资源部门负责。

本章小结

本章概括了绩效考核的定义与分类，阐述了绩效考核的原则及内容，并对绩效管理系统的构成进行介绍，阐述了绩效考核的流程，分析了绩效考核的基本常用方法以及考核与绩效管理一体化三大方法。

主要概念

绩效　绩效公式　绩效考核　序列法　强制分配法　要素评定法　工作记录法　目标管理法　360 度考核法　关键事件法　平衡计分卡　考核面谈　晕轮效应　近因效应　首因效应　考核结果反馈　考核申诉

思考讨论题

1. 什么是绩效？什么是考核？你认为绩效考核对组织有哪些作用？
2. 绩效考核原则有哪些？你认为绩效考核时应该坚持的最重要原则是什么？
3. 简述绩效考核的基本流程。
4. 常用绩效考核方法包括哪些？你认为本章提到的各种绩效考核方法的优缺点是什么？请对它们的适用范围做出评价。
5. 以某个企业或组织为对象，设计一套员工绩效考核的方法和程序。
6. 绩效考核中一般可能存在哪些问题？
7. 分析各种不同角色的考核工作人员的长处和局限性。
8. 如何通过绩效考核与绩效管理，搞好组织的工作，提高组织的运行效率？

案例讨论

雨燕公司的员工考评

罗芸在雨燕公司担任地区经理快一年了。他分管 10 家供应站，每站有 1 名主任，负责一定范围内的客户的销售和服务。

雨燕公司不仅为航空公司提供服务，也向成批订购盒装中、西餐的单位提供所需食品。雨燕公司雇请所有需要的厨房工作人员，采购全部原料，并按客户要求的规格，烹制订购的食品。供应站主任负责订计划，编预算，监控分管指定客户的销售服务员的活动。

罗芸上任的头一年，主要是巡视各供应站，了解业务情况，熟悉各站的所有工作人员。通过巡视，他收获不少，也增强了自信。

罗芸手下的 10 名主任中资历最老是马伯兰。他只念过一年大专，后来进了雨燕公司，从厨房带班长干起，三年前当上了供应站主任。

近一年的接触，罗芸了解了老马的长处和缺点。老马很善于和他重视的人包括他的部下和客户们搞好关系。他的客户都是“铁杆”，三年来没一个转向雨燕的对手去订货的；他招来的部下，经过他的培养，有好几位已被提升，当上其他地区的经理了。

不过老马的不良饮食习惯给他带来了严重的健康问题，身体过胖导致的心血管病，加上胆囊结石，使他这一年里请了三个月病假。其实医生早警告过他，但他置若罔闻。再则，他太爱表现自己了，做了一点小事也要来电话向罗芸表功。他给罗芸打电话的次数，超过其他9位主任的电话数总和。罗芸觉得过去共过事的人没有一人是这样的。

由于营业扩展，公司打算给罗芸配一名副手。老马已公开说过，站主任中他资格最老，这地区副经理非他莫属。但罗芸觉得老马若来当他的副手，真叫他受不了，两人管理风格太悬殊；再说，老马的行为准会激怒地区和公司的工作人员。

正好年终考绩要到了。公正地讲，老马这一年的工作，总的来说，是干得挺不错的。雨燕公司的年度考绩表总体评分是10级制，10分是最优；7—9分属良，虽然程度有所不同；5—6分为合格、中等；3—4分是较差；1—2分最差。罗芸不知道该评老马几分。评高了，老马就更认为该提升他；太低了，他准大为光火，会吵着说对他不公平。

老马自我感觉良好，觉得跟别的主任比，他是鹤立鸡群。他性格开朗豪迈，爱去造访客户，也爱跟手下人打成一片，他最得意的是指导部下某种新操作方法，常常卷起袖子亲自下厨，示范手艺。跟罗芸谈过几次后，他已知道罗芸讨厌他事无巨细老打电话表功，有时一天两三次，不过他还是想让罗芸知道自己干的每项成绩。他也知道罗芸对他不听医生劝告饮食无节制的看法。他为自己学历不高但成绩斐然而自豪，觉得这副经理就该是他的，而这只是他实现更大抱负的过程中的又一台阶而已。

考虑再三后，罗芸给老马考绩总体分评了个6分。他觉得这是有充足理由的：因为老马不注意健康问题，病假三个月。他知道这分数远低于老马的期望，但他要用充分说理来坚持自己评的分。然后他开始考虑给老马各考评维度的分项分数，并准备跟老马面谈，向他传达所给的考绩结果。

讨论：

1. 你认为罗芸对老马的绩效考评用的什么方法？对老马绩效的考评合理吗？
2. 雨燕公司的绩效考评制度有什么需要改进的地方？你建议该公司应做哪些改革？

参考文献

[1]［美］雷蒙得·A. 诺伊. 人力资源管理：赢得竞争优势. 北京：中国人民大学出版社，2001.

[2] 张一驰. 人力资源管理教程. 北京：北京大学出版社，1999.

[3] 欧阳洁，曹晓峰. 绩效考核. 北京：清华大学出版社，2005.

[4] 胡勇军. 绩效考核与管理. 北京：机械工业出版社，2006.

[5] 方振邦. 绩效管理. 北京：中国人民大学出版社，2003.

[6] 付亚和. 绩效管理. 上海：复旦大学出版社，2004.

[7]［瑞典］尼尔韦-约兰·奥尔韦，卡尔-约翰·彼得里. 使平衡计分卡发挥效用：平衡战略与控制. 北京：中国人民大学出版社，2004.

第七章
人力资源的报酬——薪酬管理

本章要点提示

- 薪酬的有关概念
- 薪酬结构
- 薪酬管理学说
- 薪酬管理的原则
- 薪酬制度的类型
- 薪酬制度设计流程
- 影响薪酬水平的外部因素和内部因素
- 福利的含义及主要形式
- 社会保险的主要内容及我国的社会保险制度

引导案例

鸿运餐厅坐落于华宇市中心的一条繁华街道上，主要经营正宗的川菜。由于生意兴隆，老板陈胜决定扩大餐厅的规模。为增加人手，陈胜通过一家人才中介机构聘请了12名员工，其中两名是40岁以上的当地下岗妇女，陈胜让她们给厨师打下手，从事食品的清洁和准备工作，月薪800元。其余的10名员工都是20到30岁之间的年轻人，他们或多或少都有一些在餐厅打工的经验，月薪600元。虽然从表面上看，服务员的工资要低于厨房帮工，但是如果服务员在工作时尽心负责，那么可能获得的小费也会是一笔不小的数目。

装修一新的鸿运餐厅再次开业后，陈胜却发现员工内部的矛盾已经日益凸显。矛盾的起源是厨房帮工和服务员之间的对抗。厨房帮工认为服务员挣了比她们所应得的多得多的钱，因为，厨房这么辛苦，每个月却只能拿800元的定额工资。在燥热又不能通风的工作间，每晚听着服务员谈论着他们在小费中赚了多少钱，这一切激怒了厨房帮工，她们认为这非常不公平。但服务员们却认为人人都会切菜洗杯子，他们觉得自己在个人素质和职业化程度上要比厨房帮工优秀得多。

陈胜在亲眼目睹了几次明争暗斗之后，经过认真考虑，决定通过加薪来解决这个问题。具体策略是：厨房帮工加薪 200 元，服务员加薪 100 元。于是弥漫在餐厅中的紧张气氛暂时消失了。但是，不久陈胜发现问题不像他一开始想象的那么简单。第一，厨房帮工的积极性并没有改观；第二，服务员因老板只给他们加了 100 元而心存不满，甚至有一两个人还因为打听到别的餐厅月薪 800 元而透露过跳槽的念头；第三，厨师们因没给他们加薪也有不满情绪；第四，这是令陈胜最郁闷的：花钱给人加薪，却落了个里外不是人！于是他不断反思：为什么加薪导致所有人都不满？问题究竟出在哪儿？

本章的学习将会使你找到答案。

第一节 薪酬管理理论

一、薪酬的基本范畴

（一）薪酬

薪酬（Compensation），是指用人单位以现金或现金等值品的方式付出的报酬，包括员工从事劳动所得到的工资、奖金、提成、津贴以及其他形式的各项利益回报的总和。所谓“薪”，原意为草柴，是具有一定使用价值的物品；在经济活动中，“薪”则特指雇佣劳动的代价，它一般以金钱形式出现，如薪水、薪金。所谓“酬”，是给予的回报，它具有一定的褒义色彩。“薪”“酬”二字放在一起，就有组织对于员工的劳动给予承认和褒奖的含义。

薪酬一词有广义和狭义之分。狭义的薪酬是与“劳动”直接联系的部分，“工资”一词“因工作而花费的钱财”的字义正好反映了狭义薪酬的内涵。广义的薪酬则是与上述雇佣关系有关的组织各项付出或员工得到的酬劳，包括用人单位的福利和各种其他的待遇，进一步还有其他使员工获得利益和承认、满足个人需求的内容，例如在工作中参与决策等。

（二）工资

从微观意义上看，工资是指人力资源个体被一定的用人单位雇用后，完成规定的工作任务而作为劳动付出所换取的、由该用人单位支付的货币报酬。在一般情况下，工资构成薪酬的主体部分。

工资是工薪劳动者的主要经济来源，员工自然对工资非常关注，因此，工资也就成为组织人力资源开发与管理的重要内容，并成为重要的激励手段。

工资作为各种形式的劳动报酬的总称，其主要形式有：

第一，计时工资。计时工资是按照劳动者的技术熟练程度、劳动繁重程度，以一定的工作时间长短为标准而支付的工资。计时工资的数额由工资标准和工作时间规定。计时工资的标准，一般体现在某个系列和等级的员工的工资级别上，例如汽车制造厂的六级钳工、经贸公司的二级营销员。

第二，计件工资。计件工资是用人单位按照员工生产合格产品的数量或完成合格工作任务的数量（如推销的件数或销售额），以预先规定的计件单价为标准支付工资的形式。从一定意义上讲，它是计时工资的转化形式。

第三，奖金。奖金的性质是超额劳动的报酬，其类型多种多样。奖金是一种灵活、有效的常用工资形式，在人力资源薪酬管理方面有着非常大的使用价值，其激励作用有时能够为组织带来巨大的经济效益。

第四，津贴。津贴是员工工资的补充形式，是按岗位的具体条件和劳动的特殊内容（如业务出差、在医院的传染科工作）以及其他因素（如物价、住宿）发放的。

（三）人工成本

从微观意义上看，人工成本是用人单位在用人方面付出的所有相关费用的总和。节约人工成本、提高经济效益是人力资源开发与管理工作的重要目标。人工成本包括三大方面的内容：

（1）员工个人所得的工资薪酬的各项内容；

（2）用人单位支付的社会保险费用、培训费用、住房开支等用于员工的各项开支；

（3）人力资源开发与管理的各项工作成本，例如人力资源部门工作成本、招募成本等。

二、薪酬的结构

人力资源的薪酬福利是组织对于人力资源所做贡献的回报，它有不同的内容。从总体上看，薪酬福利的内容结构如图 7－1 所示。

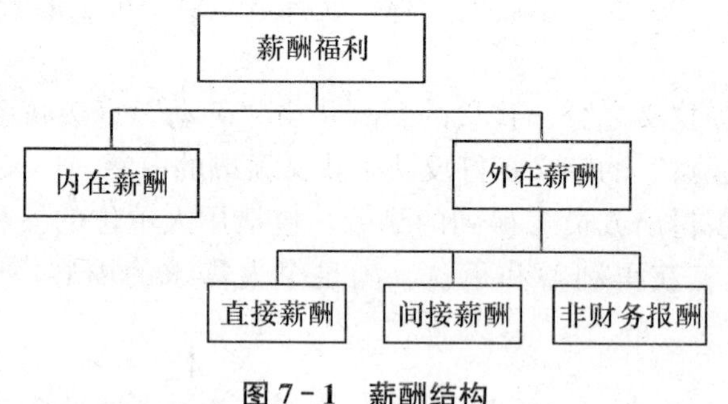

图 7－1　薪酬结构

（一）内在薪酬

如前所述，狭义的薪酬是与“劳动”直接联系的部分，广义的薪酬有着广泛的内容，包括劳动付出所得的酬劳、福利待遇和满足个人心理需求等。满足心理需求方面的内容不是经济性的内容，而是非物质性的、无形的报酬。具体来说其内容包括：工作中参与决策；较大的工作自由度；较大的责任；个人有兴趣的工作；成长的机会；活动的多元化。内在薪酬是所从事“工作”的本身给员工带来的酬劳，可以说，它是相当有效的激励手段。

（二）外在薪酬

与内在薪酬相比，外在薪酬属于经济性待遇，它包括直接薪酬、间接薪酬和非财务报酬。

1. 直接薪酬

直接薪酬是一般意义上的工资收入，这是人力资源报酬的主体。它包括基本薪酬（计时工资或计件工资）、奖金、工资性津贴、加班工资、业绩工资（如营销员底薪之外的销售提成）、分红、利润分享、股权期权等。津贴的种类较多，有的是低差异、高刚性，如地区津贴、班主任费；有的则是高差异、低刚性，如技术津贴、出差补贴。

在直接薪酬中，与人力资源管理相关的根本问题之一是“死”工资与“活”工资的比例，这关系着组织文化和对员工的激励力度。

2. 间接薪酬

间接薪酬包括组织的福利开支、人力资源养护费用（如医疗保险、养老保险等）和非工作时间（节假日和病假）的经济给付。组织的福利项目众多，如带薪休假、住房补贴、免费午餐、员工食堂或伙食补助、交通接送或交通补贴、培训教育资助、家庭困难补助、集体组织旅游、节日生日礼物、优惠实物分配等。

组织的福利对于员工而言，是有享用权利差异的：有的福利项目是所有职工享有的全员福利；有的福利项目是专门福利，如对高层人员的轿车、飞机乘坐待遇；有的福利项目属于困难补助，针对若干处于困难中的员工家庭；有的福利项目带有一定的激励性质。由于人们的需要众多、差异很大，可以实行由员工选择项目内容的自助、弹性福利计划。

3. 非财务报酬

非财务报酬是个人不领取款项，但需要组织给予一定经济付出的待遇。例如，较舒适的办公室环境和设施、特定的餐厅和停车位、配备个人秘书，以及动听的头衔等。

三、收入分配的理论基础——劳动的形态

劳动是取得报酬的原因，因为它为组织创造了价值。人力资源薪酬的分配构成组织价值分配的一个部分。但是，劳动是复杂的，因而薪酬以及福利分配也是复杂的。这里首先对劳动的三种形态进行比较。

（一）潜在劳动——可能的贡献

潜在劳动是实际上人的劳动能力，这是招聘和任职时对人力资源个体的预期效益进行估算的依据。应当指出，把它作为组织进行价值分配的依据是并不恰当的，其缺点在于它是尚未使用、尚未创造价值的事物，因此，应当在其得到使用并形成劳动成果以后，再进行成果与预付价值的“结算”。

（二）流动劳动——现实的付出

流动劳动是人力资源个体在工作岗位上的活动，它是已经付出的劳动，用之作为发放劳动报酬的依据，显然比潜在劳动要好。但是，也可能一个人虽然付出了劳动，但由于个人、组织或市场的原因其价值最终不能得到实现。因此，流动劳动作为价值分配的依据也有一定的局限性，因此也不能作为根本的衡量标准。

（三）凝固劳动——实现的价值

凝固劳动是劳动后的成果，如产量是多少、销售额有多少等，这是劳动创造价值的具体表现，因而应当是衡量劳动价值的最好方式。大部分组织和工作岗位都应当以此来进行计量，发放工资薪酬。但是，在一些员工的工作难以与业绩直接对应、合理挂钩时（例如

消防队员、学校的班主任），或难于进行工作评价时（例如新产品研究开发人员），是无法使用这种方法的。

四、薪酬管理主要学说

（一）分享理论

1. 利益分享的含义

所谓利益分享，是指员工的工资不是按工作时间确定固定的工资，而是与雇主共同分享企业经营的利益，亦即员工工资占企业经营收入的一定比例。美国经济学家马丁·魏茨曼主张，员工的报酬要采用“工资制”和“利益分享制”两种模式，就是要把员工的利益与企业的经营效益挂起钩来。

20 世纪 30 年代，凯恩斯提出经济病症的性质是“有效需求不足”，原因在于消费倾向下降、资本边际效益下降和货币灵活偏好三个方面，解决的办法是国家进行干预，创造有效需求。20 世纪 60 年代中期以后，发达国家出现了经济长期滞胀局面，凯恩斯主义政策失灵，反滞胀成为经济学的首要任务。马丁·魏茨曼针对这种经济恶化趋势，提出了劳资双方分享企业经营利益的原则。该学说成为经济学领域的创新理论。

2. 利益分享的作用

利益分享论认为，在传统的工资制度中，工人的工资与厂商的经济活动、经济效益无关，是一种固定成本。在产品市场不景气时，厂商只能减少生产和缩减用工数量而不能降低成本、降低产品价格以适应市场，因而导致市场收缩和失业。当社会为消灭这些失业而采取扩张性财政政策和货币政策时，又导致了通货膨胀。因此，工资问题成为造成整个宏观经济问题的根本性病因。要摆脱经济滞胀局面，需要对其根源——工资制度动大手术，要将这种“员工劳动报酬”式的工资制度，改变为“工人与雇主共同关心劳动成本节约”的制度，使单位产品的劳动成本随就业的增加而下降。当一个国家的全部（或大多数）企业都实行利益分享制时，经济就会平衡扩张、顺利发展。

利益分享论为现代人力资源管理提供了重要的思想方法，它在一定程度上承认了员工的主人地位，也提出了卓有成效的薪酬管理方法。经济学者用朴素语言将此描述为“馅饼做得大一点”，大家就都能多分一些，而“馅饼”做大的动力正在于员工们的自觉努力工作。

（二）公平理论

美国学者斯达西·亚当斯提出公平理论。该理论指出，当一个人察觉到自己在工作上的努力（投入）对由此所得到的报酬（所获结果）的比，与其他人的投入对结果的比相等时，就认为是公平的。这说明人们在判断分配是否公平时，并不是比较所获结果的绝对量多少，而是比较付出与所得的比值。该公式为：

$$\frac{\text{自己所得}}{\text{自己付出}}=\frac{\text{他人所得}}{\text{他人付出}}$$

在确定一个单位的工资水平和工资政策时，公平性是重要的出发点。实际上，组织必须顾及两个方面的公平性：内部的公平性和外部的公平性。内部公平性指企业内部的职工感觉公平，认为基本上做到了劳酬相符。进一步来说，内部公平是把报酬基点建立在科学的职务分析上和个人劳动得到恰当的承认和补偿的“个人公平”方面。外部公平性则是指企业的工资水平必须以市场工资率为基准，进一步来说是要在与同行业的竞争中有利于吸引和留住人才。公平理论可用图 7-2 说明。

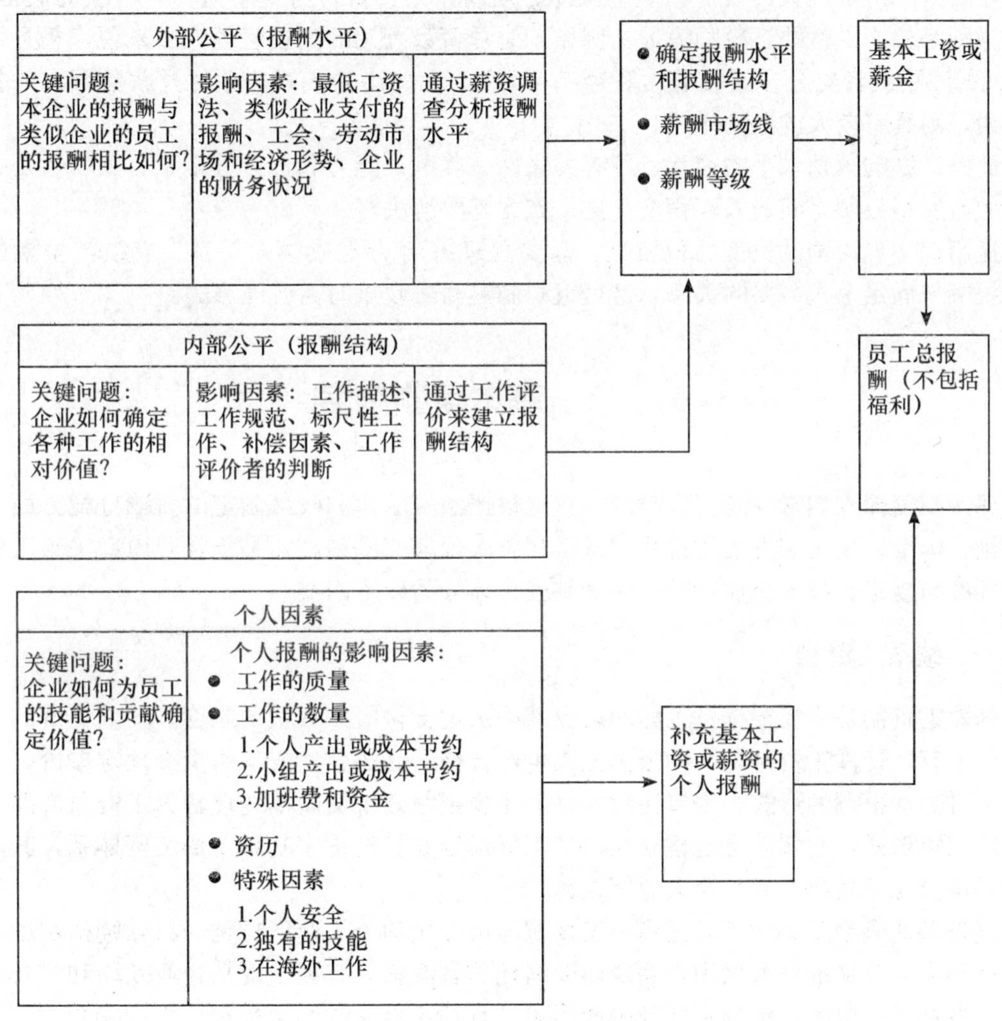

图 7-2 公平理论

资料来源：张一驰．人力资源管理教程．北京：北京大学出版社，1999：229.

（三）激励理论

激励理论是非常重要的管理理论，也是非常重要的人力资源开发与管理理论。美国心理学家弗鲁姆的期望理论在激励理论中占有重要作用，它着重研究目标与激励之间的规律。按照期望理论，人是通过选择一定的目标，然后做出努力以实现这一目标，从而直接或间接地满足自身的需要的。人在行动之前进行目标选择时是有对行为结果的某种预期的，这种预期本身就是一种力量，它能够激发人的动机，调动人的积极性。激励力量的大小取决于两个因素：一是效价，即所追求目标的价值；二是期望值，即所追求目标得以实现的可能性的大小。用公式表示为：

$$激励力量 = \sum 效价 \times 期望值$$

这个模式说明：目标价值和期望值的不同组合，决定着不同的激励程度，要使对被激励对象的激励力量最大，效价和期望值都必须高；只要效价与期望值中有一项的值很低，对被激励对象来说就缺乏激励力量。例如，对月薪数万元的高层管理人员来说，每月发放100元的津贴或者奖金，其效果几乎为0；而几十元的津贴或者奖金对月薪数百元的打工仔来说，则具有较大的激励作用。

此外，影响激励水平的因素，还有关联性、奖酬、能力和选择等因素。关联性是指工作绩效与所得报酬之间的关联程度，这一点尤其要解决好。

运用期望理论调动员工的积极性，需要处理好努力与成绩的关系、成绩与报酬的关系、报酬与满足个人需要的关系，这是组织制定薪酬政策时需要注意的。

第二节　基本薪酬制度

薪酬制度即人们常说的工资制度，它是根据国家法律和政策制定的薪酬分配方面一系列准则、标准、规定和方法的总和。从微观层次理解薪酬制度，是指企业内部关于工资管理的标准与规定。我国企业现行的薪酬制度大体分为以下四类。

一、绩效工资制

绩效工资制是主要根据员工的动态业绩来决定支付报酬数量的制度。绩效工资的前身是计件工资，计件工资制是一种依据工人生产合格产品的数量或工作量按预定单价标准计算并支付劳动报酬的形式。需要注意的是，不要把绩效工资简单地理解为工资与产品数量挂钩的工资形式，它实际上是建立在科学工资标准和管理程序基础上的工资体系，其基本特征是将员工的薪酬收入与个人业绩挂钩。

绩效型薪酬制度的优点，是将员工薪酬与可变化的个人业绩挂钩，将激励机制融于企业目标和个人业绩的联系之中，薪酬向业绩优秀者倾斜，有利于提高企业效率和节省人力成本，有利于突出团队精神和提升企业形象，有利于增大激励力度和员工的凝聚力。其缺点是容易导致员工短期行为，同时也不利于员工综合素质的提高和潜能的开发。

二、技能工资制

技能工资制是以劳动技能等级为依据，以劳动者实际劳动质量和数量为标准确定报酬的多元组合的工资类型。企业定出员工工作的技术等级及考核标准，并按其已显现出来的能力确定其薪酬等级，支付相应报酬。如果员工具备了更高的能力，可以向企业提出升级的请求，而高职位是有限的，人人都要努力争取，经过优胜劣汰后上升一级。因此，技能型工资制度有利于员工的自觉进步。

技能工资制度也有不足之处，即有些工作比较艰苦，与绩效计量也不直接挂钩，容易造成企业一些岗位留不住人才的问题。

三、资历工资制

资历工资制是以职工个人的年龄、工龄、学历、本专业工作年限等因素为依据的薪酬制度，是劳动积累工资。这种工资制度起源于第二次世界大战，20世纪50年代在日本颇为流行，它与终身雇佣制一起，构成了独具特色的日本企业的薪酬管理制度。

这种工资制度的显著优点是最大限度地稳定了企业员工，增强了员工对企业的认同感和归属感。但随着社会的进步和经济的发展，这种强调资历、不直接与绩效挂钩的工资制度的弊端日益显露，带来的后果是员工年龄结构老化、企业工资成本急剧增加、企业负担加重等。

四、结构工资制

结构工资制是一种复合型的工资制度，是将职工工作的职务与绩效，同其技能、资历等因素复合后来加以考虑的一种薪酬制度。把职工的工资分解成哪几个部分，目前尚不统一，一般分解为固定工资（基础工资、年功工资）和变动工资（技能工资、岗位或职务工资、超额工资）两大部分。

结构工资制度较好地体现了工资的几种不同功能：工龄、学历、职务，主要反映了劳动的潜在形态；劳动工作态度、劳动条件，主要反映劳动的流动形态；劳动成果、贡献（积累贡献），主要反映劳动的凝固形态；而员工的最低工资则保障了劳动者的基本生活需要。结构工资不仅全面地反映了这些因素，而且还有利于克服工资分配中的平均主义。实行结构工资制需要特别注意的是，要把握好各部分工资在工资总量中的比例关系。

五、宽带薪酬

这是一种新型的薪酬管理制度，正逐渐被导入中国的一些企业。所谓“宽带薪酬”，就是企业将原来众多的薪酬等级压缩成几个简单的级别，同时将每一个薪酬级别所对应的薪酬浮动范围拉大，从而形成一种新的薪酬管理系统及操作流程。在这种薪酬体系设计中，员工不是沿着公司中唯一的薪酬等级层次垂直往上走，有的时候他们可能都只是处于同一个薪酬宽带之中，他们在企业中的流动是横向的，员工即使是被安排到低层次的岗位上工作，也一样有机会获得较高的报酬。

第三节　薪酬方案设计

一、薪酬管理原则

（一）薪绩一致

薪绩一致，是现代薪酬管理的基本理念和首要原则。薪绩一致，也体现在“奖罚有据”上。为了达到这一原则，要求组织的薪酬制度比较完善，要在日常管理中加强工作考核，并以此为依据来计算和发放工资。

（二）业绩优先

在组织的薪酬制度中，要贯彻“业绩优先”的原则。业绩优先，也就是要注重工资的激励作用。

对于结构工资，应加强其中效益工资的比重，以加强效益工资的调节力度；对于计件工资或类似的销售工资，应认真核定计件单价，并采取业绩系数递增制；对有重大贡献者要给予重奖；对工资水平固定的计时工资，在工作者出色地完成了工作任务后，应给予一定的奖励。

（三）分享利益

随着组织的发展和经济效益的提高，员工应当分享企业发展得到的部分利益。这体现为奖金发放、年底分红、工资升级等。优异地完成了经营目标任务、对组织做出杰出贡献的高级经营管理人员，更应当获得一定的利润分享。应当认识到，这种“分享”的支出，会换取员工很大的工作动力，因而可能带来相当高的经济回报。利益分享的形式与水平，要经过董事会审核、批准。

（四）目标管理

目标管理主要体现在高层经营管理人员的年薪制业绩目标和分部门经营管理者的工作任务承包上。其实质，是管理人员通过对企业生产经营的全面承包，来取得合理的经济回报。年薪制既可以给予经营承包人比较稳定的高工资，承认其作为企业家的角色，又能根据其业绩给予其相当的回报，较好地实现按劳付酬，从而调动经营者创造效益的才能，达到激励和约束的作用。

（五）合乎法律

包括国家劳动法、地方劳动法规、劳动行政部门颁布的管理规定等。

二、岗位工作评价

（一）岗位工作评价的目的

为了使工资薪酬的分配符合公平性和科学性的原则，用人单位在确立自己的工资水平时，要在组织内部进行岗位工作评价，以实现劳酬相符；还要对外部的同行单位的工资进行调查，把握和比较本组织工资水平与市场工资水平的关系，使自己拥有合理的薪酬策略。岗位工作评价是组织薪酬管理的基础和出发点。

岗位工作评价，与前面章节的工作分析和职务分析基本上是同一范畴，这里使用“岗位工作”的概念，是侧重对员工在某职务或岗位的工作中所支出的劳动量的衡量，即以某个职务分析结果——职务说明书为依据，衡量、判断该工作岗位与其他岗位相比应当付与多少薪酬，这就使组织确定工资薪酬标准有了客观依据，从而达到薪酬分配的内部公平性。

（二）岗位相对关系的确定

为了达到薪酬分配的内部公平性，必须解决好组织内部各个岗位间的相对关系。要从组织的职务说明书出发，考虑工作中的劳动定额以及一些其他的因素（如工作角色的重要性、劳动环境等），确定工作岗位的等级或职级。岗位的相对关系，可以分为“纵”“横”两个方面。

从纵向的角度看，同类型的一系列工作岗位中，有高低不同的等级，例如技术员、助理工程师、工程师、总工程师等等级。一般来说，工作量付出多的岗位，就评为较高的岗位等级或职级；工作量付出少的岗位，就评为较低的岗位等级或职级。因此，反映工作付出和劳动贡献的岗位等级（或职级），就能够直接与工资报酬挂钩了。等级较高的岗位支付相对较多数量的工资，等级较低的岗位支付相对较少数量的工资，这就形成了组织内部职工所付出的劳动量与所获取报酬的比值大体相当的格局，即达到了薪酬的内部公平。

从横向的角度看，各个组织中都有不同的工作类型或工作系列，例如公司中有生产、营销、技术、管理、后勤等系列，大学中有教师、资料管理、教务管理、后勤服务等系列。属于不同的工作系列但处于同一岗位等级的岗位，应当支付大致相等的工资，这也体现着薪酬的内部公平。

岗位评价方法即职务分析的步骤，这里不赘述。

三、市场薪资调查

岗位工作评价是对本组织的岗位工作所支出的劳动量进行衡量评价，组织根据岗位工作评价结果制定自己的基本工资标准，确定本组织的工资水平。但这一标准是否符合同行业的工资行情（市值）、是否符合同行业的市场工资率，有赖于市场薪资调查。

对同行业进行市场薪资调查的方式，主要有以下几种。

（一）非正式调查方式

1. 电话询问

对于调查小部分岗位的工资，电话询问是收集资料的好方法。在市场竞争激烈的情况下，组织往往对自身的工资资料保密，但有时可以通过电话询问的方式得到一定的信息。例如，在某公司招聘会计时，可以打电话询问其会计岗位的工资报酬情况，从而取得这一岗位的工资资料。

2. 非正式讨论方式

在各种有关的专业会议上，可以通过会下交流的方式询问同一产业、同类型单位的工资薪酬情况。

3. 应聘人员

通过询问前来应聘的人员和新录用的员工，可以收集到他们原供职单位的工资福利资料。

4. 其他方式

从一些单位的招聘广告中，以及从本单位流出的员工处，也可以获得其他单位薪酬福利的有关资料。

（二）正式调查方式

正式调查方式包括通过问卷和访问的方式收集有关资料。该调查方式的优点在于它可以调查得很详细；缺点是所花费的时间较长，而且许多单位出于保密的原因，拒绝回答问题，容易造成访问不能顺利进行和问卷回收率低等问题。

采用这一方式时，要注意做好以下工作：

（1）确定调查范围。调查的范围一般应选择同一地区、同一行业、同种规模的企业，以求工资结构大致相同。

（2）选择调查对象。调查对象应选择具有可比性的工作岗位，即所调查的岗位同本企业的相关岗位在工作性质、工作职责、工作条件以及所需资格条件等方面应基本一致。简言之，所调查的岗位应该是本行业具有代表性、典型性的岗位。

（3）确定调查内容。一般来说，调查的内容包括基本工资、附加工资、奖金、福利、分红、保险和企业的工资结构等。

（4）进行调查。

在调查前，要努力争取被调查单位的支持与合作，最好的方式是签订资源共享协议。这里的资源共享，是指在对方提供有关信息和资料后，把调查汇总结果提供给对方。在提供的汇总材料上，不能出现各个被调查企业的名称，而应使用企业代号。

（三）统计部门或专业机构提供

组织可以从政府统计部门或专业研究机构每年发表的调查报告和统计资料中，获得有关行业、系统各有关职业及其级别的工资资料。例如，我国政府的劳动保障部门发布的"劳动力市场价位"、各地人才市场的工资信息。

在市场薪资调查之后，要把所得到的各种数据进行整理，汇总成表，以供制定本组织的工资薪酬方案之用。

四、绘制工资等级表

设计组织薪酬制度，比较简便易行的方法是，根据组织岗位工作评价的结果绘制反映现行薪酬水平的工资等级表。

（一）设计职务工资类型

根据员工担任的岗位职务支付的工资，即职务工资。职务工资有单一型和范围型两种类型。

1. 单一型

单一型的工资类型是一职一薪，即对每一个职务（或岗位）等级仅仅设一个工资额。例如，7 个职务等级有 7 个工资额，或 7 个岗位有 7 个工资额。显然，这是一种很简单的工资类型。

对于单一工资在实施中过于简单、划一的问题，在具体的薪酬管理中一般可以采取奖金、津贴等方式加以弥补。

2. 范围型

范围型是一职多薪即一个职务（岗位）等级内设若干工资级或薪阶，从而使一个职务等级内具有若干工资额。实行职务工资制的组织，多采用范围型。美国联邦政府的薪俸表和我国公务员的工资等级表都属于一职多薪的类型。

从范围型职务工资来看，由于一职多薪，每一个职务等级即工资等级都有一个最高点（顶薪点）和最低点（起薪点）工资额，它们之间的差额叫做工资幅度（或薪幅），这个幅度表示每个工资等级可能支付的范围。

由于范围型工资设定了工资幅度，因而具有以下两个优点：（1）具有灵活性。组织可以根据劳动市场的变化，适当地对工资待遇进行调整。为了吸引人才，组织还可以选择某个职务等级内的较高级别工资待遇。(2) 在同一职务（岗位）等级内，组织可以根据员工的绩效优劣和工龄长短等不同情况给予差别待遇。这可以成为对人力资源进行长期管理的手段之一。

（二）确定职务工资级差

范围型职务工资在工资级差设计中有两种类型——无覆盖式和覆盖式。

1. 无覆盖式工资

即上一个职务等级（或岗等）的最低一级工资大于或等于下一个职务等级（或岗等）的最高一级工资。

例如，营销员工资为 500～1 200 元，高级营销员工资为 1 200～2 500 元（或1 300～2 500元），明星营销员工资为 2 500～5 000 元（或 2 600～7 000 元），营销经理工资为5 000～7 000 元（或 5 100～7 000 元），如图 7－3 所示。

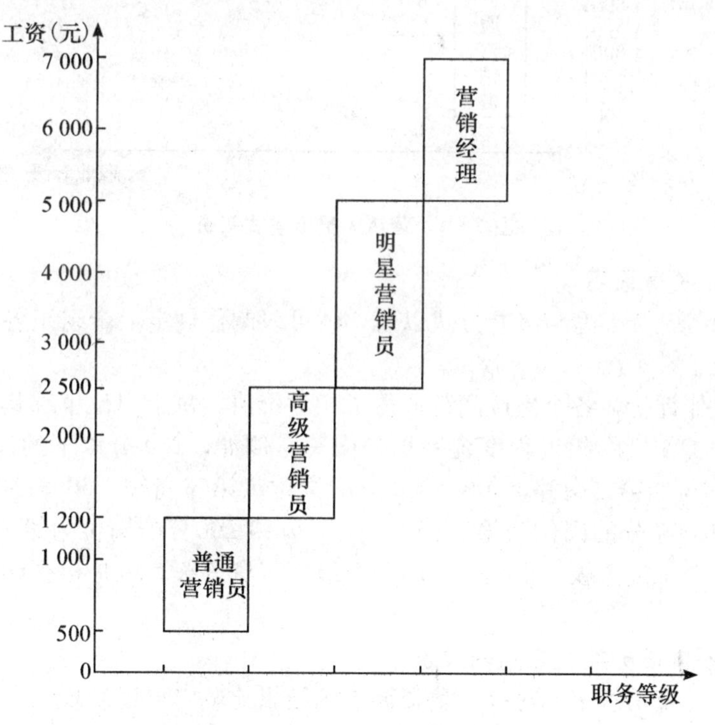

图 7－3　营销人员无覆盖式工资

2. 覆盖式工资

即上一个职务等级的最低一级工资等于下一职务等级的中间级工资。也就是说，在两个相邻职务等级之间工资有部分重叠。与无覆盖式工资相比，覆盖式工资一般成本低，具有较强的灵活性，而且能使那些职责内容差别不太大的岗位，工资差距不致过分悬殊。

例如，营销员工资为 500～1 800 元，高级营销员工资为 1 200～3 000 元，明星营销员工资为 2 600～5 000 元，营销经理工资为 4 000～8 000 元，见图 7－4。

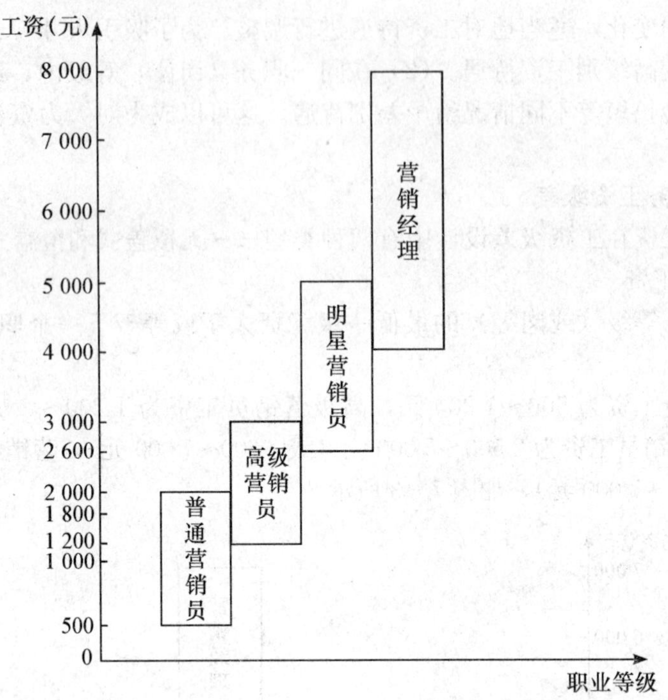

图 7-4 营销人员覆盖式工资

(三) 绘制工资等级表

在明确了职务工资类型与级差方式以后，就可以制作规定一个组织各种工资水平的完整的工资等级表了。

通过岗位工作评价，各个岗位间都取得了相对价值，每个岗位也都具有了分值。在此基础上，要根据工作量的相近程度统一划分岗等。例如，200 分以下的岗位为第一岗等，200～400 分的岗位为第二岗等，400～600 分的岗位为第三岗等，600～800 分的岗位为第四岗等，800～1 000 分的岗位为第五岗等，1 000～1 200分的岗位为第六岗等……至此，一个岗等就是一个工资等级，也是一个职务等级。工资等级表就是根据岗位工作评价的结果绘制的。

(四) 协调不同职务类型之间的关系

将本组织的工资等级表与对社会薪资调查的结果比较，可以发现二者在对应的职务等级工资之间的差别。

如果二者大致拟合，或者差别不大且可以解释，抑或有理由存在相当差异时，就可以参照社会水平制定或修订自己的各个系列、各个等级的工资数额，最后形成本组织的等级表。

如果二者偏离太大，就需要进行分析，在差异明显的地方对工资数额进行调整。

五、薪酬水平的社会定位

这里的薪酬水平定位，是指本组织的薪酬水平与社会同行业的薪酬水平的比较。

(一) 趋同政策

如果本组织的薪酬政策是要趋同于社会同行业的薪酬水平，该组织就要根据同行业的工资水平来确定自己的工资水平。从理论上讲，对低于市值的岗位，要增加工资以达到市场水平；对高于市值的岗位，则应相应降低现行工资以符合市场水平。

但是在现实生活中，如果调低员工的工资，会极大地挫伤员工的积极性。为了避免这一问题，一般的做法有三种：其一，暂时停止增资或减缓日后的增资幅度，使偏高的工资在一段时间后回落到市值水平；其二，在可行的情况下，增加员工的岗位工作量，提高员工的工作效率，使其劳动贡献与工资待遇相符合；其三，对具备资格条件的员工予以调职或晋升。

(二) 高工资政策

在组织具有经济能力的情况下，也可以实行高于市场薪酬水平的政策。应当注意的是，如果组织的工资水平提高过多，则会增加人工成本、缩小利润空间，使产品失去竞争力。

在实行高工资政策的情况下，如果员工因获得较高工资而受到激励，进而提高了工作效率，则可能是另一种情况：工资虽然偏高，但提高了利润，从而获得经济效益。同时，高工资能吸引外界优秀人才和保留内部优秀人才，可能取得极好的经济效益。

(三) 低工资政策

如果组织的规模小、财力有限，并且经营不善，则只能采用低工资政策。需注意，工资水平过低，是无法吸引优秀人才的，原有的人才也会逐渐“跳槽”、另谋高就。

第四节 福 利

福利是薪酬体系中的一个重要组成部分，是用人单位为改善与提高员工的生活水平，增加员工的生活便利度，而对员工予以免费给付的经济待遇。

与直接薪酬相比，福利具有自身独特的优势：首先，其形式灵活多样，可以满足员工不同需求；其次，福利具有典型的保健性质，能够减少员工的不满意，有助于吸引和保留员工，增强企业的凝聚力；再次，福利还具有税收方面的优惠，可以使员工得到更多的实际收入；最后，由组织集体购买某些产品，具有规模效应，可以为员工节省一定的支出。

一、福利的功能

相对于组织提供给员工的工资、奖金等直接报酬而言，福利属于间接薪酬，它在整个薪酬体系中发挥着与直接报酬不同的功能。具体而言，福利的功能主要有以下几个：

(一) 吸引和保留人才

福利是组织体现其管理特色的一种工具，另一方面，员工本身也存在着对福利的内在需求，因此，越来越多的求职者在进行工作选择时，将福利也作为十分重要的因素来考虑。那么对于组织来讲，是否能够向员工提供有吸引力的、能够切实给员工带来效用的福利计划，就成为组织能否吸引人才和保留人才的十分重要的因素。

（二）增加员工满意感，提高组织的业绩

良好的福利使员工无后顾之忧，提高对组织的满意感，达到与组织荣辱与共，从而全身心投入工作。可见，良好的福利为提高组织的经营业绩奠定了良好的基础。

（三）降低员工流动率

员工流动率过高必然会使组织的工作受到一定损失，而良好的福利会使许多可能流动的员工打消流动的念头。

（四）增强组织凝聚力

组织的凝聚力由许多因素组成，但良好的福利无疑是一个重要的因素，因为良好的福利体现了组织高层管理者“以人为本”的经营思想。

（五）传递企业的文化和价值观

现代组织越来越重视员工对组织文化和价值观的认同，而福利恰恰是体现组织的管理特色、传递组织对员工的关怀、创造一个大家庭式的工作氛围和组织环境的重要手段。

二、福利的主要形式

福利可分为经济性福利、非经济性福利和保险福利三类，如表 7－1 所示。

表 7－1　福利体系的组成及其主要形式

类型		内容
经济性福利	额外金钱收入	年终、中秋、端午、国庆等过节费、加薪；分红、物价补贴、购物券等
	超时酬金	超时加班费、节假日值班费或加班优待的饮料、膳食等
	住房性福利	免费单身宿舍、夜班宿舍、廉价公房出租或廉价出售给本企业员工、提取购房低息或无息贷款、发放购房补贴等
	交通性福利	接送员工上下班的班车服务、市内公交费补贴以及报销、交通工具的保养费、燃料费补助等，交通部门向员工提供的折价票购买权或内部签票权
	饮食性福利	免费或低价的工作餐、工间休息的免费饮料、食费报销、伙食补助、免费发放食品、集体折扣代购食品等
	教育培训福利	在职或短期的脱产培训、企业外公费进修（业余、部分脱产或脱产、出国深造）、员工子女入托补助、报刊订阅补贴、专业书刊购买补贴等
	医疗保健福利	免费定期体检、免费防疫注射、药费或滋补营养品报销或补贴、职业病免费防护、免费或优惠疗养等
	带薪休假	节日、假日以及事假、探亲假、带薪休假等
	文体旅游福利	为员工祝贺生日、集体旅游、提供疗养机会、体育锻炼设施购置等
	金融性福利	信用储金、存款户头特惠利率、低息贷款、预支薪金、额外困难补助金等
	意外补偿金	意外工伤补偿费、伤残生活补助、死亡抚恤金等
	其他生活福利	洗澡、理发津贴、降温、取暖津贴、服装津贴或直接提供的工作餐，优惠价提供本企业产品或服务等

续前表

类型		内容
非经济性福利	咨询性服务	比如免费提供法律咨询、员工心理健康咨询等
	保护性服务	平等就业权利保护（反种族、性别、年龄、歧视等）、隐私权保护等
	工作环境保护	比如实行弹性工作时间，缩短工作时间，员工参与民主化管理等
保险福利		工伤保险、失业保险、养老保险、医疗保险、生育保险、个人财产保险、离退休福利等

资料来源：周贺来．人力资源管理实用教程．北京：机械工业出版社，2009：158.

三、自助式福利计划

企业发放福利的本意是为了更好地提高员工的士气，激励员工更加努力地工作。然而福利发放不当，却会产生相反的效果，伤害员工的感情。福利的发放只有针对员工的需要才能起到激励作用。目前，有一些企业采用自助式福利发放形式。

所谓自助式福利，也称弹性福利，是指由员工自行选择福利项目的福利管理模式。其做法是由企业提供一份供员工选择的福利清单，让员工自己选择，各取所需。允许员工在一定范围之内、在企业指定的多项福利计划中选择，具有一定的灵活性，使员工更有自主权。现有的自助式福利主要包括附加型自助福利、核心加选择型福利、自助福利账户、福利“套餐”和浮动福利制等类型。

第五节　社会保险

社会保障制度是具有强制性的范畴，是各用人单位进行人力资源管理时所必须执行的内容。我国的社会保障项目，包括社会保险、社会福利、社会救济和社会优抚四个方面。搞好社会保障是建立完善的人力资源养护体制的需要。从用人单位的角度看，社会保障主要是社会保险。我国的社会保险包括五大内容：养老保险、医疗保险、失业保险、工伤保险和女性员工的生育保险，在缴费时一般实行“五保合一”的办法。下面对其中的三个最主要的项目进行阐述。

一、医疗保险

（一）医疗保险的含义

医疗保险是指当个人生病或非因工负伤时，由国家和社会给予一定的经济补偿与医疗服务的一种社会保障制度。医疗保险的根本功能，是使受到疾病侵害的人力资源的工作能力得到恢复。医疗保险通常是由国家建立基金制度，强制实施。我国的保险费用由用人单位和个人共同缴纳。医疗保险能够将集中在个体身上的由疾病风险所致的经济损失分摊给所有参加保险的社会成员，并将集中起来的医疗保险资金用于补偿由疾病风险所带来的经济损失。

（二）我国的医疗保险制度

我国现行的企业职工基本医疗保险制度，基本上覆盖了城镇所有用人单位及职工，实行社会统筹和个人相结合的模式。

我国用人单位所缴纳的基本医疗保险费分为两部分：一部分用于建立统筹基金；另一部分划入职工个人账户，该部分约占用人单位缴费的30%左右。职工缴纳的基本医疗保险费，则全部记入个人账户。个人账户的本金和利息归个人所有，但只能用于支付本人的医疗费。在这种体制下，统筹基金主要用于支付大额和住院医疗费用，个人账户主要支付小额和门诊医疗费用。统筹基金支付时，由各地根据当地情况和基金的承受能力，确定起付标准和最高支付限额，但个人也要负担一定的比例。统筹基金起付标准以下的医疗费用由个人账户支付，不足部分由个人自付。超过最高支付限额以上的医疗费用，主要通过大额医疗费用补助、企业补充医疗保险、商业医疗保险等途径解决。

二、失业保险

（一）失业保险的含义

所谓失业保险，是国家和社会为保证劳动者在等待重新就业期间的基本生活而建立的一种物质帮助制度。实行这种保险，可以较好地维持人力资源的工作能力，使其在社会有需求时能够马上就业和投入使用。对暂时无法就业的社会成员提供经济帮助，是各国政府的责任，也是全社会的责任。建立失业保险基金，使人力资源在职业中断期间从国家和社会得到必要的经济帮助，还有利于为人力资源通过转业培训、生产自救、职业介绍等途径重新实现就业创造条件。

（二）我国的失业保险制度

我国现行的失业保险制度，覆盖了城镇所有企业事业单位及其职工，包括：国有企业、城镇集体企业、外商投资企业、城镇私营企业和城镇其他企业及其职工，事业单位及其职工。

1. 失业保险金的筹集

在费用筹集方面，实行国家、用人单位、职工本人三方负担的筹集原则。城镇企业事业单位按照本单位工资总额的2%、职工按照本人工资的1%缴纳失业保险费。在失业保险基金入不敷出时，财政将给予必要补贴。

2. 失业保险基金的支出项目

失业保险基金的主要支出项目有：（1）失业保险金；（2）领取失业保险基金期间的医疗补助金；（3）领取失业保险金期间死亡的失业人员的丧葬补助金和其供养的配偶、直系亲属的抚恤金；（4）领取失业保险金期间接受职业培训、职业介绍的补贴。

3. 领取失业保险金的规定

失业保险金的标准一般应高于当地城市居民最低生活保障标准，低于当地最低工资标准。失业人员领取失业保险金的期限，根据失业人员失业前所在的单位和本人累计缴费时间长短的不同，享受失业保险的上限分别为12个月、18个月和24个月。享受失业保险待遇必须符合以下三个条件：第一，按照规定参加失业保险，所在单位和本人已按照规定履行交费义务满一年；第二，非本人意愿中断就业的；第三，已办理失业等级并有求职要求的。当失业人员出现重新就业、服兵役、移居境外、享受基本养老保险待遇、被判刑或劳教，或者拒绝重新就业时，将停止享受失业保险待遇。

三、养老保险

（一）养老保险的含义

养老保险，亦称“老年保险”或“年金保险”，是指劳动者在达到国家规定的解除劳动义务的劳动年龄界限，或因年老丧失劳动能力的情况下，能够依法获得经济收入、物质帮助和生活服务的社会保险制度。可以说，养老保险是对人力资源过去劳动的承认，表现了对人力资源的人文关怀。

养老保险可分为基本养老保险、补充养老保险和个人储蓄性养老保险，国际社会通常称之为养老保险的第一支柱、第二支柱和第三支柱。基本养老保险是由国家立法强制实行的政府行为，全体劳动者必须参加。补充养老保险是在国家法律、法规和政策的指导下，在企业和职工已经参加基本养老保险的前提下，企业或单位与职工视企业经营状况，通过民主协商，自主确定是否参保和选择何种保险水平，自行选择经办机构。个人储蓄性养老保险完全是一种个人行为，公民和劳动者可按照自己的意愿决定是否投保以及投保的水平和经办机构的选择。这里所阐述的养老保险主要是指基本养老保险。

建立养老保险制度，通过社会统筹的方式统筹基金，参与国民收入的再分配，解决劳动者的养老问题，对平衡地区之间、企业之间的经济负担，调节劳动者之间的收入分配差距，实现互助互济，缩小贫富差距，保障劳动者的基本生活，促进社会稳定等方面，都具有积极作用。

（二）不同经济组织的养老保险制度

1. 机关事业单位养老保险制度

机关事业单位在人员构成、经费渠道、工资福利制度等方面，都与企业有很大不同。机关事业单位现行的养老保险制度费用由国家提供，资金来源较为可靠；政策比较优惠，待遇水平略高于企业。事业单位工作人员的退休条件是：（1）男年满60周岁、女年满55周岁，参加革命工作年限满10年的；（2）男年满50周岁、女年满45周岁，参加革命工作年限满10年，经过医院证明完全丧失工作能力的；（3）因工致残，经过医院证明完全丧失工作能力的。

公务员退休条件的基本构成包括年龄、工作年限和身体状况，退休方式包括法定退休和自愿退休两种。法定退休是指公务员达到最高任职年龄丧失工作能力时，必须退休。法定退休条件具有强制公务员退休的法律效力和普遍约束力，着重强调公务员应严格履行义务；自愿退休是指公务员虽不到最高任职年龄，如符合一定条件，本人提出要求，经任免机关批准，可以退休。“自愿退休”的条款，主要强调了公务员的权利，且尊重了本人的愿望。公务员的养老金也称退休金，是国家规定发给退休人员的生活费，也是退休人员享受的物质待遇的基本组成部分。

2. 企业职工基本养老保险制度

我国城镇企业职工基本养老保险制度实行社会统筹与个人账户相结合的方法，简称“统账结合”。养老保险费用由国家、企业和职工个人三方负担，其中企业和职工个人应按月按规定的费率缴纳基本养老保险费，在养老保险基金入不敷出时，由国家财政承担最终支付责任。城镇企业职工基本养老保险的覆盖范围为：国有企业、城镇集体企业、外商投资企业、城镇私营企业和其他城镇企业及其职工，实行企业化管理的事业单位及其职工。一些地区还将城镇个体工商户及自由职业者纳入了保险范围。

按照我国现行制度的规定，满足以下三个条件的，可以按月领取基本养老金：其一，参加了城镇企业职工基本养老保险。其二，达到了国家法定退休年龄，即男年满60周岁、女干部年满55周岁、女工人年满50周岁。因病完全丧失劳动能力以及从事特殊工种工作的，符合条件可提前退休。其三，个人缴费满15年。个人缴费年限不满15年者，只能一次性领取个人账户的储存额。

3. 企业年金制度

企业年金是在国家政策指导下，由企业及其职工依据企业经济状况自主建立的一种养老保险制度，它是基本养老保险的重要补充，也是多层次养老保险体系的一个重要组成部分。企业年金制度有五个特点：一是计划由企业与职工协商制定；二是费用一般由企业和职工共同负担；三是经办方式较为灵活，有大企业自办、小企业联办、委托社会中介机构或金融机构经办等多种形式；四是基金实行长期积累和市场化运营；五是政府不承担直接责任，但通过制定各项政策（特别是税收方面）予以鼓励或限制，并对其进行严格的监管。2000年，国务院在完善城镇社会保障体系的试点方案中将企业补充养老保险更名为“企业年金”，明确了企业缴费在工资总额4%以内的部分可以从成本中列支，并确立了基金实行市场化管理和运营的原则。

本章小结

本章首先对人力资源薪酬的定义、结构等基本范畴进行了分析，并介绍了分享理论、公平理论、激励理论等薪酬管理主要学说，详细地阐述了薪酬制度的基本类型和常见类型，并在此基础上，系统阐述了薪酬福利制度设计流程的各环节做法，进而阐述了薪酬管理的扩大——福利的内容与发放以及组织层面的社会保障制度的主要内容。

主要概念

薪酬　工资　奖金　津贴　人工成本　利益分享　潜在劳动　流动劳动　凝固劳动　内在报酬　外在报酬　直接报酬　薪资调查　工资等级表　绩效工资制　结构工资制　福利　医疗保险　失业保险　养老保险　企业年金　基本养老金

思考讨论题

1. 薪酬、工资和人工成本的含义各是什么？各有什么特点？
2. 与工资薪酬相关的“劳动三形态”是什么？

3. 请比较说明不同薪酬制度类型的异同。

4. 内在和外在薪酬都有哪些内容和项目？其各部分应当有哪些职能？如何发挥各部分的职能？

5. 薪酬制度设计的流程包括哪些步骤？

6. 薪酬管理的原则是什么？

7. 请运用分享理论、公平理论、激励理论分析现实的工资薪酬管理问题。

8. 找一家用人单位，对其薪酬制度进行调查和分析，说明其工资薪酬条款分别反映了哪些薪酬管理理念和原则。

9. 简述中国现行的养老保险制度。

10. 我国医疗保险存在哪些问题？

11. 如何完善我国的失业保险制度？

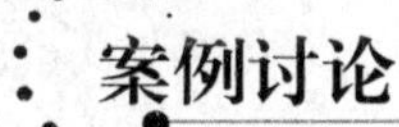

案例讨论

新风公司的薪酬管理

新风公司在VCD行业小有名气。当初张峰看准了VCD行业进入的门槛较低，就用自己仅有的4万元钱与刘宏合作创办了新风公司，张峰负责日常经营。公司把开发和生产VCD机解码板作为自己的主营业务。基本的业务流程是这样的：技术人员根据客户要求在解码板的芯片中写入程序，然后由业务人员交给外协厂批量生产，再由业务人员将生产出的产品送交客户——VCD整机生产厂家。

一、待遇差距并不大

公司刚成立时只有4名员工，都是张峰的亲戚和以前的同事。随着业务的逐渐扩大，公司员工也增加到了10名，新来的人也都是张峰的同乡、好友，整个公司像一个大家庭一样。张峰常说："咱们兄弟一起赚钱！"确实，新风公司的工资待遇比较平均，员工相互间的差距并不大，工资结构和形式也有点儿像国营单位。

两名技术人员的基本月薪是3 500元，津贴500元，午餐补助240元，一共是4 240元，另外每月的手机费可以报销，年终时还可分享纯利的10%～20%。会计的工资为基本月薪3 500元，通信费补贴300元，午餐补助240元，100元的交通补助，共4 140元，年终有双薪和年终奖。

三个业务人员，小王的工资为3 500元，小彭的工资为3 000元，小胡的工资为2 000元。公司分别给小王和小彭配了车，业务人员的电话费、交通费、油料费全部实报实销。

二、收入变化不大

但是不久，小王突然提出要求业务提成。对此，张峰开始觉得实在难以接受：小胡是我的表弟，但他的工资最低；小彭虽说是我的同乡，可也没有你小王的工资高啊！

但小王也有他的理由：同行业中的很多公司对业务人员都是实行提成工资制，且报酬丰厚。而且小彭和小胡都没有开发新客户的能力，只不过是送送货而已。但他小王有开拓市场的能力，并且已经在广州联系了一些客户，目前这种工资水平不能够体现他的价值。

当时的行情是同行业其他公司的业务人员都没有底薪，各种费用都不报销，只给每块解码板 0.5 元的提成，而且客户全由业务人员开拓。新风公司的情况有所不同，业务人员只是送送货而已，基本没有开拓新客户的职责，公司的业务基本上都是由老板张峰联系的。

但是迫于小王和刘宏的压力，张峰同意提成，方案是：小王和小彭底薪 2 000 元，小胡底薪 1 500 元；提成为小王每块板 0.2 元，小彭每块板 0.15 元，因为小胡是新手，所以提成为每块板 0.05 元，其他都不变。新风公司还给三人划分了势力范围：小王负责新风公司目前最大的客户华宇公司和他在广州联系的业务，小彭和小胡二人负责深圳宝安区的客户，以小彭为主。

当时新风公司一个月的业务量为 2 万～3 万块板，小王每个月的提成平均为 2 670 元，加上底薪，每月的收入有 4 600 多元，大大高于提成之前；而小彭和小胡加起来每个月的提成平均为 1 465 元，每月的收入与以前相比变化不大，三人倒也相安无事。

三、分配不公平

后来由于种种原因刘宏和张峰分手，小王也离开了公司与刘宏自立门户，只剩下小彭和小胡两个业务人员，新风公司再次给两人划分了职责范围：由于华宇公司是公司的主要客户，因此由资历较老的小彭接手小王的工作，小胡则仍负责宝安的客户。两人的提成都调为每块板 0.2 元。

调整后的第一个月，小彭的提成为 4 000 元，小胡的提成为 5 000 元，小胡的工资第一次超过了小彭；第二个月，小彭的提成为 3 000 元，小胡的提成为 7 000 元，两人的工资差距达到了 4 000 元。随后的一段时间，华宇公司的业务量逐渐萎缩，而宝安的业务则越来越红火，小彭和小胡的工资差距更大了：有一个月，小彭的提成是 2 600 元，而小胡的提成达到了 11 600 元，这更引起了小彭的不满，认为老板张峰偏心，业务分配不公。

这时技术人员也开始不满，他们认为跟客户洽谈的都是老板张峰和技术人员，售后服务工作也主要是由技术人员完成的，业务人员只不过是送送货，并没有创造什么价值，却拿那么高的工资，这明显不公平。

讨论：

1. 请分析新风公司销售人员的薪酬结构。
2. 新风公司的薪酬管理存在什么问题？应如何改进？

参考文献

［1］文跃然．薪酬管理原理．上海：复旦大学出版社，2003.

［2］姚裕群．中国人力资源开发利用与管理研究．北京：首都师范大学出版社，2001.

［3］王长城．薪酬构架原理与技术．北京：中国经济出版社，2003.

［4］刘昕．薪酬管理．北京：中国人民大学出版社，2002.

[5] 张一驰. 人力资源管理教程. 北京：北京大学出版社，1999.
[6] 左祥琦. 工资收入权益维护. 北京：中国劳动社会保障出版社，2000.
[7] 张震. 人力资源管理. 南京：南京大学出版社，2004.
[8] 杨顺勇，王学敏，查建华. 现代人力资源管理. 上海：复旦大学出版社，2006.
[9] 葛正鹏. 人力资源管理. 北京：科学出版社，2006.

第八章 人力资源的协调——员工关系

本章要点提示

- 劳动关系的概念及构成要素
- 建立和谐劳动关系
- 劳动合同的内涵与特征
- 劳动合同签订、解除、终止的各个环节
- 劳动争议的概念
- 劳动争议处理程序
- 员工满意感的含义及意义

引导案例

张某是私营企业A公司的技术人员，由于工作成绩突出，被公司送到北京、广州等地进修，张某不负众望，培训回来后成了公司的技术骨干。不久，A公司与张某签订了一份聘任合同，聘任张某为技术科副科长，聘期二年，并约定，张某不得单方解除合同，否则赔偿公司为其支付的培训费用。

在聘任合同不满一年之际，张某在公司事务处理上与经理发生了严重冲突，张某即向公司递交了一份辞职申请，离开了公司，并到另外一家与A公司有业务竞争的私营企业B公司供职。A公司得知情况后，要求张某回A公司上班，张某以已经提出辞职为由，拒不返回，相反还受聘B公司技术科科长的职务。

A公司认为张某是本公司的业务骨干，掌握本公司的核心技术，突然擅自离职，且又受聘于有竞争业务的企业，给A公司造成了一定的经济损失。因此A公司向当地劳动仲裁委员会申请仲裁，要求张某和B公司承担因张某擅自离职而给A公司造成的直接经济损失8.6万元，并要求张某赔偿A公司为其支付的培训费2.82万元。

劳动仲裁委员会受理此案后，查明A公司所述事实证据确凿，因此经审理认为张某与A公司具有合法的劳动关系，张某擅自离职，给A公司造成了经济损失，违反了《劳动法》和相关行政法规、规章，应当承担因擅自离职给A公司造成的经济损失，并应赔偿A

公司为其支付的培训费用；B公司明知张某与A公司尚未解除劳动关系，却予以招用，并聘其为技术科科长，依照相关规定，B公司应对张某的擅自离职而给A公司造成的损失承担连带赔偿责任。

据此，劳动仲裁委员会裁决A公司胜诉。张某不服仲裁裁决，向法院提出诉讼，被法院驳回，维持仲裁裁决。

本案张某由于行使辞职权不当，不仅使自己蒙受了经济损失，而且给新的用人单位也带来不良后果。那么张某应如何正确行使辞职权？通过本章的学习你将会找到答案。

第一节 员工关系概述

一、内涵

所谓员工关系，也称劳动关系，是在就业组织中由雇佣行为而产生的关系，是社会生产和生活中人们相互之间最重要的联系之一。员工关系是指管理方与劳动者个人及团体之间产生的，由双方利益引起的，表现为合作、冲突、力量和权力关系的总和。它受到一定社会中经济、技术、政策、法律制度和社会文化的背景的影响。从广义上讲，一般称为劳动关系。在本教材中，生活在城市和农村的任何劳动者与任何性质的用人单位之间因从事劳动而结成的社会关系基本上都属于劳动关系的范畴。从狭义上讲，现实经济生活中的劳动关系是指依照国家劳动法律法规规范建立的劳动法律关系，即双方当事人是被一定的劳动法律规范所规定和确认的权利和义务联系在一起的，其权利和义务的实现，是由国家强制力来保障的。

二、构成要素

劳动关系是劳动者与用人单位之间依据劳动法律规范所形成的，实现劳动过程的权利和义务关系。劳动关系由三个要素构成：主体、内容、客体。

（一）主体

劳动关系的主体是劳动关系的参加者，是劳动权利和义务的承担者。劳动关系的主体包括劳动者和用人单位。

1. 劳动者

劳动者泛指具有劳动能力，并实际参加社会劳动，以自己的劳动收入为生活资料主要来源的人。

劳动者的必备条件是劳动权利能力和劳动行为能力。劳动权利能力是依法能够享有劳动权利和承担劳动义务的资格。劳动行为能力是法律认可的劳动者行使劳动权利和履行劳动义务的资格。在我国劳动权利能力和劳动行为能力的起始时间为公民年满16周岁。

2. 用人单位

用人单位使用劳动力必须具备的法定前提条件，有用人权利能力和用人行为能力两个。

用人权利能力受工资总额、最低工资标准、工作时间和劳动安全卫生标准的制约。凡由国家核定工资总额的用人单位，支付职工的工资额不得超过核准后的工资总额；用人单位支付职工的工资报酬不得低于最低工资标准。用人单位的用人行为能力受财产因素、技术因素、组织因素的制约，如为职工提供工资、福利等待遇及劳动保护。

（二）客体

劳动关系的客体是劳动权利和劳动义务的指向对象，即劳动力。劳动关系的建立是劳动者将劳动力的使用权让渡给用人单位，而劳动力的所有权主体依然是劳动者，因为劳动者的人格和人身不能作为劳动关系的客体。劳动力具有如下特征：（1）劳动力存在的人身性。劳动力的载体是劳动者，它存在于劳动者的肌体中，劳动力的消耗过程就是劳动者生命的实现过程。（2）劳动力形成的长期性。劳动力生产和再生产的时间比较长，一般需要16年。形成体力和脑力的劳动能力需要大量的投资。（3）劳动能力一旦形成就无法储存，过了一定时间劳动能力会自然消失。

（三）内容

1. 劳动者的权利与义务

劳动者与用人单位建立劳动关系后，成为用人单位的一名职工，作为劳动关系中的劳动主体，有资格依法享有劳动权利和承担劳动义务。

劳动者的权利主要包括：

（1）参加劳动的权利。劳动者有权参加用人单位组织的劳动，有权请求用人单位依据法律或合同约定为其安排劳动岗位，并提供必要的劳动条件；劳动者有权拒绝各种形式的强迫劳动。

（2）获得劳动报酬的权利。劳动者有权要求用人单位按自己提供劳动的数量和质量支付劳动报酬，有权获得最低工资保障、工资支付保障和实际工资保障。

（3）获得劳动安全卫生保护的权利。劳动者有权获得用人单位提供的符合劳动安全卫生标准的劳动条件和接受安全卫生知识教育，有权要求用人单位进行健康检查，女职工和未成年工有权获得在劳动过程中的特殊保护。

（4）享受社会保险的权利。劳动者有权要求用人单位按规定为其缴纳养老、医疗、工伤、失业、生育等项社会保险费，并有权享受社会保险待遇。

（5）享受劳动福利的权利，劳动者有权享受用人单位的集体福利设施和社会公共福利设施，要求用人单位支付规定的福利性津贴或补贴。

（6）接受职业教育的权利。劳动者有权利用用人单位提供的条件和参加用人单位组织的职业教育及技能培训，提高自己的劳动能力。

劳动者的义务包括：劳动者应当完成劳动任务，提高职业技能，执行劳动安全卫生规程，遵守劳动纪律和职业道德。

2. 用人单位的权利与义务

用人单位的主要权利有：

（1）录用职工方面的权利。用人单位有权按国家规定和本单位需要择优录用职工，还可自主决定招工的时间、条件、方式、数量、用工形式。

（2）劳动组织方面的权利。用人单位有权按国家规定和实际需要确定机构、编制和任职（上岗）资格条件；有权任免、聘用管理人员和技术人员，对职工进行内部调配和劳动组合；有权给职工下达生产或工作任务，并对职工的劳动实施指挥和监督。

（3）劳动报酬分配方面的权利。用人单位有权按国家规定决定工资分配办法；有权通过考核或考试确定职工的工资级别；企业还有权制定职工晋级增薪、降级减薪的办法，自主决定晋级增薪、降级减薪的条件和时间。

（4）劳动纪律方面的权利。用人单位有权制定和实施劳动纪律；有权决定对职工的奖惩。

（5）决定劳动法律关系存续方面的权利。用人单位有权与职工通过协议方式，续订、变更、暂停或解除劳动合同；有权在具备法定或约定条件时单方解除劳动合同。

用人单位的主要义务有：依法录用、分配、安排职工的工作；保障工会和职代会行使起质权；按劳动质量、数量支付劳动报酬；加强对职工思想、文化和业务的教育、培训；改善劳动条件，搞好劳动保护和环境保护。

三、建立和谐劳动关系

（一）遵守法律要求

对于广大劳动者的权益，需要从制度规范的角度加以保证。国际劳工组织的大量公约与建议书，给我们提供了劳动关系法制建设的目标，对我们塑造市场经济劳动法制关系具有一定的借鉴意义。

1995年，我国颁布了《中华人民共和国劳动法》，这是从根本上保障劳动者与用人单位双方合法权益的国家部门大法。

为了协调好劳动关系，我国政府从多个方面对工资、保险等问题进行研究，制定了相关政策、方针、制度、法律。2000年11月，国家劳动和社会保障部发布了《工资集体协商试行办法》，这是塑造现代社会新型劳动关系的一个重要举措。它规定了工资集体协商的内容、工资集体协商中双方的代表、工资协商双方享有的权利等。

2001年新世纪第一个“五一劳动节”，最高人民法院公布实施《关于审理劳动争议案件适用法律若干问题的解释》，对劳动争议案件的受理、举证责任、仲裁效力等方面做了明确的规定，体现了《劳动法》保护劳动关系中的弱势群体——劳动者的立法精神和保障用人单位正当权益的思想。①

（二）加强对劳动者权益的保护

从各经济单位的角度看，尽管各类组织的差异很大，但是其劳动关系的基本特征却是相同的，即都是走向自主雇用、自主聘用劳动者的模式。与经济发展的速度相比，我国的劳动关系法制建设的速度相对缓慢，而且一些地方的行政领导重经济发展、轻社会效益，甚至牺牲多种社会效益去追求片面的经济效益，把劳动者权益和合理的劳动关系抛到“被遗忘的角落”。

在不少三资企业、私营企业、民办企业中，合法的雇佣关系、劳动安全卫生条件、合

① 吴兢．最高人民法院公布实施劳动争议司法解释．人民网，2001-04-29.

法的工作时间、最低工资、社会保险等不能得到保证，劳资矛盾突出。在相当多的非公有制单位中还没有建立工会，或者有工会没活动，还有一些办成“老板工会”。这些问题亟须得到解决。

保障劳动者的合法权益，是关系着在我国经济发展中减少资本原始积累痛苦、增加现代文明内涵、塑造先进文化的大事，是国家非常重视和重点解决的问题。实际上，对于现代组织而言，注重劳动关系和保障劳动者权益是应当自觉做好的事情，因为这有利于促进组织文化的建设，有利于建立较好的组织形象，有利于吸引人才和调动员工的积极性，是使组织与员工得到双赢的途径。

（三）加强工会建设

市场经济体制在我国迅速推进，改革和发展的势头迅猛。在市场经济体制下，劳动者的权益大量地体现为员工们的共同性利益，集体谈判就成为现代劳动关系的重要方面。工会作为代表劳动者权益的组织，作用重大、责任重大。

因此，必须从市场经济发展的需要尤其是劳动者的需要的角度，确定新形势下工会工作的领域、方向和内容。要把国有单位中计划体制下相当于企业科室的“福利工会”塑造为代表和维护广大员工权益的组织，要在非国有单位中普遍建立工会组织，使工会组织保持旺盛的生命力，以适应经济社会发展的大趋势，开拓工会工作的新局面。

（四）推行现代管理手段

在长期的管理实践中，许多企业积累了许多行之有效的管理方法，例如全面质量管理、员工建议制度、发明奖励制度、目标管理制度等。一般来说，这些管理方法的本质，是对员工才能和地位的承认，是在主张员工与组织合作。这些方法是我们走向现代化的过程中应当学习的。

在充分承认员工能力的基础上，许多企业进一步实行了员工参与管理制度，包括对公司计划的参与、问题解决的参与、组织变革的参与、工作任务的参与，以至财务的参与。一些组织还实行了员工持股计划（ESOPs）。员工参与管理和员工持股计划这两项制度，可以使员工大大提高主人翁意识，从而与组织建立良好的配合和默契关系，最终使组织与员工达到“双赢”。

第二节　劳动关系的运作

劳动关系的运行是劳动关系形成和存续的动态过程。它表现为劳动关系的建立、延续、变更、终止等一系列环节和在这些环节之间的劳动主体和用人主体相关权利和义务的实现。

一、劳动合同的建立

劳动关系要以劳动合同的形式明确固定下来，才能受到法律的保护。《劳动法》第16条明确指出：“劳动合同是劳动者与用人单位确立劳动关系、明确双方权利和义务的协议。建立劳动关系应当订立劳动合同。”

（一）劳动合同签订的原则

下面从一封情书谈起，思考劳动合同订立原则：①

> 我的甜心：
>
> 为了你，我宁愿背叛我的父母和家庭，今生今世只爱你一个人，我会给你最大的幸福。我爱你一万年！我对你的海誓山盟，有天地为证。如果我背叛了你，我愿接受任何惩罚，五雷轰顶，千刀万剐。
>
> 那天清晨我来到你的窗前，在心里默默地对你说：如果你答应，如果你也爱我，就请打开你的窗，后来你的窗真的开了，我真的太幸福了！如果你不答应，我会在我们相识的小河边悄悄结束自己的生命；当我的鲜血染红了小河，那是我对你爱的证明！
>
> 爱你的小辣椒，于无眠的雨夜

解析上面这封情书，可以对比看出严格的合同的法律要求，从而明确劳动合同签订应当具备的基本原则。

(1)“我的甜心”“爱你的小辣椒”称呼、落款主体不明确。劳动合同是劳动者与用人单位建立劳动法律关系的凭证。其主体一方为劳动者自然人，一方为用人单位法人。为保证合同的法律效力，双方必须确认签名。劳动者签名必须与身份证姓名一致，用人单位法人代表自然人签名后必须加盖法人公章以确认法律效力。

(2)“我爱你一万年”属于无法履行内容。在劳动合同的条款中不得有类似的约定超出劳动者自身体力状况、身体极限的条款。

(3)“为了你，我宁愿背叛我的父母和家庭，今生今世只爱你一个人，我会给你最大的幸福。”此条违背公序良俗，属于无效条款。劳动合同中不得有类似的“死伤概不负责”等违反法律规定或公序良俗的条款。

(4)“那天清晨我来到你的窗前，在心里默默地对你说：如果你答应，如果你也爱我，就请打开你的窗，后来你的窗真的开了，我真的太幸福了！”每天早上开窗通风是常规行为，误认为是爱的暗指寓意，属于重大误解。劳动合同中双方应达成一致，而不应有存在歧义的、误解的条款。

(5)“如果你不答应，我会在我们相识的小河边悄悄结束自己的生命；当我的鲜血染红了小河，那是我对你爱的证明！”这是一种既不合理也不合法的威胁手段。《劳动合同法》规定，以威胁手段签订的劳动合同无效。

（二）劳动合同的主要内容

劳动合同的主要内容即劳动合同的主要条款，包含法定（必备）条款和约定（补充）条款。

1. 劳动合同的法定条款

（1）合同期限。除依法订立不定期合同的情况以外，都应当规定合同有效期限，其中包括生效日期和终止日期，或者决定具有有效期限的工作（工程项目）。

---

① 姚裕群，白静．现代人力资源开发与管理．北京：中国人事出版社，2007.

（2）工作内容。即关于劳动者的劳动岗位、劳动任务的条款。

（3）劳动保护和劳动条件。即关于用人单位应当为劳动者提供劳动安全卫生条件和生产资料条件的条款。

（4）劳动报酬。即关于劳动报酬的形式、构成、标准等条款。

（5）劳动纪律。即关于劳动者应当遵守劳动纪律的条款，一般不详列劳动纪律内容，只是表明劳动者同意接受用人单位依法制定的劳动纪律。

（6）合同终止条件。即关于劳动合同在法定终止条件之外的哪些情况下可以或应当终止的条款。

（7）违约责任。即关于违反劳动合同的劳动者和用人单位各应如何承担责任的条款。

2. 劳动合同的约定条款

（1）试用期条款。试用期是包含在劳动合同期限内，劳动关系处于非正式状态，用人单位对劳动者是否合格进行考核，劳动者对用人单位是否适合自己要求进行判断的期限。劳动合同期限在6个月以上1年以下、1年以上2年以下或者2年以上的，其试用期分别不得超过15日、60日或者6个月。

（2）保密条款。该条款是约定劳动者对用人单位商业秘密负保密义务的合同条款，它包括对保密的内容、范围、期限和措施等的约定。

（3）禁止同业竞争条款。该条款是约定禁止劳动者参与或者从事与用人单位同业竞争的工作以保守用人单位商业秘密的合同条款，它包括对禁止同业竞争的期限、范围和补偿的规定。

（三）劳动合同期限

按期限不同，劳动合同分为三种类型。

1. 有固定期限的劳动合同

固定期限劳动合同是订立的劳动合同明确了具体的期限，如一年、三年、五年等，这种合同直接、明确地规定了合同的起始和终止时间。合同终止之日就是合同期限届满之日。

2. 无固定期限的劳动合同

无固定期限的劳动合同，是订立合同的当事人在合同书上只写明起始日期，而没有写明终止的日期。合同的期限不固定，根据双方当事人的意愿可长可短。需要注意的是，这种合同一般应当明确规定解除合同的条件，不符合解除条件的，任何一方都不得解除合同。我国《劳动法》规定，在同一用人单位连续工作满十年以上，双方当事人同意续延劳动合同的，如果劳动者提出订立无固定期限的劳动合同，就应当订立无固定期限合同。

3. 完成一定工作为期限的劳动合同

这是把“完成某项工作”这种任务，作为起始和终止条件的劳动合同。这项工作开始之日即是合同生效之日，这项工作结束之时即是合同终止之日。这种合同，实际上是有期限的劳动合同的变相表现形式。

二、劳动关系的终止

劳动关系的终止通常表现为劳动合同终止或解除。劳动合同的终止是指劳动合同的法律效力依法破灭，以及劳动合同所确立的劳动关系由于一定法律事实的出现而终结，劳动者与用人单位之间原有权利和义务不复存在。劳动合同的解除指合同当事人依法提前终止劳动关系。劳动合同解除既有劳动者与用人单位双方协商解除，也有劳动者与用人单位单方解除劳动合同。劳动者单方依法解除劳动合同称为辞职；用人单位单方依法解除劳动合同称为辞退。

（一）劳动者辞职

辞职是指劳动者根据本人意愿，并经用人单位批准，与所在单位解除劳动契约关系的行为。它是建立在劳动者自愿基础上的，是劳动者自由择业权利的一种体现。对于劳动者的辞职行为，用人单位一般应予以尊重。

从总体上说，辞职制度的建立有利于人才的合理流动，有利于岗位与人员更好地结合。不过具体到用人单位来说，它的影响既可能是积极的，也可能是消极的。例如，员工因能力或健康状况不能胜任工作，要求辞职时，可以减轻企业的负担；辞职人数保持在正常的范围内，还可以促进企业吸收新生力量，保持员工队伍正常的新陈代谢。但是如果辞职人数超过正常范围，或者骨干的管理人员、专业技术人员辞职，往往会给正常的生产经营带来不利的影响。

劳动者辞职的原因是多方面的、复杂的。有的可能是个人原因，如个人能力或健康状况不胜任工作、现有的工作不符合自己的职业趣向以及家庭原因等；有的可能是其他用人单位以优厚的条件吸引人才，从而促使劳动者辞职；还有的则是由于管理原因，即由于管理不善导致劳动者的不满情绪，促使劳动者辞职；等等。用人单位对于劳动者的辞职应予以高度的重视，要针对不同的原因采取相应的措施，特别是应尽量避免由管理原因引起的辞职。劳动者预告解除劳动合同，应当提前 30 日以书面形式通知用人单位。劳动者随时解除劳动合同必须在以下情形下：在试用期间内的；用人单位以暴力、威胁或者非法限制人身自由的手段强迫劳动的；用人单位未按照劳动合同约定支付劳动报酬或者提供劳动条件的。

（二）用人单位辞退

用人单位即时辞退劳动者的许可性条件为：试用期间被证明不符合录用条件的；严重违反劳动纪律或者用人单位规章制度；严重失职，营私舞弊，对用人单位利益造成重大损害的；被依法追究刑事责任的。

用人单位预告辞退需要提前 30 日通知劳动者本人后方可辞退。许可性条件为：劳动者患病或者非因工负伤，医疗期满后不能从事原工作岗位工作或不能从事由用人单位另行安排的工作的；劳动者不能胜任工作的；劳动合同订立时所依据的客观情况发生重大变化，致使原劳动合同无法履行，经当事人协商，不能变更劳动合同达成协议的。此外，用人单位濒临破产进行法定整顿期间或因生产经营发生严重困难、确需裁减人员的，应当提前 30 日向工会或者全体职工说明情况，听取工会或者职工的意见，向劳动生产部门报告后，可以裁减人员。禁止性条件为：劳动者患病或者因工伤被确认丧失或者部分丧失劳动能力的；患病或负伤，在规定的医疗期间内的；女职工在孕期、产期、哺乳期内的；法律、行政法规定的其他情形。

（三）有关劳动合同的其他问题

（1）用人单位依照《劳动法》的有关条款解除劳动合同的，应当给予从业者经济补偿。

(2) 用人单位解除劳动合同，工会认为不适当的，有权提出意见。如果用人单位违反法律、法规或者有关合同，工会有权要求重新处理；如果从业者或者被辞退者申请劳动仲裁或提起劳动法律讼诉，工会应当依法对员工给予支持。

第三节 劳动争议

一、劳动争议的概念

在劳动关系中主体双方关系既合作又对立。现代人力资源管理核心是激发员工潜能，提高员工工作积极性，使员工对企业有归属感，将自己的工作目标与企业发展目标相结合，个人与组织互惠互利共同发展、共同合作。但是劳动关系从本质来看也具有对立性，劳动者追求工资报酬、福利的最大化，用人单位追求利润的最大化，而资源是相对有限的。一个“蛋糕”，双方都渴望多切，势必会产生矛盾。

在劳动关系管理中，劳动者与用人单位就劳动过程中的权利与义务的纠纷被称为劳动争议，又称为劳动纠纷或劳资纠纷。

具体来说，劳动争议的概念具有以下要点：

第一，劳动争议的主体可以是个人或团体。进一步来说，可以是单个劳动者或多个劳动者与单个单位或单位团体的争议，而不局限于某一用人单位和某个劳动者之间。

第二，争议的内容应当处于劳动法调整范围内。否则，就不是劳动争议，而属于其他关系包括其他法律关系，如老板殴打员工、雇员伤害雇主就不是劳动纠纷。

第三，争议的焦点是劳动权利和义务。不是由于劳动权利或劳动义务所导致的争议，也不是劳动争议。

劳动争议是社会人力资源雇佣关系不协调或不平衡的状态，它对社会安定、经济发展以至社会进步都会造成不良影响。因此，处理好劳动纠纷，保持劳动关系的和谐，对于经济社会发展和组织的经营管理，都具有重大的意义。

二、劳动争议的产生

劳动纠纷产生的原因有多方面，在不同体制下、不同国家和不同单位中产生纠纷的原因也有所不同，但根本原因是劳动关系双方的利益差异和冲突。从一般的角度看，一个企业获取的利润，主要用于资本积累和给付工资薪酬。但这两个方面不是统一协调，而是顾此失彼的，某一方利益的获得就意味着另外一方利益的丧失。因此，劳动关系双方存在着冲突的客观基础。在劳资关系不和谐、紧张以至产生劳动纠纷的情况下，劳动争议这一事物就出现了。

具体来说，造成劳动纠纷的原因，主要有以下几点：

(1) 劳动关系双方在某些权益问题上不能达成一致，就可能导致劳动纠纷的产生。

(2) 劳动关系作为一种社会事物，会随着客观条件的变化而发生变化。例如：先进技术的应用提高了劳动生产率，导致工作定额的提高；企业讲求经济效益，尤其是竞争压力巨大，要对现有员工进行调整以至裁员；在通货膨胀的条件下，工人要求增加工资，等等。这些都会引发劳动关系双方的利益冲突。

(3) 由于双方立场不同，出发点不同，对劳动法规或劳动合同的理解和解释有可能不同，从而在执行过程中可能产生劳动纠纷以至争议。

(4) 组织的信息沟通不良，妨碍问题的解决，积累起来会形成劳动纠纷和劳动争议。

(5) 管理者的官僚主义和处理问题的不公正，激化了双方的矛盾，导致劳动纠纷和劳动争议。

三、劳动争议的范围

劳动争议的范围，在不同的国家有不同的规定。我国《企业劳动争议处理条例》第2条规定，劳动争议的范围是：因企业开除、辞退职工和职工辞职、自动离职发生的争议；因执行国家有关工资保险福利培训劳动保护的规定发生的争议；因发行劳动合同发生的争议；法律、法规规定应当依照本条例处理的其他劳动争议。

判定是否属于劳动争议，有两个衡量标准，一是看是否是劳动法意义上的主体，二是看是否是关于劳动权利和义务的争议。

四、劳动争议的分类

根据参加劳动争议的人数和组织形式，可以将劳动争议划分为两类。

(一) 个别劳动争议

个别劳动争议是指单个劳动者与用人单位的争议。

(二) 集体劳动争议

集体劳动争议是指职工一方达到法定的集体争议人数，争议的标的相同，并由集体选出代表提出申诉的劳动争议。发生集体争议时，劳动者一方通常由工会作为代表，如果没有工会，则由员工推举代表。

五、劳动争议处理

(一) 劳动争议处理原则

我国《劳动法》第78条规定：解决劳动争议，应当根据合法、公正、及时处理的原则，依法维护劳动争议当事人的合法权益。我国《企业劳动争议处理条例》对劳动争议处理的原则，也作了相应的规定，具体如下所述。

1. 合法原则

是指在处理劳动争议过程中，承担处理职责的机构必须坚持以事实为依据、以法律为准绳，对争议案件进行审查和处理。在适用法律上对当事人双方一律平等对待、一视同仁，对任何一方都不偏袒、不歧视，对任何被侵权或受伤害的一方都同样予以保护。

2. 公正原则

是指要求劳动争议处理机构在处理劳动争议时，秉公执法，一切依据客观实际做出判断和裁决。为实现公正原则，劳动争议处理应实行回避制度。

3. 及时处理原则

是指劳动争议发生后，当事人双方应及时进行协商，协商不成的应当及时向劳动争议处理机构申请处理。劳动争议处理机构应当依据法律、法规所规定的时限及时受理，抓紧审查和做出处理决定，按时结案；当事人不执行决定的，要及时进行解决，以保证案件的顺利处理和处理结果的最终落实。

4. 调解原则

我国《劳动法》规定："在用人单位内，可以设立劳动争议调解委员会"，"劳动争议发生后，当事人可以向本单位劳动争议调解委员会申请调解"，调解不成再申请仲裁。还规定："调解原则适用于仲裁和诉讼程序。"

（二）劳动争议处理程序

我国劳动争议处理程序为"一调一裁两审制"，主要包括：劳动争议调解、劳动争议仲裁、劳动争议审理。

1. 劳动争议调解

劳动争议调解是指企业的调解委员会对用人单位与劳动者的纠纷，在查明事实、分清是非、明确责任的基础上，依据法律或合同约定，推动双方互相谅解以解决争议的方式。

劳动争议调解的机构是企业的劳动争议调解委员会，这是设立在工会下面的一个机构，其性质是群众调解性的调解组织，由职工代表、企业代表、工会代表三方组成，采取自愿和民主说服的原则，对企业内部的劳动争议进行调解。它的优点有及时、易于查询情况、方便当事人参与活动等，且容易做思想工作将纠纷消除在萌芽状态。

调解委员会调解劳动争议，无严格的程序要求，一般包括调解准备、调解开始、调解实施、调解终止几个阶段，其过程是受理、调查、调解。劳动争议发生后，由争议双方或一方提出口头的调解申请。调解的期限是 30 天，即调解劳动争议应自当事人申请之日起 30 日内结束，到期未能结束的，视为调解不成。

2. 劳动争议仲裁

仲裁也称公断，是由一个公正的第三者对当事人之间的争议做出评断。其特点是专业性较强，又较司法程序简便、及时。它是劳动争议处理程序的中间环节，也是诉讼的前置程序。

劳动争议仲裁机构是国家授权、依法独立处理劳动争议的组织，它是在县、市、市辖区设立的劳动争议仲裁委员会，由劳动行政部门代表、同级工会代表、用人单位代表三方面人员组成，委员会中的人数为单数，采用少数服从多数的裁决原则。

劳动争议仲裁委员会主管的案件包括：发生争议后直接向仲裁委员会申请仲裁的劳动争议；调解不成，或调解委员会经过 30 天未结案，当事人向仲裁委员会申请仲裁的劳动争议。

劳动争议仲裁程序为：向仲裁委员会申请仲裁的案件，必须经过仲裁委员会的调解，调解无效再仲裁。但这种调解和企业劳动争议调解委员会的调解不同，它是由仲裁委员会进行的调解，其调解书有法律效力。若调解成功，则应当根据协议内容制作调解书；调解未达成的，再进行裁决，制作裁决书。当事人对裁决不服的，自收到裁决书之日起 15 天内，可向人民法院起诉，期满不起诉的，裁决书即产生法律效力。

在正常情况下，仲裁的提请有时效的限制。我国《劳动法》第 82 条规定：提出仲裁要求的一方应当自劳动争议发生之日起 60 日内向劳动争议仲裁委员会提出书面申请。如果超过 60 天，则视为丧失申诉权，劳动仲裁委员会对其仲裁申请不予受理。特殊情况下，当事人因不可抗拒力或其他正当理由超过时效的，劳动仲裁委员会应当受理。

劳动仲裁也有时效限制。我国《企业劳动争议处理条例》第 30 条规定：当事人对仲裁裁决不服的，自收到裁决书之日起 15 日内，可以向人民法院起诉。在 15 日内，当事人不向人民法院起诉，劳动争议仲裁书就生效。对于仲裁决定，一方当事人如果期满不起诉，又不执行，另一方当事人可以向人民法院申请强制执行。

3. 劳动争议诉讼

劳动争议诉讼是人民法院按照民事诉讼法规定的程序，以劳动法规为依据，对劳动争议案件进行审理的活动。按照《企业劳动争议处理条例》的规定，当事人如果对仲裁裁决不服，可以自收到裁决书之日起 15 天内，向人民法院起诉，由此而引起诉讼活动。人民法院对劳动争议案件的审理包括一审、二审及再审程序，当事人不服地方人民法院第一审判决的，有权在判决书送达之日起 15 日内向上一级人民法院提起上诉。到期不上诉的，判决书自动发生法律效力。最终的生效判决标志着这一劳动争议案件的诉讼程序的终结，也即劳动争议的最终解决。

人民法院对劳动争议案件的审理，适用我国《民事诉讼法》规定的程序。审理程序由起诉与受理、调查取证、调解、开庭审理等几个阶段组成。这里的调解类似于仲裁的调解，与企业劳动争议调解委员会的调解不同，是诉讼中的一个程序。若调解成功，同样具有法律效力。

第四节 职业安全

人力资源的职业安全所涉及的内容，一般是职业病的预防、意外事故的预防以及更广泛的安全健康内容，包括防范普通的、传统的由工作地的物理条件因素所致的身体疾病（职业性疾患），包括工伤事故等造成的身体的急性损伤，还包括人的精神与情感等内容，如工作压力。人力资源养护内容的广泛性和复杂性、重要性，使其需要许多领域的专门知识，例如工业卫生、职业医学、安全工程学、环境科学、心理学和生态学等。

一、职业病预防

（一）职业病的种类

在我国的有关管理制度中，被列入劳动保护的有 18 种职业病。它们是：职业中毒；尘肺；热射病和热痉挛；日射病；职业性皮肤病；电光性眼炎；职业性白内障；职业性听力障碍；振动性疾病；潜涵病；高山病和航空病；职业性炭疽；放射性疾病；职业性森林脑炎；煤矿井下滑囊炎；布尔杆菌；煤肺；炭黑尘肺。

（二）职业病的预防措施

预防职业疾病是一项系统工程，它要求采取各种综合措施，针对不同行业、不同工种的特点制定不同的预防办法。下面从法律制度、技术措施两个方面加以阐述。

1. 法律制度

与职业安全健康有关的制度有：卫生责任制度、卫生技术措施、计划管理制度、卫生教育制度、卫生检查制度、劳动卫生监察制度、职业病的防治和处理制度。我国现行的职业安全健康法律制度主要有：《工厂安全卫生规程》《中华人民共和国尘肺病防治条例》《工业企业中噪声卫生标准》《工业企业人工照明标准》。上述法律制度的主要内容有：防止有毒、有害物质的危害；防止粉尘的危害；防止噪声和强光刺激；防暑降温和防冻取暖；通风和照明；个人防护用品和生产辅助设施；职业病防治等。在《中华人民共和国劳动法》中，还规定了对女职工和未成年工实行特殊劳动保护。

因此，各用人单位应建立完善的内部劳动安全卫生管理制度。

2. 技术措施

预防职业疾病应根据行业、工种、工作条件的不同而采取不同的技术措施，主要有以下方面：

其一，直接的技术措施。包括：防止粉尘的危害，防止有害物质的危害，防止噪音和强光的刺激，降低劳动操作对人体器官的伤害，妥善处理危险品等。

其二，相关的其他措施。包括：改进工艺和采用新技术，尽量采用仪表控制，实行远距离操作，使有毒有害因素与操作者隔离。

其三，技术管理措施。要以预防为主，对患职业病职工提供及时治疗；提供本组织所有有害物质的手册和安全数据档案，手册的内容包括：一般和特殊的危险、防护程序、正确的贮存和销毁方法。

二、意外事故预防

职业安全工作的核心，在于预防事故。为此，需要建立健全以下制度：

（一）建立安全生产责任制度

将安全生产责任与完成一定数量和质量的经济责任联系起来，实行权、责、利的统一。建立健全安全保障网络，采取措施，建立安全管理专业组织与群众性组织。

（二）建立安全生产教育制度

其主要内容是：思想教育、劳动保护方针政策的教育、规章制度教育、劳动纪律教育、安全技术知识教育、典型经验和事故教训的教育等。

（三）建立安全生产检查制度

其内容分为查思想、查现场、查隐患、查管理、查制度等几方面。此外，还要建立伤亡事故报告制度。这是在工作人员发生伤亡事故后，进行报告、登记、处理和统计分析等具体工作程序的一种法定制度。实行这一制度，意味着要对事故责任人进行追查，以督促管理者和员工树立安全责任意识，有效防止事故的发生。

三、工作压力克服

（一）压力的产生

所谓工作压力，是指劳动者预见到工作中的身体或情感方面的危险而试图摆脱的心理高度紧张状态。个体面对机会、限制或需求，这些与他的期望密切相关，其结果重要且不确定，在这种状态下压力自然产生。一般来说，当工作环境的要求超出个人所能达到的程度时，就会产生对工作的压力感。尽管我们总是从消极的一面来讨论压力，但是，压力本身并不一定是坏事，特别是当它能够为获利提供一种潜在的可能性时，它也具有积极的价值。

(二) 压力的症状

一般情况下，压力的症状可以归纳为三类：生理症状、心理症状和行为症状。

1. 生理症状

对于压力的早期研究，人们大多关注的是压力的生理症状。医学专家对压力的研究结果表明，压力可以导致新陈代谢的改变，使心脏和呼吸的频率加快，导致血压升高、头痛并会引起心脏病发作，胸部、脖颈和后背肌肉收缩，胃炎和消化道溃疡，便秘，支气管哮喘，风湿性关节炎，月经失调和性功能障碍。

2. 心理症状

心理症状是指与工作相关的压力可以导致与工作相关的不满。这是压力产生的最简单、最明显的结果。但是，压力也可以以其他的心理形态表现出来，例如紧张、焦虑、易怒、厌倦、拖沓等。

3. 行为症状

行为方面的压力症状包括生产率的变化，迅速增长的旷工现象，频繁的跳槽，工作中的错误、缺勤、离职，以及饮食习惯的变化，吸烟的增多或嗜酒，说话速度加快，烦躁和睡眠紊乱，等等，进而使人体产生一定的疾病或受到一定的伤害。

(三) 减轻压力的方法

减轻员工的工作压力的方法主要有：其一，重新设计工作。当员工身处力所不能及的工作环境中时，他们通常会感到很大的压力。通过对工作进行再设计，可以增强工作的挑战性或减轻工作的负担。其二，明确工作期望。在甄选过程中，通过对工作预先的客观介绍，可以减少员工对工作认识的盲目性，从而减轻压力。其三，改善工作环境。如果压力是直接来自于对工作的厌倦和工作过于繁重，那么可以改善工作环境。其四，对员工进行培训。

此外，帮助员工解决个人生活方面的问题，也有利于减轻其工作压力。可以采用以下方法：其一，员工咨询。给员工提供向他人倾诉问题的环境和机会。其二，施加压力。帮助对个人生活缺乏计划性的员工分清生活中的轻重缓急。其三，身体活动方案。有些大公司雇用健康专家向员工提供锻炼身体的建议，教授身心放松的技巧，以使员工保持良好的状态。

第五节 员工的工作满意感

一、工作满意感的含义

在员工的从业中，一般意义上的工作满意感，通常是指某个人在组织内工作的过程中，对工作本身及其有关方面（包括工作环境、工作状态、工作方式、工作压力、挑战性、工作中的人际关系等）有良性感受的心理状态。

例如，一个人做清洁工，工作辛苦、工资很低并且被别人轻视，这样，他对自己现在的工作肯定很不满意，希望得到更好的工作，这时他的工作满意度就很低；另一个人在图书馆从事管理工作，有着明亮的办公室、和善又有文化的同事、稳定且较高的工资、优厚的福利待遇等，他觉得这份工作比较可心、比较惬意，这就是说他的工作满意度较高。

如果说订立劳动合同、减少劳动争议、保证职业安全等是对企业等组织在劳动关系方面的最起码要求，规范管理、发放奖金、民主管理等是劳动关系方面的一般性要求，那么，提高员工的工作满意感则是劳动关系的自觉行为和较高水平。

二、工作满意感与人的职业劳动

个人工作满意感的高低，不仅是影响组织业绩的重要因素，而且是影响人才流动的重要因素，还是影响个人职业生涯发展前途的重要因素。美国俄亥俄州立大学的研究表明，员工的流动与工作满意度之间存在着紧密的反向联系，而与工作、绩效之间的关系则较小。在我国，这方面存在的问题很大，因此，组织应当抓住“其中的关键，就是必须改变传统的以工作为中心的领导方式，辅之以对人的价值的思考”①。

员工工作满意感与职业流动的关系见图 8-1。

		工作构成导向：高	工作构成导向：低
关心人的关系导向	高	高绩效 满意 低流动	低绩效 满意 低流动
	低	高绩效 不满意 高流动	低绩效 不满意 高流动

图 8-1 工作满意感与职业流动的关系

三、工作满意感的意义

在企业等组织之中，管理者把握好员工的工作满意感信息，对于搞好人力资源开发与管理具有重要的意义。

(一) 监控组织状况

工作满意感是管理者把握组织发展状态的重要工具。通过工作满意感的调查，可以了解组织员工的总体满意度水平，也能找出其满意或不满意的具体领域（如对员工的服务不够）和表达满意或不满意的具体的员工群体（如市场销售部门或即将退休的员工）。换句话说，员工满意度调查可以反映员工对自己的工作感受如何、这些感受集中在工作的哪些方面、哪些部门明显地受到了影响、涉及哪些人的态度（如主管、一般员工或专业人员）。

① 孙彤，许玉林. 组织行为管理学. 北京：红旗出版社，1993：174-175.

这是改进组织管理的重要依据，也为人力资源开发与管理工作提供了具体的参考。

（二）改进组织管理

通过员工工作满意感的调查，可以了解员工对上级的看法，如员工对上级在分派工作、给予指导、领导作风等方面的意见，这有利于从多种角度改进人力资源开发与管理。

通过员工工作满意感的调查，还可以改善组织中的沟通状况。

（三）调动员工积极性

从一般的角度看，员工满意度调查的直接结果，是使人们郁积的一些意见和情绪得到宣泄，使人们感到轻松，减少组织中的问题。从积极的角度看，进行工作满意感的调查，可以使员工感受到自己在组织中受关心的地位，因而能够促进组织凝聚力的增加，从而大大调动员工的工作积极性。

（四）促进员工的发展

通过工作满意感的调查，可以进一步发现组织的问题和员工的潜力，从而可以有针对性地安排员工的培训规划，并为员工的职业生涯规划与管理提供依据，促进员工的发展。

（五）监控组织改革方案

在组织改革的过程中，通过工作满意感调查，可以了解组织改革的进展、遇到的困难和取得的效果。这些信息可以帮助管理者改进工作，使组织发展处于比较正确、合理与可行的状态，有时，还可以对组织新的变革方案的制定提供参考。

本章小结

本章概括了劳动关系的概念及构成要素，阐述了建立和谐的劳动关系的措施，介绍了劳动合同的内涵与特征，明确了劳动合同签订、解除、终止的各个环节，介绍了劳动争议的概念及劳动争议的处理程序，并对如何保障员工的职业安全作出了阐述。如果说订立劳动合同、减少劳动争议、保证职业安全等是劳动关系方面的最起码的要求，规范管理、发放奖金、民主管理等是劳动关系方面的一般性要求，提高员工的工作满意感则是劳动关系的自觉行为和较高水平。本章概括了员工满意感的含义、内容及重要意义。

主要概念

劳动者权利　　劳动关系　　劳动者权益　　劳动争议　　劳动合同　　劳动合同条款　劳动争议处理原则　　劳动争议调解　　劳动争议仲裁　　劳动争议诉讼　　职业病　工作压力　　工作满意感

思考讨论题

1. 如何理解劳动关系的实质？

2. 如何看待市场经济条件下劳动关系的性质？我国改革中劳动关系已经发生了哪些变化？还会发生哪些变化？

3. 根据中国的社会现实，分析国有单位和私营单位的劳动关系差别究竟在哪里。

4. 如何促进我国劳动关系的和谐？

5. 撰写一份劳动合同，并思考：签订劳动合同时需要注意哪些问题？

6. 劳动争议处理的原则和程序是什么？

7. 搜集并分析一个劳动争议案例，并进行讨论。

8. 职业病的预防有哪些方法？

9. 如何克服工作中的各种压力？

10. 如何理解员工满意感的重要含义及重要意义？

案例讨论

朗讯科技公司的裁员之道

朗讯科技公司致力于为全球最大的通信服务提供商设计和提供网络。朗讯科技以贝尔实验室为后盾，充分借助其在移动、光纤、数据和语音技术以及软件和服务领域的实力发展下一代网络。公司提供的系统、服务和软件旨在帮助客户快速部署和更好地管理其网络，同时面向企业和消费者提供新的增值服务。

20 世纪 90 年代末期，因为光通信领域的决策失误和随后全球电信市场旷日持久的低迷，朗讯市值在短短两年内蒸发掉了 90%。“巨亏”“裁员”“濒临破产”等惊心动魄的词汇一直围绕着朗讯。2001 年年初，朗讯宣布了自我拯救的重组新计划，除了战略重组、管理模式再造之外，还有重要一项是“降低运营成本”，由此开始实行全球范围内的裁员。从 2001 年开始，在 CEO 陆思博的带领下，朗讯公司开始了被外界称作“浴血战略”的企业变革，先后削减了 3/4 的运营费用以及占公司原有员工总数近 2/3 的工作职位，朗讯的员工总数由三年前的 12 万人精简为目前的 3.5 万人，场面之惨烈，由此可见一斑。随着企业变革的初步成功，朗讯科技公司在 2003 财年第四季度的年度报告中宣布，公司实现了自 2000 年 3 月以来的首次季度盈利，年销售收入为 85 亿美元，净收入 9 900 万美元，合每股 2 美分。

逆境求生不容易，扭亏为盈更令人称赞。那么，让我们来看看朗讯是如何通过裁员进行企业变革，从而扭转企业近三年持续亏损的不利局面的。

一、裁员的理念

在历时三年、以大裁员为表征的变革过程中，朗讯始终坚持如下信条：

其一，一个好的公司和一个不好的公司的根本区别在于，即使你被裁掉，你还是很热爱那个公司。无论公司的经营状况处在怎样的阶段，朗讯的一个原则就是，始终坚持以人为本的原则。

其二，裁员不是目的，裁员是实现企业战略的手段。2001 年年初上任的陆思博认为，朗讯要脱胎换骨，就必须在人事上大下工夫，要配合战略重组而对人力资源进行整合和高效利用。即大幅度降低人工成本，以适应企业面临的内外环境变化，进而提高企业的核心竞争力。

其三，要使裁员对公司的负面影响降到最低，至少要把握好三个阶段：裁员之前的规划，裁员中的处理，裁员后的善后。切莫以为裁员只需照章行事即可，而应该把痛苦的事情也办得像乐队演奏一样和谐。

其四，对于被裁掉的人，也不能简单地一裁了之。被裁掉的人是不会一夜之间就消失的，如果可能尽量给他们一段时间的后续辅导。因为说不定被裁掉的人在未来可能会是公司的客户、竞争对手或者消费者，甚至还可能重新成为公司的雇员。

其五，裁员的关键是能够用留下的人推动新的做事方式，而不是将人去掉一部分。如果企业裁员过后，留下的人还是按照过去的方式做事，这种裁员就不会有成效。

讨论：

1. 朗讯科技在理念上是如何保证裁员“道是无情却有情”的？
2. 你认为公司如何做，才能让被裁掉的员工还热爱原来的公司？
3. 结合朗讯科技公司的裁员理念，谈谈中国国有企业在处理职工下岗过程中的经验和教训。

二、裁员的艺术

2001年1月份，朗讯公布了首批裁员计划。按照这个计划，在全球范围内有约1.6万个工作岗位的员工被裁掉，这一数字占朗讯员工总数的15%。这1.6万个岗位的裁减，是按照这样的步骤安排的：公布之后的6个月之内，也是到8月份之前，实现裁员10 000人，年底前再裁员6 000人，主要集中在销售、市场、组织以及产品生产的部门。中国公司成为首批被裁的对象之一。

现在已经重新回到朗讯工作的冯健在回忆2001年被裁的情景时，仍是印象深刻。他很清楚地记得，那一天是2月9日，星期五。在上班的路上，冯健的眼皮就一直跳个不停，一到办公室，他就打开了电脑，那封让所有员工都提心吊胆的邮件出现在他的信箱中。

在此之前，朗讯全球裁员的消息已经公开，中国公司也为此专门向大家传达过这个消息，并打了预防针，称虽然中国不是裁员的主力战场，但随着全球业务的重组，中国地区仍会有人员的流动。

“这也是在我的意料之中的，他们找我谈过，希望我能适应调整，去另外一个部门，但我拒绝了。”冯健说。

尽管早有心理准备，但冯健还是晕乎了好一阵才适应过来。当主管和人力资源部的人员开始正式进场通知的时候，办公室里的过分的平静和凝重还是让人感觉喘不过气来。

接下来便是在监督之下整理个人物件，办理离职手续，由于一切早已在预先的规划之中，所以整个过程操作起来并没有花多少时间。按照规定，被裁员工将在6点钟之前离开办公室，本来想多待一会儿的冯健担心影响其他同事的工作和情绪，便提前4个小时离开了。而在首次裁员的朗讯，其他员工甚至还不知道用怎样的方式来和被裁的员工告别。

“我将我办公桌上的一个小型雕塑留给了和我一同进入公司的伙伴，而他在 8 个月之后也被裁掉了。”冯健说。

冯健不记得和他一批被裁掉的朗讯员工有多少，但他记得那天他所在的办公室被裁的同事有 3 个。

朗讯科技（中国）有限公司随后公布的数字是 200 人，主要为技术人员、销售人员，首批裁员的范围涉及北京、上海和青岛。

离开朗讯时，冯健获得了一笔较为丰厚的补偿金。如果他在三个月后还没有找到新的工作，他还可以享受朗讯提供的就业培训。但实际上，以冯健在朗讯的技术经验，他很快就在一家中国本土的通讯公司中谋得高职。

据曾在朗讯科技（中国）有限公司担任人力资源总监的林刚介绍，当时朗讯的裁员计划有着清楚的规划，裁员的重点对象为以下几种：一是拒绝变者。裁员是为了变革，因为变革所以裁员，拒绝变革者会成为害群之马，应即裁掉。二是重叠的人员。组织结构的调整必然造成部门重叠，工作岗位亦重叠，精简是必然的。三是无法胜任或不愿意调整到新岗位的人。四是能够精简的人员，像外包业务的员工，职能部门和行政部门的员工等。

在裁员的过程中，朗讯也尽量做得人性化一些，提前退休、剥离和分拆、出售业务部门成了首选的裁员方法，16 亿美元的裁员补偿基金让所有离开朗讯的员工都获得了足够的经济补偿，而人力资源部也对一些曾经是核心员工的被裁者保持了一定时期的跟踪。

但不景气的大环境使朗讯的裁员一泻不止。到 2001 年 8 月，朗讯已经完成了裁员 10 500 人的计划，而接下来原本预计为 6 000 人的裁员计划却变成了 1.7 万人，在这 1.7 万人的二次裁员计划中，有 8 500 人是通过提前退休来实现的，有5 000名是外包员工。此外，朗讯通过剥离业绩较好的 Agere 部门，将 2 万名员工分离出去；通过出售光纤业务部门，分流了 6 000 名员工。

2001 年 10 月 23 日，朗讯在第四财政季度报告中称，尽管大规模的裁员和压缩生产线后公司的运营费用得到了降低，但第四财季的亏损仍高达 88 亿美元，其中 80 亿美元是为裁员和压缩生产线埋的单；同时朗讯宣布了再次裁员 2 万人的计划。一年后即到 2002 年 10 月，朗讯公布其 2002 财年报告表明公司继续亏损，于是又宣布裁员 1 万人。在 2003 财年结束时，朗讯的全球员工只有 3.5 万人左右，是 2000 财年的 1/3。

讨论：

1. 根据冯健的回顾和他对朗讯裁员的描述，探讨冯健愿意且能回到朗讯工作的原因。
2. 在反思我国一些私营企业无情裁员的基础上，讨论朗讯科技的裁员方式对员工和企业的影响。
3. 结合朗讯的裁员艺术，探讨企业裁员前、裁员中和裁员后应该做些什么工作。

三、裁员的价值

2003年10月22日对通讯巨头朗讯来说，应该是一个值得庆祝的日子。

在当日公布的第四财季业绩报表中，朗讯终于可以摘掉长达3年的亏损帽子了。尽管一般来说，9 900万美元对一个市值近千亿美元的企业来说尚是“小意思”，但对于朗讯而言，却是意义非常。历时3年的重组，80亿美元的成本，裁员8万人的代价，终于有了可以体现价值的时候。而这对于朗讯现任董事长兼CEO的陆思博来说，2003财年的报告无疑让她达到了自信的顶峰。在11月份访问中国的过程中接受媒体采访时，她曾自信地放言“一个涅槃的朗讯将重现世界。”

“这是朗讯的晴天。”冯健这样形容他的心情，“我问了几个朗讯以前的同事，大家听说盈利的消息时都百感交集。”

裁员的效果之所以能够实现的一个重要原因在于，没有让裁员成为公司的唯一行动。在进行裁员的同时，朗讯在中国至少配套进行了几个方面的工作：一是在中国进行了大范围的重组，改原来的以产品为核心的组织模式为五大行政区的区域化运行模式，实行更为严格的财务控制，降低生产和运行成本；二是在业务结构上，分拆、剥离、出售了部分业务，同时挺进新的业务领域；三是在人力资源战略上，大大推进本土化力度，一大半的外籍经理被调离中国，各大区的领导全部换成中国人，同时不停地吸纳新鲜血液。

随着业绩的回升，朗讯在全球各地开展了更大力度的招聘工作，在2003年6月，朗讯宣布在中国投入5 000万美元设立研发中心，并在北京、上海、南京、青岛等地多次举行了大型招聘会。

“我还是喜欢在朗讯工作，”转了一圈的冯健并不同意“归零”的说法，“要找到一个你喜欢的工作并不容易，我在朗讯不是为了钱。”“朗讯属于那种比较传统的公司，虽然做技术，但节奏不像其他IT公司那么快。做决定很慎重，相对比较稳健。另外，员工之间、上下级之间气氛比较融洽，公司对员工比较关心。”

讨论：

1. 朗讯裁员经过三年后，给企业带来了哪些变化？这些变化是如何取得的？
2. 结合朗讯三年的管理变革实践，探讨在国有企业是否能做到减员增效。如果要做到减员增效，必须在减员中注意哪些事项？
3. 从冯健的经历出发，探讨企业在什么情况下能吸引原被裁员工重新来公司工作。

参考文献

[1] 何承金. 人力资本管理. 成都：四川大学出版社，2000.

[2] 陈维政，余凯成，程文文. 人力资源管理与开发高级教程. 北京：高等教育出版社，2001.

[3] 许小东. 人力资源管理理论与实务. 北京：高等教育出版社，2005.

[4] 赵景华. 人力资源管理. 济南：山东人民出版社，2002.

[5] 王全兴. 劳动法学. 北京：中国法制出版社，2001.

[6] 沈荣华. 第一资源. 上海：上海三联书店，1993.

[7] 涂台良. 现代人力资源管理手册. 北京：清华大学出版社，2000.

[8] 王东进. 中国保障制度. 北京：企业管理出版社，1998.

[9] 焦凯平. 养老保险. 北京：中国劳动社会保障出版社，2001.

[10] 赵曼. 社会保障制度结构与运行分析. 北京：中国计划出版社，1997.

[11] 劳动和社会保障部国际合作司，国际劳工研究所. 世界劳动保障. 北京：中国劳动社会保障出版社，2001.

[12] 郑功成. 社会保障学. 北京：商务印书馆，2000.

[13] 袁方，姚裕群. 劳动社会学. 北京：中国劳动社会保障出版社，2003.

第九章
人力资源的成长——职业生涯规划与管理

本章要点提示

- 职业的概念与特征
- 职业生涯的概念与性质
- 职业生涯的影响因素
- 个人职业生涯的关键点
- 组织职业生涯的目标和实施

引导案例

美国电话电报公司（AT&T）成立了一个名为"公司员工职业生涯系统部"的部门。它由15人组成，专门负责员工职业生涯开发工作，是面向整个公司的内部咨询单位，这一部门发现了若干驱动美国电话电报公司员工职业生涯开发的因素：(1) 管理层担心公司规模的缩小会影响员工的士气；(2) 员工认为缺乏职业生涯开发的机遇；(3) 重点人才和中层管理人员的流失；(4) 在新旧人员的接替规划过程中，员工职业生涯开发起着核心作用。

需求分析是在员工职业生涯开发顾问委员会的协助下进行的。这一组织由来自各个业务单位的中层人力资源管理人员组成，该组织下设不同的专题小组，其中之一负责开发一套员工个人职业生涯参考指南。

由于公司的关心，越来越多的员工已经拟出自己的职业生涯发展计划。当员工制定出个人的职业生涯计划后，80%的人会参加员工与主管的对话，82%的人会按制定出的个人职业生涯计划行动。

员工职业生涯开发计划的设计原则是"一个三条腿的凳子"，员工、领导者和公司各担负一个基本角色。公司的原则非常明确，个人应该为自己的前途负责，领导者和公司对之需要给予不懈的支持，要"言而有信"。在从原有的家长式统治向员工对自己负责过渡的企业文化转型过程中，经过人力资源规划与开发以及主管培训，大幅度地提高了公司和领导者的参与程度。员工们认识到了自己的责任，认识到这是对自己大有好处的事情。另外，人们也广泛意识到事业发展的重要性，承认传统的升职不再是成功的标志。

美国电话电报公司的员工职业生涯开发系统获得了极大的成功，人们对个人职业生涯计划的满意程度一直在稳定提高。该系统多次帮助企业渡过难关，也帮助员工获得了自己职业的成功。

资料来源：廖泉文. 人力资源管理. 北京：高等教育出版社，2003：244.

第一节　职业生涯基本范畴

一、职业与职业生涯

（一）职业的概念与特性

所谓职业，是指人们从事的相对稳定的、有收入的、专门类别的工作。“职业”一词，“职”字的含义是职责、权力和工作的位置，“业”字的含义是事情、技术和工作本身。进一步来说，职业是对人们的生活方式、经济状况、文化水平、行为模式、思想情操的综合性反映；也是一个人的权利、义务、权力、职责，从而是一个人社会地位的一般性表征。由此，也可以说，职业是人的社会角色的一个极为重要的方面。

现代管理学的发展趋势是越来越讲求组织运行中的社会层面和文化内容，这使得组织成员“人”的地位逐步回归。在现代管理活动中，组织也日益注意员工个人的职业问题，而不仅仅是从“组织分工”的单一角度出发进行人力资源的开发与管理，最具有现代理念的组织甚至会从员工的个人意愿和职业生涯出发进行人力资源的开发与管理。

美国社会学家塞尔兹认为，职业是一个人为了不断取得个人收入而连续从事的具有市场价值的特殊活动。这种活动决定着从业者的社会地位。塞尔兹还指出，构成“职业”范畴的三要件为技术性、经济性和社会性。日本劳动问题专家保谷六郎认为，职业是有劳动能力的人为了生活所得而发挥个人能力、向社会做贡献的连续活动，职业具有五个特性：其一，经济性，即从中取得收入；其二，技术性，即某种职业的独特的技术含量，可以发挥个人才能与专长；其三，社会性，即承担社会的生产任务（社会分工），履行公民义务；其四，伦理性，即符合社会需要，为社会提供有用的服务；其五，连续性，即所从事的劳动相对稳定，是非中断性的。

（二）职业生涯的概念

“生涯”一词，英文为 career，有人生经历、生活道路的含义。在人的一生中，有少年、成年、老年几部分，成年阶段无疑是最重要的时期。这一时期之所以重要，正是因为这是人们从事职业活动的时期，是人生全部生活的主体。因此，人的一生在职业方面的发展历程就是职业生涯。

人的职业生涯，有着种种不同的可能：有的人从事这种职业，有的人从事那种职业；

有的人一生变换多种职业，有的人一辈子委身于一个岗位；有的人不断追求、事业成功，有的人穷困潦倒、无所作为；有的人以职业为荣、以职业为乐，有的人以职业为耻、以职业为苦……

麦克·法兰德（McFarland）指出：职业生涯是指一个人依据心中的长期目标所形成的一系列工作选择及相关的教育或训练活动，是有计划的职业发展历程。

美国著名职业问题专家萨帕（Super）指出：职业生涯是生活中各种事件的演进方向和历程，是整合人一生中的各种职业和生活角色，由此表现出个人独特的自我发展组型；它也是人自青春期开始直至退休之后，一连串有酬或无酬职位的综合，甚至包括了副业、家庭和公民的角色。

（三）职业生涯的性质

1. 独特性

独特性是指每个人都有自己的职业条件，有自己的职业理想，有自己的职业选择，有为实现职业目标所作的种种努力。因此，每个人都会有着与别人相区别的、独特的职业历程。

2. 发展性

发展性是指每一个人的职业生涯都是一种发展、演进的动态过程。把握好个人职业生涯发展中的各种条件和因素，促进其顺利、健康发展，有着重要的意义，也是人力资源开发与管理的重要任务。

3. 阶段性

阶段性是指每个人的职业生涯发展过程都有着不同的阶段，可以分为不同的时期。就职业生涯各个阶段的状况，进行有针对性的、不同任务、不同手段的开发与管理，至关重要。

4. 终生性

个人职业生涯各个阶段的总和，构成了其终生性。终生性是指每个人的职业生涯作为一种动态发展的历程，是根据个人在不同阶段的需求而不断蜕变与成长的，直至终身。

5. 整合性

整合性是指由于个人所从事的工作或职业往往会决定他的生活形态，而且职业与生活两者之间又很难分清楚，因此职业生涯应具有整合性，涵盖人生整体发展的各个层面，而非仅仅局限于工作或职位。

6. 互动性

人的职业生涯，都是个人与他人、个人与环境、个人与社会、个人与组织互动的结果。人的“自我”观念、人的主观能动性、个人所掌握的社会职业信息和职业决策技巧，对于其生涯有着重要的影响。使用人力资源的用人单位，更是对员工的职业生涯有着即时的和长期的重大影响，应当在与员工的互动中搞好人力资源开发与管理，包括从组织的角度搞好对员工的职业生涯规划。

（四）职业生涯分期

在漫长的职业生涯中，人在工作岗位的时期可以分为早期、中期、后期。在不同的时期，人们的职业生涯有着不同的、特定的任务。详见表 9－1。

表 9-1　　各个时期的工作把握

阶段	所关心的问题	应开发的工作
早期职业生涯	1. 第一位是要得到工作 2. 学会如何处理和应对日常工作中所遇到的各种麻烦 3. 要为成功地完成所分派的任务而承担责任 4. 要做出改变职业和调换工作单位的决定	1. 了解和评价职业和工作单位的信息 2. 了解工作和职位的任务、职责 3. 了解如何与上级、同事和其他人搞好（工作方面的）关系 4. 学习某一方面或更多方面的专门知识
中期职业生涯	1. 选择专业和决定承担责任的程度 2. 确定从事的专业，并落实到工作单位 3. 确定生涯发展的行程和目标等 4. 在几种可供选择的生涯方案中做出选择（如是从事技术工作还是管理职位）	1. 开辟更宽的职业出路 2. 了解如何进行自我评价的信息（例如工作的成绩效果） 3. 了解如何正确解决工作、家庭和其他利益之间的矛盾
后期职业生涯	1. 取得更大的责任或缩减在某一点上所承担的责任 2. 培养关键性的下属和接班人 3. 退休	1. 扩大个人对工作的兴趣，扩大所掌握技术的广度 2. 了解工作和单位的其他综合性成果 3. 了解如何合理安排生活之道，避免完全被工作所控制

二、影响职业生涯的因素

人们的职业道路选择、职业发展和事业成功，受到个人、家庭和社会多方面的影响。总的来看，影响职业生涯成功的因素包括以下几个方面。

（一）教育背景

教育是赋予个人才能、塑造个人人格、促进个人发展的社会活动。它对人的职业生涯有着巨大的影响，原因在于它奠定了一个人的基本素质。

首先，不同教育程度的人在个人职业选择与被选择时具有不同的能量，这种能量关系着职业生涯的开端与适应期是否良好，还关系着他（她）以后在发展、晋升方面是否顺利。

其次，人们所接受专业教育的种类，对于其职业生涯有着决定性的影响，往往成为其生涯的前半部分以至一生的职业类别。即使人们转换职业，也往往与他（她）们所学的专业有一定联系；或者以所学的专业知识、技能为基础，流动到更高层次的职业岗位上。

此外，人们所接受教育的不同等级、所学学科的不同门类、所在的不同院校及所接受的不同的教育思想，会使受教育者形成不同的思维模式，从而使人们以不同的态度对待自己、对待社会、对待职业的选择与发展。

（二）家庭影响

家庭也是造就人的素质和影响人的职业生涯的主要因素。人在幼年时期就开始受到家庭的深刻影响，长期的潜移默化会使人形成一定的价值观和行为模式；人还会受到家庭中父兄的教诲和各种影响，自觉不自觉地习得一定的职业知识和职业技能。这种价值观、行为模式、职业知识和职业技能，从根本上影响着一个人的职业理想和职业目标，影响着其职业选择的方向、选择中的冒险与妥协程度、对职业岗位的态度和工作中的行为等。

（三）个人需求与心理动机

人们在就业时出于对不同职业的评价和价值取向，要从社会众多的职业中选择其一；就业后也要从若干个人发展机会中进一步做出职业生涯的调整，从而使自己获得尽量好的归宿，获得他人与社会的承认，取得成功。为了达到自己的目标和取得成功，人们要付出各种努力，甚至做出一定的牺牲。

就一般情况而言，人在年轻时意气风发，成功的目标和择业的标准都较高。人到成年，特别是人过中年，就越来越现实。因为不论是一般的劳动者，还是事业上有成就的人，在有了相当多的职业实践和各种阅历以后，都更容易看到社会环境的约束，其成功的目标和择业、转职的标准就会变得非常实际，以适应社会与所在组织的情况。

（四）机会

机会是一种随机出现的、具有偶然性的事物。这种机会，既包括对于一个人而言的随机性社会就业岗位，也包括所在的组织给个人提供的培训机会、发展条件和向上流动的职业情境。

机会虽然是具有偶然性的事物，但由此就认为机会对于个人是“可遇而不可求”的，只能等待、只能“碰”，这种想法也是过于消极的和不正确的。个人素质与机会有着一定的联系。天地之间，人是主人，大千世界中机会是客观存在的，人可以凭借自身的高素质和能动性“寻找”而得到新的发展机会，也可以自己开拓和创造职业机会。

（五）社会环境

社会环境通常是指社会的政治经济形势、涉及人们职业权利的管理体制、社会文化与习俗、职业的社会评价等大环境。这些环境因素决定着社会职业岗位的数量、结构，决定着其出现的随机性与波动性，从而决定了人们对不同职业的认定和步入职业生涯、调整职业生涯的决策。进而言之，社会环境决定着社会职业结构的变迁，从而也决定了人的职业生涯中不可抗拒、不可逆转的某种变动规律性。

除了上述宏观方面的内容外，“社会环境”还指个人所在的学校和社区、个人的家族关系、个人交际圈子等较小的环境。这些小的社会环境因素，决定着一个人具体的社会活动范围、内容及其所受到的限制，从而也决定了个人职业生涯的具体际遇。

三、个人职业生涯的关键点

（一）进入职业

人与职业，是相互关联的一对范畴，个人进行职业选择的同时，也是职业对个人的选择。要较好地完成职业选择，要获得职业生涯的成功，必须做到人职两者的相互适应和相互匹配。①

但是，在现实的职业选择中，尤其是在人的职业生涯发展过程的初期，个人往往存在不知道“如何进行职业选择”的问题，即职业选择的能力较差，因而盲目地、被动地接受一个自己并不了解、并不认同的职业。这一问题在青年的心理断乳时期特别突出。随着人对社会了解的增加，特别是在自身也进行了一定的职业活动后，其职业阅历在增长，职业

---

① ［美］爱德加·薛恩. 组织心理学. 北京：经济管理出版社，1987：104-107.

技能在提高，对社会职业信息的了解在积累，因而其职业选择能力也在逐步提高。

（二）职业适应

1. 完成职业岗位的适应

一个人走上工作岗位从事某一项职业的劳动，要经过一定的试用期，对自己所任职的岗位逐步熟悉，最后达到胜任的状态。

职业适应的内容，是以所在工作岗位的职务说明书或者职业环境为依据，达到职务说明书的各项内容所规定的要求。包括：本岗位的工作技能、所需的业务知识、一定的专业背景知识和理论（自己已掌握的知识、理论这时还要实践化，缺乏的部分应给予有针对性的补充）、和组织中的各方面的工作联系、组织的各项管理制度等。职业适应最基本、最突出的体现是工作技能的熟练。

上述职业适应方面的要求，需要通过员工自身的学习、模仿和工作单位对员工的入职教育、实习安排、工作实践、“师傅”指导、上岗培训、技能训练等途径来达到。

2. 完成组织文化的适应

文化问题涉及经济社会发展道路与模式，是当代许多学科高度关注的重大研究领域。组织文化也成为当代管理学高度重视的问题。

一个人走上一个职业岗位，就是加入一个组织，他（她）就要受到组织的约束和指挥，得到组织的引导和塑造。每一个组织都有自己的文化，这种文化的核心是组织的价值观，其表现是组织做事的风格、模式，也大量表现在人与人的关系上。

人在一个组织中从业，必然要被组织“社会化”，即被组织所认同和被组织中的成员们所认同。要想达到个人的行为、需求、个性心理特征与组织文化相适应，就要对自己的行为和思想进行一定的调整和改造，才能达到组织的要求和期望，实现组织成员对自己的接纳。

3. 完成职业心理的转换

青年人第一次进入工作岗位，自食其力、挣得工资，真正成为在社会中生存的独立的人，这是彻底完成心理断乳的人生阶段，它意味着人的社会心理的巨大转变。即使是有了一定的职业履历的青年人和成年人，在转换工作、走上新岗位时，不论是转换了职业种类、级别还是工作地区，或是仅仅变动工作单位，都有面对新环境而要进行心理转换和适应的问题。

（三）心理契约

所谓心理契约，是指员工个人与用人单位对双方彼此权利与义务的一种主观认同和承诺。作为组织员工的个人会认为，如果企业承诺将对自己的贡献给以某种形式的回报，那么只要自己为企业做出贡献，企业就有义务兑现自己的承诺；而企业认为，如果企业给予员工相应的报酬和发展机会，员工也就应该为企业做出贡献。① 员工和企业双方在这个问题上就达成了默契。虽然这种心理契约不是正式的、有形的，没有体现为文本，但它是比一般的工作合同契约更加重要的契约，因为这对双方来说都是应自觉履行的。

在人力资源个体与用人组织之间形成心理契约后，员工往往会对组织表示出认同，包

---

① DENISE M. ROUSSEAU. Psychological contracts in organizations. Sage Publications，Inc，1995：7.

括与组织在情感方面的认同、对组织依存的认同和对组织规范的认同。①

在现代高科技企业，员工大多数是人力资本含量高的知识型员工，他们更加注重与企业的这种心理契约。他们也一般都会遵守与企业的心理契约。但是，如果企业违背了双方的这种默契，导致心理契约被破坏，这些知识型员工的反应就会比较强烈，轻则降低工作积极性，重则愤而离职。很多高科技企业的员工流失率居高不下，就是因为这些企业没有意识到心理契约的重要性，因而也没有采取对员工负责任的做法，甚至不兑现已经承诺的事情。

（四）职业生涯道路方向

美国管理学家薛恩（E. H. Schein）综合职业发展氛围的各种不同因素，提出了一个职业发展圆锥形趋势的三维结构理论。薛恩指出，职业生涯道路包括纵、横、向心三个方向。

1. 纵向发展道路

纵向发展道路即企业内职工个人职位等级的升降。在企业中，个人的职业发展绝大多数是沿着一定的等级通道发展的，也就是员工得到一系列的提升和发展。当然，只有极少数人可能提升到企业的最高职位上，实现他们最初确定的职业计划目标。

以某公司营销人员的职业生涯为例，这种纵向发展道路的阶梯图示见图 9－1。

总经理
副总经理
销售总监
大区市场经理
市场部经理
销售主任
销售业务员
实习销售员

图 9－1　营销人员职位阶梯图

2. 横向发展道路

横向发展道路即企业中各平行部门和单位间个人职务的调动，例如由工程技术转到采购、供应、市场销售等。这种情况也叫工作职务转换。

横向发展的道路，在中层管理人员中较多采用，这有助于扩大他们的专业技术知识，丰富职业经历，以便将来再提升到掌管全局的全面性管理人员的行列中。

3. 向心发展道路

向心发展道路即由企业外围逐步向企业的核心方向发展。当发生核心方向工作变动时，员工对企业情况就会了解得更多，担负的责任也会更大，并且经常有机会参加重大问题的讨论和决策。沿着核心方向发展与沿着纵向发展是相关的。那些具有专业知识、信息和特长的人，易于向企业核心发展。

一个人在某个特定的职业岗位上工作，是向该等级职业的核心处发展的，这是一种水

① ［美］罗伯特·L. 马希斯，约翰·H. 杰克逊. 人力资源管理培训教程. 北京：机械工业出版社，1999：41.

平的运动。他能够进入该等级的核心，是通过获得更多的责任和上层人物的信任而实现的。进入了核心，就意味着其职权的增长。

上述三种道路的整合，即构成人的职业生涯变动的三维结构。薛恩绘制了全面反映三维结构的模型，见图 9－2。

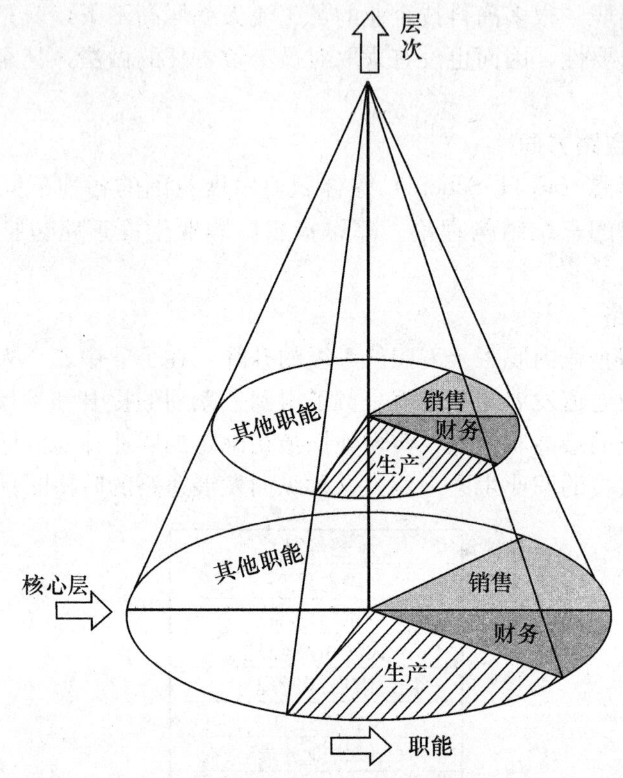

图 9－2 职业生涯变动的三维结构

资料来源：余凯成．人力资源开发与管理．北京：经济管理出版社，1997：244.

四、职业生涯的认定

（一）职业生涯归宿——职业生涯系留点

薛恩的职业生涯系留点理论，是职业生涯发展理论中的重要部分。该理论反映人们在有了相当丰富的工作阅历以后，真正乐于从事某种职业，并把它作为自己终身职业归宿的思想原因。在经过长期的职业实践后，人们对个人的“需要与动机”“才能”“价值观”有了真正的认识，即寻找到了职业方面的“自我”与适合自我的职业，这就形成人们终身所认定的、假定的再一次职业选择时最不肯舍弃的因素，或者说，某种因素把人“系”在一种职业上，即“职业生涯系留点”（career anchor）。① 我国学者又把这一理论称为“职业锚”理论，亦即人们选中了一种职业，就此“抛锚”、安身。

该理论是薛恩等人对麻省理工学院的一批管理系毕业生进行了长达十几年的追踪研

① 职业生涯系留点也被翻译为“职业锚”“职业着眼点”。

究，进行了大量采访、面谈和态度测量，并根据这些资料进行研究分析后得出的。研究表明，这批人在毕业时所持有的就业动机与职业价值观，与十多年后的实际状况——心理需求、就业动机、职业价值观和与之相关的实际岗位都有一定的出入。职业价值观在十多年后有所变化的原因在于：大学毕业生对自己的认识和对外界的认识有盲目、不准确之处，在经过相当长的时间后，受到客观实践的矫正。薛恩指出，作为“自我概念”中最重要的内容，“人对自身才能的感知”是真正有了职业经历、工作体验后才能够正确、清楚地估测出来的。

（二）管理人才的职业生涯系留点

薛恩把麻省理工学院管理系毕业生的职业生涯系留点划分为五种类别。

1. 技术性能力

这种人的整个职业生涯核心，是追求自己擅长的技术才能和职能方面的工作能力的发挥。其价值观是愿意从事以某种特殊技能为核心的挑战性工作。这批校友最后从事的是技术性职员、职能部门领导等职业。

2. 管理能力

这种人的整个职业生涯核心，是追求某一单位中的高职位。他们沿着一个单位的权力阶梯逐步攀升，直到全面执掌权力的高位。这种管理能力体现为分析问题、与人们周旋应付和在不确定情况下做出难度大的决策。他们追求的目标为总裁、常务副总裁等。

3. 创造力

这种人的整个职业生涯核心，是围绕着某种创造性努力而组织的。这种努力的结果是他们创造了新产品、新的服务业务，或者搞出什么发明，或者开拓建立了自己的某项事业。这批校友中，有的人在所奋斗的事业、创造、发明中已经成功，有的人仍然在奋斗和探索着。

4. 安全与稳定

这种人的整个职业生涯核心，是寻求一个组织机构中安稳的职位。这种职位能长期就业、有稳定的前途，能够使个人达到一定的经济地位从而充裕地供养家庭。

5. 自主性

这种人的整个职业生涯核心，是寻求“自由”和自主地工作。具体来说，是能够自己安排时间，能够按照自己的意愿安排工作方式和生活方式。他们最可能离开常规性的公司、企业，但是其活动与工商企业活动及管理工作仍然保持着一定的联系。其从事的职业如教书、搞咨询、写作、经营店铺等。

（三）其他职业生涯系留点

薛恩的上述研究结论是基于对名牌大学管理专业毕业生的研究，其结论的适应性有一定的范围。鉴于社会职业的广泛性，薛恩还提出了四种不同于名牌大学管理系毕业生的社会从业人员可能具有的职业生涯系留点，包括：其一，基本认同，其含义是在一些社会阶层较低的职业层面，一个人的头衔、制服和其他职务标记可以成为“自我”定义的基本根据，例如哈佛大学的校工不说自己是校工而强调自己“在哈佛工作”的身份；其二，服务，亦即劳务；其三，权力欲及其扩展；其四，工作中的多样性追求。

第二节　组织的职业生涯规划概述

一、组织的职业生涯观

(一) 组织的职业生涯理念

现代组织都具有人力资源、人才资源的概念，新的用人理念于是迅速普及。诸多组织都认识到：要搞好自己的经营和在竞争中取胜，就要充分开发和利用人力资源，而“人”也越来越重视自己的前途和自己的职业生涯。“职业生涯规划”已经从为组织选拔、培养高层管理人员的管理工具，发展为从员工出发的新管理理念、从组织的每一个人的职业发展前途出发的新管理方法。

当今经济全球化的趋势，意味着科技进步高速化、信息交流瞬息化、组织模式多元化、劳动形式多样化和经济关系的重大变革，组织之中的雇佣关系、分配关系以至产权关系由此也正在发生着根本性的变革，雇主与雇员的身份出现混合化、模糊化现象，这使得组织的人力资源管理理念也产生了进一步的变化。从根本上看，具有人力资源的理念，把人作为组织生存的立足点，把人的职业生涯规划与管理作为人力资源开发管理和整个管理工作必不可少的内容，甚至是作为吸引人才、造就人才的重要手段，这在现代组织中已经成为一种趋势。

(二) 组织的职业生涯规划视角

每个组织都有自己的运转目标，每个组织都有自己的组织结构，每个组织也都有自己的用人需要。组织为了顺利达到自身的目标，必须基于成员们的能力、人格、需要、动机，合理利用本组织的人力资源，这就要对员工进行规划。

但是，员工规划的着眼点在不同时期是不同的。20 世纪 70 年代至 80 年代，组织的人员规划是立足于组织选拔人员的规划。近年来，发达国家的经济组织对于员工的规划，已经进入到“职业生涯规划”(career planning) 阶段。其立意已经不仅是把“对员工前途的提供与帮助”作为激励员工的手段，而且将之作为组织管理工作的新思路，其“新”在于组织发展与员工发展的一致化和互相促进。因此，职业生涯规划成为现代组织用人和长期发展的战略性任务。从人力资源开发与管理的角度看，组织的职业生涯规划也构成现代人力资源管理的重要内容。

这里进一步将组织的职业生涯规划和个人的职业生涯规划进行比较对照，详见表 9－2。

表 9－2　　职业生涯规划比较

组织职业生涯规划的视角	个人职业生涯规划的视角
● 确定组织未来的人员需要	● 确认个人的能力与兴趣
● 安排职业阶梯	● 计划生活和工作目标
● 评估每个员工的潜能与培训需要	● 评估组织内外可供选择的路径
● 在严密检查的基础上，为组织建立一个职业生涯规划体系	● 关注随着职业与生命阶段的变化，在兴趣和目标方面的变化

资料来源：[美] 罗伯特·L. 马希斯，约翰·H. 杰克逊. 人力资源管理培训教程. 北京：机械工业出版社，1999：162.

二、职业生涯与人力资源管理平台

从职业生涯的角度来看，人力资源的开发与管理所提供的平台主要涉及以下方面。

（一）工作岗位——组织对人力资源的需求

工作岗位，是一个人职业生活的落实地点。人到一个劳动岗位就业，就开始了自身职业生涯历史的书写。

工作岗位，也是组织对人力资源进行管理的起点，这体现在“工作说明书”或“职务说明书”上。首先，组织根据自身的发展目标，进行机构的设置和岗位的设计——包括不同的职位种类和每种职位的数量。然后，对各个岗位的工作进行分析，制定出工作说明书或职务说明书。最后，组织进行招聘，各种职位招聘的条件就是以工作说明书的要求为依据的。

（二）职务安排——组织对人力资源的任用

当组织招聘人员并对所招收的人员进行入职教育培训以后，就要任用了。组织对人员的任用，要基于工作需要、目标导向、比较选优、人职匹配、考虑发展等原则进行。个人走上某个职业岗位时所感受的组织文化，对其在组织中的行为会有一定的影响。尤其对新就业人员来说，其初次任职不仅是人生的一步，而且是人生的一大阶梯。

从组织的角度看，重要人物、特殊性成员的任职往往要采取一定的仪式，它具有宣示组织目标、组织纲领的象征性意义，例如总统就职、名誉教授授衔、公司总裁上任等。这种象征性仪式“不仅涉及外部的安排，更重要的是个人内心对自己的感觉的变化”①。

对于一般性的成员，也可以举行一定的任职仪式，因为这会使得个人进入组织的形式有了严肃性，甚至是庄严感、神圣感。这如同入党入团宣誓、举行成人仪式一样，是组织对人的熏陶，而且这种气氛也有利于组织对成员未来的塑造。

（三）日常工作——组织对人力资源的使用

组织对于人力资源的使用，从表面上看就是“任职”，实际上它还有着相当丰富的内容和非常深刻的指导思想。其具体内容包括：工作内容的分配安排、工作环境的提供、工作条件的配备、工作流程的控制、工作节奏的调节、工作关系的维持、工作动机的调动、工作绩效的评价、工资薪酬的计发、工作能力的培训、工作潜能的开发，等等。这些都是人们日日时时从事的职业工作，是人们年年月月走过的生涯道路。

进一步来说，在对人力资源的使用中，还有着组织本身与人力资源的关系问题，这包括：雇佣关系或劳资关系、劳动合同或人事合同关系、管理者与组织成员的管理关系、员工在产权方面的身份与权利（如员工的持股、管理者的期权）、社会保障关系等。

三、组织职位阶梯与个人发展目标

从组织的角度看，凡招收聘用了一个人，他就进入组织而成为本组织的成员，也就被置于组织结构中的某一工作的“位子”上。个人进入该组织结构之中，也就加入了组织角色与工作的分工体系。但是，在科层制即等级制组织中，工作分工往往意味着一个人在组织的职位阶梯中的不同位置。

---

① ［美］S. 韦恩，T. 杰克逊. 组织行为学. 北京：中信出版社，1998：164.

社会学告诉我们，人的社会地位的流动分为垂直流动和水平流动。对于一个人来说，他的垂直流动包括职业阶层的上升和下降（这相对少见），前文提到的图 9－1 的销售人员的晋升阶梯图，就是垂直流动的上升路径。一个人的水平流动则是同等地位的职业的变换，例如从技术工人变为营业员、从工程师转行当大学讲师、从外科的科主任调任医院某处的处长。这种职业流动的总和，就是一个人职业生涯所走的路。

就一个人而言，他在组织的职位阶梯中一步一步“向上爬”的努力，是在组织考虑自身具有的人力资源以至从社会可能获得的许多同类资源要素的环境中进行的。组织应当在坚持组织目标的大前提下，充分把员工的个人职业生涯发展纳入组织管理的范围，通过实现员工的个人发展目标来促进组织目标的更好的实现。

四、技术与管理——组织中的职业生涯两条路

在任何组织中，员工都有从事技术性工作和从事管理性工作两种可能，即有走技术专家和管理者两条不同的职业生涯发展道路的可能。这两条路对于人们所从事的职业岗位来说，有着工作性质的差别。应当指出，“技术”道路在这里是广义的，它不仅仅是指“工程师”“研发人员”等职业，还包括“会计师”“广告师”“营销师”“测评师”等职业。

组织根据工作性质的不同合理地选拔人员，根据个人的素质潜能帮助其寻找合适的工作目标并进行培训，是组织对员工进行职业生涯设计的重要内容。究竟选择哪一条道路，最终是要根据员工的能力专长、人格特征条件和个人意愿。下面对管理者与技术专家两种工作任务进行分析，详见表 9－3。

表 9－3　管理者与技术专家的工作比较

管理者的任务	技术专家的任务
● 劝导、指导、指挥他人	● 好为人师
● 对情感和态度很敏感	● 富有直觉和创造性
● 评价他人的工作	● 评价数据系统或方法
● 预算、分析和控制成本费用	● 完成技术工作不惜代价
● 有很好的表达能力	● 有高超的分析能力
● 传达上级意图，实施组织政策	● 善于逻辑推理，不喜欢照搬照抄
● 指出使用什么方法	● 确定具体方法
● 根据不充足的材料做出决策	● 收集的数据多多益善
● 承认组织机构的等级制	● 承认客观事实的层次性
● 寻求各种经营目标之间的关系	● 寻求各种技术之间的关系

资料来源：［美］M. K. 巴达维．开发科技人员的管理才能．北京：经济管理出版社，1987：85.

第三节　组织职业生涯规划的操作

一、组织职业生涯规划的目标

（一）员工的组织化

1．基本目标——组织人

一般来说，员工的组织化即员工在一个组织中完成其社会化、成为合格员工的过程。

人力资源管理学者对于个人初入单位的被接纳与被塑造成为合格员工的过程即组织化过程，给予了高度的重视。在这一过程中，个人要实现对职业岗位的适应、组织文化的适应和职业心理的转换，组织则要把没有职业阅历或者有其他单位职业经历的新招聘人员，塑造成为基本符合本单位需要的员工，即在本组织中被认同，能够完成组织工作，成为具有与老成员类似特征的人。

2. 合理自利的企业人

企业管理学家戴昌钧则把组织中的人定位为“企业人”，提出了“有限工作欲望假设”“有限理性假设”和“合理自利假设”，并分析了工作的内容与性质、工作的目的、人员素质状况与工作适应性关系三个方面的内容，还阐述了“将企业目标、社会规范内化到员工的价值体系中，引导员工自觉地在合理的范围内去追求其自身利益，从而使个人利益与企业目标达到和谐统一的很高境界”① 的理论。

3. 完成社会化的全面人

吴国存教授除了认定个人进入组织后的“学会工作、担任好角色、译解组织文化、融入组织”的特定社会化过程，还强调把工作人看作“全面人”②，这样，组织对员工的职业生涯以至其他个人生活问题也应当给予关心。

（二）协调组织与员工的关系

任何组织，都是由从上到下各层级的一个个员工所组成的，组织与员工之间的协调至关重要。协调组织和员工的关系，一般说来即是承认员工个人的利益和目标，这能够使员工的个人能力和潜能得到较大的发挥，使他们努力为组织完成生产经营任务，达到“双赢”的目标。推行职业生涯规划，正是协调组织与员工的关系，对员工产生巨大的激励作用并使组织目标和员工目标达到统一的重要途径。

（三）为员工提供发展机会

人力资源是一种能动性的资源，发挥其能力与潜能至关重要。职业生涯规划可以使组织更加了解员工的能力，从而恰当地使用这一资源。尊重人、尊重员工，也是现代管理的理念。在组织正常发展的情况下，实行职业生涯规划和管理，尽量考虑员工的个人意愿，为员工提供发展机会，也是组织发挥员工主动精神的重要手段。

（四）促进组织事业的发展

实行职业生涯规划，还有利于大大提高员工的综合素质，进而提高组织的效益和对外部变化的应变能力。从根本上说，是要促进组织事业的发展。要做到这一点，必须靠组织之中各方面人员的共同努力。

1. 好的领导者

要以领导者的真知灼见规划组织的未来，并制定方案去实现。职业生涯规划本身也有利于从现有组织成员中选拔出最优秀的领导者。

2. 各层次的管理者

通过职业生涯规划，各层次的管理者有了明晰的升迁渠道、路径，也有了较多的培训

---

① 戴昌钧．人力资源管理．天津：南开大学出版社，2001：33-36.

② 吴国存．企业职业管理与雇员发展．北京：经济管理出版社，1999：131.

和其他发展个人能力的机会，因而他们会以非常负责任的态度和创造性的精神去从事管理活动，解决各种问题，这有利于保证组织工作的有效运行。

3. 每一个员工的团结协作

对广大员工开展职业生涯规划与管理，有利于一般员工主人翁精神的形成，有利于他们执行组织决策，积极工作，自觉地为组织的目标努力。

二、职业生涯规划的实施

（一）制定职业生涯规划表

职业生涯规划表，是组织对员工实施职业生涯规划与管理的主要方法之一，也是设计、实施和观察职业生涯规划与管理的重要工具。

职业生涯规划表可以有不同的内容和多种模式，要根据一个组织的具体情况和职业生涯规划与管理的需要选择和制定。马士斌教授基于职业类别、目标体系内容和职业通道的综合考虑，将“人生”“长期”“中期”“短期”各个时期的目标与实施内容列项，设计了职业生涯计划表。该表格可在一个组织内部广泛、统一使用。职业生涯规划表格的示例见表9-4。

表9-4　　职业生涯规划表

第　次生涯计划　　　　上次计划时间：　　年　月　日

姓名		员工编号	
年龄		性别	
所学专业		学历	
目前任职岗位		岗位编号	
目前所在部门		部门编号	
计划制定时间	年　月　日	部门负责人	
职业类型 （在选定种类的题号上画钩，可选择两个或以上） 1. 管理　2. 技术　3. 营销　4. 操作　5. 辅助 如选择的职业类别更具体、细化，请进一步说明：			
人生目标 人生目标结构： 1. 岗位目标： 2. 技术等级目标： 3. 收入目标： 4. 社会影响目标： 5. 重大成果目标： 6. 其他目标：			

人生通道： （1）图示（简略）： （2）简要文字说明： 实现人生目标的战略要点：
长期目标（通常在10年以上）
长期目标结构： 长期通道： 实现长期目标的战略要点：
中期目标（通常在3年以上）
中期目标结构： 中期通道： 实现中期目标的战略要点：
短期目标（通常在1年以上）
短期目标结构： 短期通道： 实现短期目标的战略要点：

资料来源：马士斌．生涯管理．北京：人民日报出版社，2001：60-63.

（二）员工自我分析

员工首先应对自己的基本情况（包括个人的优势、弱点、经验、绩效、好恶等）有较为清醒的认识，然后在本人价值观的指导下，确定自己近期与长期的发展目标，进而拟订具体的职业发展计划。此计划应有一定的灵活性，以便根据自己的实际情况进行调整。

进行正确的自我分析和自我评价并不是一件简单的事情，要经过较长时期的自我观察、自我体验和自我剖析。其中，员工自我评价就是通过对一系列问题的回答分析自己的能力、兴趣和爱好等的方法。员工自我评价表见表9－5。

表9－5　　员工的自我评价

1. 从下面所列项目中选出你近期最感兴趣的项目：	
①有自由支配时间的工作	②具有权力性的工作
③工资福利待遇高的工作	④具有独立自主性的工作
⑤有趣味性的工作	⑥有安全性的工作
⑦有专业地位的工作	⑧具有挑战性的工作
⑨无忧无虑的工作	⑩具有广泛接触、能广交朋友性的工作
⑪具有声誉性的工作	⑫能表现自己且能让别人看得见的工作
⑬具有地区选择性的工作	⑭有娱乐活动性的工作
⑮环境气氛和谐的工作	⑯有教育设施和机会性的工作
⑰领导性的工作	⑱具有专家性的工作
⑲带有旅行性的工作	⑳可与家人有更多时间在一起的工作

2. 从上述项目中选出你近期最不感兴趣的项目：
3. 填写出上述项目未列出，而你又最感兴趣或最想干的工作：
4. 你目前从事哪一类的工作？它能满足你下一步的要求吗？说说能与不能的理由。
5. 你希望你接着从事的工作能满足你的要求吗？如希望的话，如何进行或计划；如果不希望的话，请说明理由。
6. 请具体描述你下一步最希望从事的工作。
7. 根据你的实际爱好和能力，说明你最希望从事的工作的各种具体活动或内容。不要描述其工作的头衔，而要说明其具体的工作活动和内容。说明你将如何去实现自己的愿望。例如，具体列出你目前可以干的五种工作：我可分析财务报表，我可以进行某产品的市场销售预测，我可以编写广告……
8. 为了从事你下一步从事的工作，你是否需要接受培训或通过自学等形式学习和掌握新的知识或技能？如果需要的话，请详细说明，并说明学习或获得这方面知识和技能的途径或方法。
9. 你的这些要求是否可以使你在目前从事的工作以外的方面得到满足？如果可能的话，你是否希望发展晋升到更重要一级的岗位上？
10. 概述你自己希望并能干什么工作以满足你的需要。

（三）组织对员工的评估

组织评估是组织指导员工制定职业生涯规划的关键，它对组织合理地使用、开发人才和员工职业生涯规划目标的实现都有重要影响。组织评估的渠道主要有三种：

（1）对在选择员工的过程中收集的有关信息资料（包括能力测试、员工填写的有关教育和工作经历的表格以及人才信息库中的有关资料）做出评估；

（2）收集员工在目前工作岗位上的表现的信息资料（包括工作绩效评估资料、有关晋升推荐或工资提级等方面的情况）并做出评估；

（3）通过心理测试和评价中心法做出评估。发达国家的许多大企业组织都设有评价中心，有一支经过特别培训的测评队伍。这两种方法在我国的一些组织中也已得到应用。

（四）提供职业岗位信息

一个员工进入一个单位后，要想制定一个切实可行的、符合企业需要的个人职业发展计划，就必须获得企业内有关职业选择、职业变动和空缺岗位等方面的信息。从组织的角度看，为了使员工的个人职业规划制定得实际并有助于目标的实现，就必须将有关员工职业发展方向、职业发展途径以及有关职位候选人在技能、知识等方面的要求及时地利用本单位内部报刊、公告或口头传达等形式传递给广大员工，以便使那些对该职位感兴趣、职业发展方向与该职位相符的员工参与公平的竞争。此外，组织还要创造更多的岗位或新的职位，以使更多员工的职业计划目标得到实现。

（五）进行职业生涯发展咨询

在制定职业生涯发展规划时，员工往往有下列问题需要咨询帮助：

（1）我现在掌握了哪些技能？我的技能水平如何？我如何去发展和学习新的技能？发展与学习哪些方面的新技能最为可行？

（2）我在目前工作岗位上真正的需要是什么？如何才能在目前的工作岗位上既达到使上司满意又使自己满意的程度？

（3）根据我目前的知识与技能，我是否可以或有可能从事更高一级的工作？

（4）我下一步朝哪个职位（或工作）发展为好？如何去实现这个目标？

（5）我的计划目标是否符合本组织的情况？如果我要在本组织实现我的职业计划目

标，应接受哪些方面的培训？

组织的人力资源部门及各级管理人员，应能够为员工回答这些问题，并根据本企业的实际情况，协助员工制定出切实可行的职业规划，并对其目标的实现和途径进行具体的指导。

（六）职业生涯规划年度评价

年度评价，是职业生涯规划与管理的一项重要手段。从基本意义上说，年度评价是周期性地对组织职业生涯规划与管理进行“盘点”，它有利于组织检查职业生涯规划与管理工作的效果，发现存在的问题，根据组织及环境的变化及时调整职业生涯规划工作，而且还可以使职业生涯规划与管理的对象了解情况、积极参与并及时做出调整。

职业生涯规划年度评价的具体方法，包括自我评价、直线经理评估和全员评估几种。一般来说，自我评估是自主和自觉的评估，也是能够取得实效的评估；直线经理评估比较详细，能够与组织的工作有机地结合，而且容易跟进组织的职业生涯管理措施；全员评估类似于人力资源绩效评价中的360度考核，评估结果比较全面和客观。

在年度评价之后，往往要进行职业生涯年度会谈，并对职业生涯规划进行调整。这里不赘述，可参见程社明《你的职业——职业生涯开发与管理》一书。

三、职业生涯发展渠道的提供

为员工提供职业生涯发展渠道，是组织的重要责任。一般来说，组织在为员工提供生涯发展渠道方面需要注意的问题有以下几个。

（一）组织的前途

员工的职业发展远景是基于组织的前途的。持续发展尤其是近期能够快速成长的单位，能够给员工提供较多的发展机会，“短命公司”则不能够使员工有所作为。为此，组织、决策者和广大员工要非常团结和努力，使组织能够顺利发展和壮大，从而使“职位”和机会大大增加。

（二）职业路径的明晰

组织要全面展示自己的机构设置、职业阶梯、任职条件、竞争情况和成长概率，使每一个员工都清楚地了解本组织的职业生涯路径。在有条件的情况下，还应当帮助每一个员工进行个性化的生涯发展设计。安徽江淮汽车集团公司实行“员工成长路径”的职业生涯规划与管理方法，进行人力资源整合改革，把员工在组织中的发展路径分为技术、管理、生产三类，各有不同的档次等级，员工的晋升有培训、年限和业绩等条件。①

（三）工作与职业的弹性化

职业生涯规划的目的之一，是促进员工的全面发展。为此，组织要积极推动工作再设计，要采取多通道的职业生涯管理，而且要在一定程度上打通各通道，使员工的职业生涯发展有更多的选择余地。安徽江淮汽车集团公司的“员工成长路径”，理念是“让每个人有机会成全自己”，员工在不同的职业成长路径之间有着选择的余地和转换的可能，这为普通员工创造了许多脱颖而出的机会。就管理类职务而言，在某职位（例如部门经理）有

---

① 哈晓斯．天生我才必有用——安徽江淮汽车集团公司建立员工成长路径记事．中国劳动，2002（5）．

需求的时候，面向集团公司招考。上述方法，使仓库保管成为搞综合计划的职员，使装配工成为销售员，又竞聘成为副经理。①

四、日常的职业生涯规划工作

（一）招聘与职业生涯规划

选拔合格分子，对于在一个组织中进行职业生涯管理是极为重要的。为此，用人单位在招聘时，要对组织政策进行调整。这主要包括两个方面：其一，在招聘过程中，突出对应聘者价值观、人性和潜力的选择，要选拔具有“自我实现人”特征和与组织文化、价值观相同的求职者。其二，生涯导向的招聘对象要定位在“初级岗位补充空缺”，因为组织的中高级岗位基本上留给员工发展之用。

（二）职务调配与职业生涯规划

晋升和调配，是人力资源管理中的经常性工作，这些工作大量涉及员工的个人前途与发展，因而应当在职业生涯规划与管理中给予高度关注。传统的人事管理，以组织需要为出发点对员工进行调配，对员工的考虑很少。在现代人力资源管理中，员工工作岗位的调配应当是具有职业生涯导向的，它强调根据员工的职业生涯发展需要进行。除了职业岗位的晋升外，在同一层次、不同职业或职务岗位上的横向移动，也具有工作再设计的功能，它能够起到增加员工第二岗位以至第三、第四岗位的工作能力，增强其职业适应能力，有助于其增加信息和开阔眼界，建立比较广泛的联系的作用。其结果，不仅为以后的晋升积累一定的条件和创造一定的机遇，而且也拓宽了员工的职业生涯发展道路，以至为其成功地进入不同的职业通道创造条件。

（三）培训与职业生涯规划

培训工作是组织人力资源管理的重要内容。在组织从事职业生涯规划与管理的情况下，培训工作不仅目标明确、具体，而且很容易和员工的需求相结合，从而取得较好的培训效果。在该方面应当注意的是，培训要有超前意识，并要与职业生涯规划有机地结合。

职业生涯培训，可以分为内部培训和外部培训。一般来说，内部培训和日常工作结合较紧，对职业生涯规划工作的支持也大；外部培训则与未来的职业晋升联系更加密切，尽管其投入较大，但其激励效果更好。这两种方法应根据具体情况选择使用。

（四）绩效考评与职业生涯规划

人力资源管理中的绩效考评，主要目的在于帮助员工寻找绩效方面的问题及其原因，进而采取改进绩效的行动。在推行职业生涯规划的情况下，绩效考评既可以帮助员工改进绩效，起到修正职业生涯发展偏差的作用，也是修改或调整职业生涯计划的重要依据。

本章小结

本章概括了职业的概念及职业的基本特征，介绍了职业生涯的概念以及职业生涯的基

① 哈晓斯．天生我才必有用——安徽江淮汽车集团公司建立员工成长路径记事．中国劳动，2002（5）．

本性质，分析了职业生涯的影响因素，阐述了个人职业生涯的关键点以及组织职业生涯的目标和实施。

主要概念

职业　职业生涯　职业生涯规划　心理契约　职业生涯系留点　三维结构理论

思考讨论题

1. 职业生涯的含义是什么？职业生涯的主要理论有哪些？
2. 人的职业生涯如何划分？影响因素有哪些？如何理解改革开放中的职业生涯机会与风险？
3. 工作三阶段的内容包括什么？如何在职业生涯发展中处理好这三个阶段的任务？
4. 个人职业生涯发展的关键点有哪些？你会如何处理好自己的关键点？
5. 分析职业生涯规划在组织管理中的地位。组织在人力资源管理中进行职业生涯规划的原则和方法是什么？
6. 如何处理个人发展与组织目标、组织前景的关系？
7. 假定你是一家跨国公司人力资源管理的专业人才，你对你公司的经理层、技术人员、业务工作人员和一线操作人员如何进行职业生涯规划？设计一套工作方案。

案例讨论

麦当劳的道路：从实习生到经理

麦当劳餐馆的发展速度和规模，需要一个相当成熟的中层管理队伍。下面就是法国麦当劳把一个普通毕业生培养成为成熟管理者的过程。

一、多样化与后备军

人才多样化是麦当劳员工的一大特点。在法国麦当劳公司，毕业于饮食服务学校的占员工的30％，40％的员工来自商业学校，其余的则由大学生、工程师、农学家和中学毕业后进修了2～5年的员工组成。

麦当劳公司还有一支由3 500名在校大学生组成的庞大的年轻人才后备军，他们定期利用课余时间到餐馆打工，根据麦当劳公司安排的培训计划担任各种职务，并有可能与现职人员一起担任餐馆经理。

多样化的人才组合与庞大的后备力量使人才的培训和提升有极大的选择性，它们一起成为麦当劳管理阶层的稳固基石，不断将新鲜血液注入到公司中去。

二、从零开始

在麦当劳里取得成功的人，都有一个共同的特点：从零开始，脚踏实地。炸土豆条，做汉堡包，是在公司走向成功的必经之路。这对不少取得各式文凭、踌躇满志想大展宏图的年轻人来说，往往是不能接受的。

但是，他们必须懂得，脚踏实地从头做起，是在这一行业中成功的必要条件。如果你没有经历过各个阶段的尝试，没有在各个工作岗位上亲自实践过，那么你又如何以管理者的身份对员工进行监督和指导呢？在这里，从收款到炸土豆条直至制各式冰淇淋，每个岗位上都会造就出未来的餐馆经理。

艾蒂安·雷蒙强调："人们要求我们的合作者做许多事情，但人们也可开开玩笑，气氛是和谐友好的。那些在公司干了 6 个月以上的人后来都成了麦当劳公司的忠诚雇员。"

从事饮食业是艰苦的，在最初的 6 个月中，人员流动率最高，离去的人中有 80%的人根本不了解这一行业。能坚持下来的关键，在于协调好家庭生活与餐馆工作的时间。那些更善于分配和利用时间的人，那些对工作投入最多的人，是胜利者。

三、快速晋升

他们的牺牲是有价值的，那些有责任感的、有文凭的、独立自主的年轻人在 25 岁以前，就成为一个中小型企业的管理者，这是在许多企业中不可能得到的好机会。

艾蒂安·雷蒙说："平均在 25 岁左右，一名青年就可以成为一家真正的中小型企业的领导人，管理 100 来人。我们在教会他们当老板……"这在其他企业几乎是天方夜谭，麦当劳又是如何做到的呢？原来，法国麦当劳公司实行一种快速晋升制度：一个刚参加工作的出色的年轻人，可以在 18 个月内当上餐馆经理，可以在 24 个月内当上监督管理员。

而且，晋升对每个人都是公平合理的，既不作特殊规定，也不设典型的职业模式。每个人主宰自己的命运，适应快、能力强的人能迅速掌握各个阶段的技术，从而更快地得到晋升。

这个制度可以避免有人滥竽充数。每个级别的经常性培训，只有有关人员获得一定数量的必要知识，才能顺利通过阶段考试。公平的竞争和优越的机会吸引着大量有文凭的年轻人到此实现自己的理想。

四、生涯阶梯步步高

第一阶梯：实习助理。有文凭的年轻人要当 4～6 个月的实习助理。在此期间，他们以一个普通班组成员的身份投入到公司的各个基层工作岗位，如炸土豆条、收款、烤牛排等。在这些一线工作岗位上，实习助理应当学会保持清洁和最佳服务的方法，并依靠他们最直接的实践来积累实现良好管理的经验，为日后的管理实践做准备。

第二阶梯：二级助理。这个工作岗位已经带有了实际负责的性质。这时，他们在每天规定的一段时间内负责餐馆工作，与实习助理不同的是，他们要承担一部分管理工作，如订货、计划、排班、统计……他们要在一个小范围内展示他们的管理才能，并在日常实践中摸索经验，协调好他们的小天地。

第三阶梯：一级助理。在进入麦当劳8～14个月后，有文凭的年轻人将成为一级助理，即经理的左膀右臂。与此同时，他们肩负了更多更重的责任，每个人都要在餐馆中独当一面。他们的管理才能日趋完善。这离他们的梦想——晋升为经理，已经不远了。

第四阶梯：餐馆经理。在达到这个梦寐以求的阶段前，他们还需要跨越一个为期15天的小阶段。与前面各阶段不同的是，这个阶段本身也是他们盼望已久的：他们可以去芝加哥汉堡包大学进修15天。

这是一所名副其实的大学，也是国际培训中心。中心接待来自全世界的企业和餐馆经理，既教授管理一家餐馆所必需的各方面的理论知识，又传授有关的实践经验。法国麦当劳公司的所有工作人员每年至少可以去一次美国。应当指出，这一制度不仅有助于工作人员管理水平的提高，而且成为麦当劳集团在法国乃至全世界范围极富魅力的主要因素之一，吸引了大量有才华的年轻人的加盟。

第五阶梯：监督管理员。一个有才华的年轻人升至餐馆经理后，麦当劳公司依然为其提供了广阔的发展空间。经过一段时间的努力，他们将晋升为监督管理员，负责三四家餐馆的工作。

第六阶梯：地区顾问。3年后，监督管理员将升为地区顾问。届时，他将成为总公司派驻其下属公司的代表，用艾蒂安·雷蒙的话说，即成为“麦当劳公司的外交官”。

作为公司下属十余家餐馆的顾问，他的责任重大——他将是公司标准的捍卫者，而一个从炸土豆条做起，经历了各个岗位和阶段的地区顾问，对各方面的管理标准游刃有余。这个由麦当劳特有的公司哲学创造的高级管理人员，正是麦当劳哲学得到贯彻的保证。

作为“麦当劳公司的外交官”，他的主要职责是往返于麦当劳公司与各下属企业，沟通传递信息。同时，地区顾问还肩负着诸如组织培训、提供建议之类的重要使命，成为总公司在这一地区的全权代表。

第七阶梯：董事长。当然，成绩优异的地区顾问依然还会晋升，终有一天会实现艾蒂安·雷蒙所说的——法国麦当劳公司董事长的位子上坐着的是一个法国的年轻人。

五、带出接班人

麦当劳公司还有一个与众不同的重要特点，就是培养“接班人”。麦当劳公司有一项重要规则：如果事先未培养出自己的接班人，那么无论谁都不能提级晋升。

这就犹如齿轮的转动，每个人都得保证培养他的继承人并为之尽力，因为这关系到他的声誉和前途。这是一项真正实用的原则，可以想象，麦当劳公司因此而成为一个发现培养人才的大课堂。在这里，缺少的绝不会是人才。

总之，成功和有效的员工培训和培养计划，不仅提高了企业员工素质，而且满足了员工自我实现的需要，增加了企业凝聚力。不论是多么优秀的员工，企业都负有进行培训和培养的任务，这不仅能提高员工的本职工作技能和知识，也能进一步开拓员工的潜能。麦当劳公司在法国经营的成功不仅仅使麦当劳公司得到了飞速发展，更重要的是为全世界的企业创造了一种新的模式，培养了一批批管理者，塑造了员工的职业生涯。

讨论：

1. 麦当劳公司执行的是怎样的一套人事管理制度？是以什么为指导原则的？
2. “听从吩咐，不要计较工作时间”，你认为这种管理制度是否符合当今社会的劳动管理原则和法律？是不是与世界通行的五天工作日有冲突？其思想内涵是什么？
3. 结合本案例的内容，联系现实组织管理中的员工管理理念和个人职业生涯发展现象，分析“不想当将军的士兵不是好士兵”这句话在现实社会竞争中的意义。

参考文献

[1] [美] 罗伯特·L. 马希斯，约翰·H. 杰克逊. 人力资源管理培训教程. 北京：机械工业出版社，1999.

[2] [美] S. 韦恩，T. 杰克逊. 组织行为学. 北京：中信出版社，1998.

[3] 杜映梅. 职业生涯规划. 北京：对外经济贸易大学出版社，2005.

[4] [美] 杰弗里·H. 格林豪斯. 职业生涯管理：3 版. 北京：清华大学出版社，2006.

[5] [美] 戴安·萨克尼克. 职业指导：职业生涯规划教程：7 版. 北京：中国劳动社会保障出版社，2005.

[6] 姚裕群. 职业生涯规划与发展. 北京：首都经济贸易大学出版社，2003.

[7] 廖泉文. 人力资源管理. 北京：高等教育出版社，2003.

[8] [美] 爱德加·薛恩. 组织心理学. 北京：经济管理出版社，1987.

[9] 依田新. 青年心理学. 北京：知识出版社，1981.

[10] 余凯成. 人力资源开发与管理. 北京：经济管理出版社，1997.

[11] 程社明. 你的职业——职业生涯开发与管理. 北京：改革出版社，1999.

[12] 戴昌钧. 人力资源管理. 天津：南开大学出版社，2001.

[13] 吴国存. 企业职业管理与雇员发展. 北京：经济管理出版社，1999.

[14] 马士斌. 生涯管理. 北京：人民日报出版社，2001.

[15] 哈晓斯. 天生我才必有用——安徽江淮汽车集团公司建立员工成长路径记事. 中国劳动，2002 (5).

第十章 人力资源的规范——制度管理

本章要点提示

- 制度的含义及人力资源管理制度的特性
- 人力资源管理制度的主要类型
- 人力资源管理制度的影响因素
- 人力资源管理制度的内容体系
- 人力资源管理制度制定的基本要求和程序

引导案例

前几年，某电器公司的产品适销对路，经济效益逐年提高，许多优秀技术人员纷纷应聘来该公司工作。刘军就是其中一位高级工程师。他与该公司签订了3年期劳动合同。但是，两年后，由于市场的变化，该电器公司产品突然由畅销变成了滞销，公司出现了亏损，许多技术人员看到公司大势已去，陆续离开了公司。技术人员的流失，使公司总经理非常着急，在一次员工代表大会上他提出建议："在公司规章制度中增加一条规定：凡工程师以上职称的技术人员，至少应为公司服务5年以上才能调走。否则应向公司进行违约赔偿，其服务期每履行一年，赔偿费用按比例递减。赔偿费用基数为20 000元。"总经理的这项建议，在员工代表大会讨论通过后，被写进了公司的规章制度。去年10月，刘军在劳动合同到期后，也提出了不再与该电器公司续签合同，准备调往另一单位工作。刘军手持接收单位的商调函，要求公司办理调离手续时，人事部严经理却提出必须先向公司交纳8 000元的赔偿费，然后才能办理调动手续，理由是刘军是高级工程师，应按规定工作5年才能走。刘军认为公司应该无条件为他办理调离手续，因为合同是到期自然终止，不是提前解除，不存在违约行为。

公司是否有权要刘军交纳违约赔偿费呢？本章的内容将会告诉你答案。

第一节　制度建设与人力资源管理

一、制度的含义

（一）制度是行为规范

制度是社会中的组织和个人应遵循的行为规范。制度把社会共同的道德规范转化为一种权力秩序，为人类社会行为的合理性价值判断提供一套强制性的规则。

制度作为一种人们共同遵守的秩序，是人类文明发展的产物。物质文明是人类整体文明的基础；精神文明包含了人类一切具有主观意义的行为，它在社会层面产生价值共识，为人类社会活动发挥导向功能；制度文明既是物质文明的精神化，又是精神文明的物质化。一方面，它把人们相互之间及人与自然之间的现实物质关系升华为一种权力意志；另一方面，它又把精神文明的某些意识观念具体化为组织和个人行为的边界或框架，因而制度文明成了连接物质文明和精神文明的桥梁。

（二）制度化的价值

制度化的价值在于保证人们社会角色规范的有效性。一方面，它协调人们的行为动机，促进社会发展；另一方面，它构成了一种强制力量，使人们进行生活方式的选择时不至于毁灭自身。制度把人类行为的价值取向和动机综合为一体，以保证人类社会发展的同一性和连续性。不管什么形态的社会都离不开制度，组织是社会的细胞和缩影，它也离不开制度。

二、企业制度与人力资源管理制度的关系

企业管理制度与人力资源管理制度都是实现组织目标的工具，是人类适应环境的产物。这两类制度对企业运行发挥着重大影响，是企业健康成长的基本保障。企业管理制度与人力资源管理制度的差异在于：企业管理制度是整个企业运行的规范，包含了企业整个人员、生产、财务及销售的运行制度，人力资源管理制度只涉及人员的管理；人力资源管理制度是企业管理制度的重要组成部分，是企业管理制度的下属制度层次的一部分。

法人治理结构决定了企业的企业管理制度，也决定了企业最高管理者的产生机制、激励机制和监督机制，因此法人治理结构对企业管理制度具有重大影响。而企业管理制度的设计思想亦是人力资源管理制度的设计思想。但是，基于人力资源在现代组织中越来越重要的地位，人力资源管理制度在一定意义上正在上升为企业总体制度的一部分，例如员工持股计划。现代企业制度中经营权与所有权的分离，给经营者制定管理制度留下了一定的空间。由于现代企业的竞争实质上是人才的竞争，人力资源是组织的第一资源，因此，为企业选好人、用好人而设定的人力资源管理制度也就处在了企业管理制度的核心位置上。

第二节 人力资源管理制度基本分析

一、人力资源管理制度的影响因素

影响人力资源管理制度的因素众多，主要有以下几个。

（一）管理思想

1. 管理者对人性的认识

不同的管理者对人性有不同的看法，这些不同的理念深深地影响到管理者对管理制度特别是人力资源管理制度的设计与实施。

2. 组织的使命感及经营目标

除了对人性的判断体现了管理者的价值观念外，一个组织的使命感[①]和经营目标也能体现管理哲学，也对人力资源管理制度的设计产生重大影响。

3. 管理者的个人风格

管理风格反映了管理的特色和个性，它是管理者个性的投影，反映管理者的价值理念，甚至包含了其人格的成熟度。管理风格体现在各项管理活动中，人力资源管理制度自然也摆脱不了管理风格的影响。

（二）用人价值取向

在用人问题上采取不同的价值取向，就有不同的管理方式及管理制度。用人价值取向可以分为以下两类。

1. 直接能力导向

所谓直接能力导向，是指在外部劳动市场充分发育完善的情况下，组织以工作为中心，直接吸引和保留那些经过实践证明是优秀的员工，它强调人对工作的适应性，强调人的工作经验。人力资源管理制度采用契约方式保证劳动者与组织之间的关系。规范、严格、细致是以直接能力为核心的人力资源管理制度的特征。若劳动力市场不完善、信息发布不及时、渠道不畅，采用直接能力导向不易获得岗位需要的合适人选。其弊端在于：失业率低时，员工流动大。

2. 间接能力导向

所谓间接能力导向，是指组织在选择员工时，不把现实能力放在第一位，而将员工潜在发展能力放在第一位。选择间接能力导向的组织认为：员工能力会随工作时间的推移，通过不断学习、培训、实践以及知识和经验的积累而得到提高。员工在组织内工作的时间越长，其价值越大。间接能力导向重视组织内聚力的培育，重视员工培训制度的建设。间接能力导向的组织实行人为中心的管理，考核通常以基层团队业绩为主，奖罚都以团队为主。

（三）组织生存的外部环境

对人力资源管理制度具有重大影响的因素还有组织生存的外部环境，例如竞争对手的

---

① 英文为 vision，也翻译为愿景。

状况。在通常情况下，个人或组织都无法改变环境，只能积极地适应环境和及时应变。

从大的环境看，经济全球化、劳动市场状况及其变化、技术和生活方式的变化等因素，都对组织的人力资源制度产生影响。

（四）组织的规模与管理层次

组织规模的大小，也是影响人力资源管理制度的主要因素之一。组织规模与组织管理层次密切相关。管理层次指从最高一级主管职务到最低一级主管职务的职务等级。组织有多少个主管职务等级，就有多少级管理层次。管理层次又与管理跨度联系紧密，管理跨度是指一名主管直接领导的下级人员数。加大管理跨度可以减少管理层次，但若管理层次太少，会使主管人员领导下属人员过多，超过有效管理跨度，必然降低组织效率。要保证主管能有效地管理下属，有效管理跨度不能随意扩张。因而组织规模大，必然管理层次多。要保证各个管理层次之间能有效协调，信息上传下达，失真度小，就需要建立严格的管理制度，包括人力资源管理制度。

组织规模小，管理层次相应也少，协调事务亦少，这时主管应亲自率领员工冲锋陷阵，夺取生存空间。这种情况下，组织的规章制度要简洁明了，不要太多太复杂。小组织的生存环境竞争程度高、变化快，组织本身稳定度低，此时灵活性、创新能力是第一位的，其人力资源管理制度化程度低是必然的。显然，管理制度应当是随组织的发展而增加、随规模变化而变化的。

二、人力资源管理制度的作用

（一）具有协调的作用

任何组织内部都会有不同的分工，分工提升劳动生产率，但也带来了如何使分工不同的人之间及部门之间协调与合作的问题。组织中管理人员协调工作任务过重的办法之一，是制定一套大家都能理解和遵守的规章制度，使大家知道在什么情况下应当如何行动。

（二）有利于实现管理的规范化和科学化

劳动分工协作的发展尤其是一些团体式生产和劳动工作，可能使生产成果与生产者个人的劳动付出、劳动报酬相分离，要解决这一问题、做到劳动贡献与劳动报酬挂钩，方法无外乎两条：其一，领导者精明过人，他不辞辛劳地了解每一位员工工作的努力程度，并给予公平评价，使每一位员工都能得到与其工作努力程度相当的报酬。然而，这往往是不可能的。其二，建立一套公平合理的岗位职责制度、绩效考评制度、薪酬分配制度及激励制度等人力资源管理制度，规范组织内员工行为，使员工明了自己的努力程度与报酬多少的关系，这样才能够实现人力资源管理的规范化与科学化。

（三）有利于吸引和保留优秀人才

现代企业竞争归根到底是人才的竞争，有了人才，企业才能在竞争中取得优势。要想在市场经济条件下最有效地吸引、开发和保留各种最优秀的人才，必须建立良好的人力资源管理制度，通过制度发现人才、开发人才、留住人才。

（四）有利于建立持久竞争优势

所谓持久竞争优势，就是不仅能确保企业在市场环境中顺利运作，并且能使企业产生与竞争者显著不同的竞争优势。人力资源管理制度将员工个人的权、责、利做出明确的界定，指明员工努力的方向，有助于员工提高技能，最大限度地降低废品率和事故发生率，从整体上降低组织运作成本，保持低成本优势。

三、人力资源管理制度的主要类型

（一）劳动契约型

劳动契约型的显著特点，就是在劳动者与企业之间的劳动关系凭借劳动合同确定的前提下，企业内部“人”与“工作”相互关系的调整，主要借助外部劳动力市场，即通过企业与社会间的人员流动来实现。这就需要一个比较发达的外部劳动力市场来支撑。目前，欧美国家的企业大多采用这种管理制度。

劳动契约型实行以“工作”为中心的管理思想。它认为，在人员经常变换的情况下，只有工作的特征是不变的。如果实行以“人”为核心的管理思想，根据每个人的特征设计适应他的工作，那么，当某一位员工离开组织以后，就很难找到一个与他的能力结构和特点相一致的人来代替。因而，要以“工作”为管理核心，根据工作的要求进行人员选拔、培训、考核以及薪酬管理等。

劳动契约型人力资源管理制度的主导思想，主要体现在以下几个方面：

（1）明确制定工作规范。对于每一项工作的职责权限、操作规程、执行标准、任职资格等都要以文字形式明确规定下来，使管理者有据可依，同时也为竞争提供一个公平的环境。

（2）注重人员的立即使用价值。在甄选录用劳动力的时候，特别注重候选人的知识、经验、技能，优先录用有相应工作经验的人。

（3）注重运用人力资源考核手段检验“人”对“工作”的适应性。注重人力资源考核工作，当人员的能力低于工作的要求时，该人员如不及时提升，就会有被淘汰的危险；而如不淘汰他，就会影响工作的质量和效率。

（4）注重培训的针对性。在能力优先的政策下，培训要把提高工作绩效放在第一位。要针对员工履行工作职责能力的不足进行培训，最大限度地降低培训投资的风险性。

（二）资源开发型

资源开发型的显著特点，是通过培养高质量的员工队伍来处理变化中的“人”与“工作”的相互关系。资源开发型主要依靠内部劳动市场，在政策上侧重资历优先。这里的资历是一种体现“间接能力”的人力资源管理政策：人的知识、经验、技能在有计划的培训和工作实践磨炼中是会逐步进步的，资历在一定程度上可以作为能力来看待。日本的人力资源管理制度和政策大体上属于这种类型。

资源开发型人力资源管理制度以“人”为中心的管理思想，主要体现在以下几方面：

（1）在组织与工作的划分中，注重考虑人的因素。工作职责权限的界限比较模糊，以便“双向开发”。当人的能力不足以履行工作职责时，开发人的能力；当人的能力明显高于工作要求时，扩大职责的外延，以确保人与工作的相互适应。

（2）注重人员的开发价值。根据组织的经营发展战略培养和开发组织所需求的人力资源，在录用人员时特别注重人的长远开发价值。

（3）注重长远的人员发展规划。组织必须根据经营发展战略，制定人力资源培训和开发的规划，把员工的个人发展寓于组织发展的需求之中，从而也为组织未来的生产经营预先储备了人才。

(4) 强化员工对组织文化的适应性。只有建立一种强内聚力的企业文化，提高员工对组织文化的适应性，才能稳定员工队伍，有效防止因人员大量流动而造成人力资源开发投资的巨大损失。

(5) 建立以奖励集体为中心的激励体系。通过群体间的竞争强化群体内聚力，形成群体力量。

(6) 提倡参与式管理。参与式管理既可以发挥员工的积极性和创造性，同时也是形成内聚性组织文化的重要因素。

(三) 权变型

权变型管理制度和政策的特点，就是强调组织要根据自身物质技术基础的特点采取不同的管理政策，因而具有良好的灵活性和适应性。近年来，注重个体竞争的西方管理理念和注重群体协调的东方管理理念日益融合，也说明了权变型管理制度的优势正在被越来越多的组织所认识。权变型人力资源管理制度强调，在制定人力资源管理制度时，要考虑企业的规模、发展阶段、技术特征等对人力资源需求结构的影响。①

第三节 人力资源管理制度的设计与实施

一、人力资源管理制度的设计思想与原则

(一) 人力资源管理制度的设计思想

1. 好的制度要体现组织的价值观念

价值观是行为主体对客体的价值判断。它既影响行为主体的认知能力，也制约行为主体对客观事物的判断及取舍。组织的价值观体现在其经营宗旨与战略目标上。为组织经营奠定基础的人力资源管理制度，一定要体现组织的经营宗旨与战略目标。

设计人力资源管理制度必须体现“以人为本”的管理思想。以人为本的思想表现在：在制度设计思想中，不能将人视为组织利润最大化的工具，不能将员工视为实现组织目标的手段，而是要确立人在管理过程中的主导地位。制度要体现对人的关怀，使人获得超越生存需要的、全面的自由发展。倡导人和组织共同发展，人的完善与制度的完善相互促进。

2. 管理制度要兼顾行为的规范和对员工的尊重

以人为本不是一种溺爱式的迁就人，而是要全方位地发展人、锻炼人、提升人的素质。制度的首要职责是把人的智慧、积极性、创造性、主动性充分发挥出来，让每个员工都有用武之地，能够全身心、全时间投入自己所从事的工作。按制度进行招聘、升、降、培训、流转，不分亲疏。一套以用好人、育好人为宗旨的人力资源管理制度，能把员工的

---

① 吕昌．铁路现代企业经营管理概论．北京：中国铁道出版社，1996：248-253．

才能和热情激发出来，使企业成为一棵长青树。

3. 管理制度要体现组织的使命感和社会责任感

追求利益最大化是个人及组织从事经济活动的动力。对员工的行为没有一定的制度约束，企业经营就将是无序的，集体和个人的理性追求都将是一场梦。这一原理同样适用于企业与社会的关系。好的人力资源管理制度一定立意高远，取信于属下，取信于社会。这样的企业性格突出，员工以自己的企业为荣，社会以有这样的企业而自豪。企业负有增进社会物质文明及精神文明的责任，其人力资源管理制度也应体现这种责任。

（二）人力资源管理制度的设计原则

1. 渐进原则

在组织发展的不同阶段，应有不同的制度体系：

（1）组织发展初期，组织规模小，人力资源管理内容较为简单，不必设立独立的人力资源管理机构。人力资源制度规则也相应比较简单，这样易于达成共识，有利于保持组织的灵活性。

（2）快速成长时期的人力资源管理制度较为关键。这一时期，能否制定一个适应组织快速成长、有利于组织长期发展的人力资源管理制度，是非常重要的。这个时期的制度框架是日后改进的基础，好的规则将使员工养成良好的习惯，组织将保持良好的秩序。此时应由专业人力资源管理人员在协商调查基础上制定较为系统、结构较为完整、实用的人力资源管理制度。

（3）成熟期的组织，应在先前制定的人力资源管理制度基础上创新、完善，要突出组织个性风格，让员工从适应制度到自主管理。这时的用人机制十分重要，绩效考评、薪酬福利、激励等制度应适应这一阶段的要求，以免组织壮年夭折。若组织人力资源管理制度能上升到企业文化管理的层次，组织便可能进入长寿的行列。

2. 实事求是原则

设计制定有效的人力资源管理制度应当从实际出发，根据组织所处的环境及变化趋势、组织实际状况以及管理的实际需要来制定符合组织要求的人力资源管理制度。制度需要稳定性，因而实事求是地制定人力资源管理制度还应当有前瞻性。设计的人力资源管理规章制度应具有可操作性，这是实事求是原则的核心。

3. 合理合法原则

（1）要使人力资源管理制度具有科学性，符合管理科学规律，就要将员工的责、权、利对等结合。

（2）制度要符合国情、民情及人性。组织是由人组成的，人不是机器，他有本能、有追求、有自己民族文化传统、有感情，所以人力资源管理制度应当符合人性。

（3）人力资源管理制度应当建立在法律和道德的基础之上。组织应遵纪守法，在法律允许的范围内从事经营管理活动，员工则要遵守组织规章。

4. 完整配套原则

制度的“完整”，指设计的人力资源管理制度应当包含选人、育人、用人、留人及人员流动这些人力资源管理流程的各个环节，体系上要完整。制度的“配套”，指各项规则之间应当环环相扣、互相配合，不能相互矛盾、相互冲突；此外，配套还指应当设计民主监督系统，以利于制度的贯彻落实。

二、人力资源管理制度的制定

（一）人力资源管理制度制定的基本要求

人力资源管理制度作为人力资源管理活动的指导性文件，在拟订起草时，一定要从组织现实生产技术和组织管理水平出发，注重它的科学性、系统性、严密性和可行性。人力资源管理制度草案提出后，由专家和有关人员组成的工作小组，要在广泛征求各级主管和被考评人意见的基础上，对其进行深入的讨论和研究，经反复调整和修改，再上报审核批准。人力资源管理制度一旦获得批准，人力资源部门应规定一个试行过渡期，使各级主管有一个逐步理解、适应和掌握制度要求的过程，在试行过程中如遇特殊情况或发现重大的问题，亦可以采取一些补救措施，防止给生产经营活动带来不利的影响。

人力资源管理制度的制定不可能一蹴而就，需要经过不断的实践和探索，总结经验教训，扬长避短。尤其是随着组织生产经营环境和条件的变化，先进的企业文化和经营理念的导入，以及技术水平、管理水平的提高，企业对其人力资源管理制度应该定期或不定期地做出适当的补充和修改。总之，人力资源管理制度的规划应当体现以下原则和要求：

其一，将员工利益与组织利益紧密结合，促进员工与组织共同发展，这是人力资源管理制度规划的首要的基本原则。只有将组织的战略目标和员工个人期望的目标、员工职业生涯的发展有效结合在一起，将组织实现战略目标所要求的组织环境与员工高度的责任感、严谨的工作作风有效结合在一起，才能最大限度地发挥员工的聪明才智，从而促进组织和员工的全面发展。

其二，从组织内外部环境和条件出发，建立适合组织特点的人力资源管理制度体系，使之更加充满活力。组织外部环境是指那些对人力资源管理制度产生重要作用和影响的因素。这些影响因素包括：国家有关人力资源的法律法规法令、劳动力市场的结构、劳动力供给和需求的现状、各类学校和教育培训机构专门人才供给的情况、劳动者择业意识和心理的变化情况、劳动力市场各类劳动力工资水平变动的情况、组织竞争对手在人力资源方面的情况，等等。而组织的生产经营状况、生产与资金实力、管理机制和组织状况、人员整体的素质结构、组织文化氛围的营造、员工价值观与满意度等内部因素，将对人力资源管理制度制定起着决定性的影响和作用。只有重视对组织内外环境变化的分析，深入研究、把握时机，才能使人力资源管理制度充分体现和反映组织自身的环境、性质和特点。注重管理制度的不断变革和创新，才能使企业人力资源管理活动永远充满活力。

其三，人力资源管理制度体系应当在学习借鉴国外先进人力资源管理理论的同时，有所创新、有所前进。近20年来，人力资源管理理论有了长足的进步，美英等发达国家的企业管理专家、学者，深入实践，不断探索，提出了众多的新理论、新观点和新方法。面对这些新鲜的理论和方法，组织应持积极而慎重的态度，根据本组织自身的特征，采取稳步推进的办法，建立起适合自身情况的人力资源管理制度体系。

其四，人力资源管理制度的规划与创新，必须在国家劳动人事法律、法规的大框架内进行。组织作为一个具有法人资格的生产经营实体，必须遵守国家颁布的各项法律、法规和规章，守法是对现代组织的基本要求。组织人力资源管理制度和政策涉及员工的切身利益，最具敏感性，如果处理不当，会产生劳动争议、劳动纠纷，甚至矛盾冲突，进而会直接影响组织正常的生产经营活动，给组织和员工的整体利益带来极大伤害。因此，现代人力资源管理作为组织在激烈竞争中克敌制胜的法宝，必须在进人、用人、管人等各个环节中严格遵守和落实国家相关的法律法规的要求。

其五，重视人力资源管理制度信息的采集、沟通与处理，保持组织人力资源管理制度规划的动态性。人力资源管理部门要通过各种渠道收集有关员工的信息（如情绪、意愿、反映、要求等），并定期进行分析研究，讨论这些信息的内容和来源以及问题产生的原因。针对这些信息，提出“应该做什么，为什么做，如何做，在哪里做，什么时候做”等具体对策和建议，并适时对人力资源管理制度进行必要的调整和修改。只有保持管理制度的相对动态性，才能充分发挥人力资源管理制度的积极导向功能。①

（二）制定人力资源管理制度的程序

人力资源管理规章的制定过程，通常可分为三个阶段。

1. 调查研究阶段

运用各种调查研究方法，广泛收集与本组织相关的各种管理制度资料；然后分析调查所得资料，拟订制度草案。

2. 草案研究阶段

制度草案拟订好后，要在不同管理层次上对草案进行深入研讨；还要发动全体员工对草案进行讨论、修订，然后投入试运行。

3. 审定实施阶段

对制度试运行结果进行调查分析，再进行讨论，然后进行审定，若审定一致通过则可颁布执行；若未通过审定则表明还要进行调查研究，需重新进行分析讨论，使制度更完善、更易于为员工接受、更易于执行。

（三）人力资源管理制度文本

1. 结构

人力资源管理制度文本结构通常有导语、条规、实施说明三个部分。具体结构则因编写者的习惯而异，通常有以下几种形式：

（1）开门见山，全篇条列。这种结构形式，从开篇到结尾都是条文。开头是制定制度的目的、依据，末尾是实施说明，写明修改和解释权限、生效时间等，中间各条为具体内容。

（2）分章命题，下列条文。这种结构形式，第一章通常为总则，阐述制定规章制度的依据、目的、适用范围等。末章通常是附则，说明这部分规章制度的权威程度、修改和解释权限、生效时间及其他有关要求。中间各章为规章制度的具体内容，每一章可分为若干条，每一条可分为若干款。

（3）分段标题，逐条叙述。这种结构形式一般在前面有一段导语，说明制度的目的、依据、适用范围等，然后分段标题，逐条叙述，末段附实施说明。

2. 文字要求

人力资源管理制度是组织的重要规章制度，生效后的制度必须严格遵照执行，因而撰

---

① 安鸿章. 现代企业人力资源管理. 北京：中国劳动社会保障出版社，2003：467-469.

写人力资源管理制度的各项条款时，务必明确、具体、准确。具体文字撰写要求如下：

（1）层次分明，条理清楚，一目了然。

（2）逻辑严密，前后连贯，措施具体。

（3）文字洗练，行文庄重，简明扼要，不宜用文言文。

（4）避免歧义，措辞准确，通俗易懂，标点符号准确。

三、人力资源管理制度的内容体系

（一）人力资源管理制度体系概述

人力资源管理制度由一系列组织规则构成，是从招聘开始的一系列选人、用人与育人的规定，目的在于用好人、增强员工的满意度及组织的凝聚力。人力资源管理制度内容众多，因组织所在的行业与规模特征、组织的发展状况与工作重点、组织的管理基础等而异。其一般的内容体系如表 10－1 所示。

表 10－1　人力资源管理制度体系

规章名称	主要内容	主要功能
人力资源管理工作制度	人力资源管理工作规则、工作程序，人力资源管理计划制定规则，人力资源管理部门职权范围等。	规范人力资源管理部门工作。
员工招聘条例	招聘程序、方法、人员测试规则，内部招聘及外部招聘用制规则，临时雇员招聘规则等。	满足组织发展需求，选择合适员工进入合适岗位。
员工培训制度	培训计划及实施规则，岗前培训、在职培训管理规则，管理培训规则，培训考证规则及费用处置规定等。	开发员工潜能，培养适应组织需求的技能、品质。
绩效考核制度	员工考核的规定、原则及方法，员工考核管理的规定，考勤制度管理规则等。	公正评价员工工作成绩，为员工薪酬、晋升、培训、调动等提供依据。
工资及福利制度	工资体系及构成规则，集体谈判规则，奖金激励体系及构成规则，员工福利管理及福利构成制度等。	维护员工切身利益，体现公平交易原则，增强员工劳动积极性，使员工有归属感。
员工奖惩制度	奖励制度及奖励方式处罚规定及方式，组织纪律规定等。	规范员工行为，增强员工战斗力。
人力资源调整制度	晋升、降级、轮岗、辞职、辞退、退休等规则。	保持组织活力，优化组织内人力资源配置，增强组织效率。
人力资源日常管理制度	员工纠纷处理条例、投诉处理规则、员工档案管理规则、社会活动的管理规则等。	化解矛盾，降低冲突，维持组织运行秩序。
安全与健康制度	事故处理规则、紧急事宜报告规则、职业病防范规则、员工健康保护规则、疗养规则等。	尊重员工，关爱生命，培训员工的献身精神。

（二）《员工手册》

为了使组织的规章制度能让全体员工了解和接受，有必要使每位员工拥有一本《员工手册》。《员工手册》是员工日常工作的行为准则，《员工手册》也是每位新进员工必读和必须学习的教材，目的是让员工了解日常工作中“应该怎样做”和“为什么要这样做”。

《员工手册》通常以公司总裁或者CEO写给员工的公开信开头，信中开诚布公地阐明公司的经营理念。然后是公司概况，让员工了解公司性质、经营范围、主导产品与服务、市场状况及公司发展奋斗的历史、未来奋斗的目标等。再介绍公司的企业文化，包括公司遵循的价值观念、经营理念，企业倡导的精神。接下来，介绍公司组织结构，通常图示各部门之间的相互关系、职责划分、每个部门负责处理的事项及应负的责任，有利于员工明了“有事找谁”及“我所在部门的职责是什么”。再下来是公司的规章制度，这一部分是《员工手册》的重要内容，涉及员工切身利益，如员工选聘依据，考核标准，晋升条件，解聘程序，工资待遇，工龄计算，各种奖金补贴发放规则，劳动合同的签订，上下班时间，报销制度，保密规定，养老、医疗、失业、工伤等保险制度，以及其他福利项目。《员工手册》还包括对员工行为规范，包括着装及仪表、待人接物的行为准则等具体规定，有利于员工经常对照，不断提高自己的道德修养和文明素质。《员工手册》的编写要简明，不必面面俱到，细则可到有关部门查询，其内容应是员工最为关心的、日常出现频率较高的事宜。

(三) 人力资源档案管理制度

1. 人力资源档案管理制度的基本原则和要求

一是树立认真负责的思想，这是档案管理要遵循的首要原则。

二是集中管理原则。人事档案必须集中起来，由人力资源部门统一管理，一方面集中管理便于使用，另一方面，人力资源档案具有一定的保密性，个人不得私自保存档案材料。

三是保守机密原则。人力资源档案中记载着各种人员的历史、现实情况，属于机密文件，现代企业身处复杂的经济环境中，企业内部人力资源档案应注意保存。

四是高效管理原则。人力资源档案管理应贯彻高效率的原则，建立高效有序的管理环境，现代科技的发展为人力资源档案管理提供了新的手段。

2. 人力资源档案管理制度的内容

一是人力资源档案材料收集、补充。收集是指通过各种渠道将分散在各处的人力资源档案集中起来。补充是指对人力资源档案经过整理后形成的新材料的接收工作，是收集的继续。收集和补充是人力资源档案管理的第一步，它保证了管理对象资料的完备，是进行档案管理的基础。

二是人力资源档案材料的鉴别。收集、补充的档案材料往往繁杂无序、真假混杂，这就需要对材料进行清理、鉴别。这项工作是保证人力资源档案真实完整的必要手段。

三是人力资源档案的整理。档案材料经过鉴别之后，就要进行分类整理，使其更加规范化。整理的具体工作包括对档案进行分类、排列、技术加工、装订等。

四是人力资源档案的保管。这是档案管理的重要环节。保管的具体工作包括：建立健全有关的规章制度；档案库房的建设和管理；按一定规律编号存放档案，建立检索卡片，并定期核对；及时将补充材料归入档案；保管的其他日常工作。

五是人力资源档案的利用。进行人力资源档案管理的目的，就是为企业管理提供档案资料，为人力资源管理工作及其他有关工作提供依据。因此，档案的利用是档案管理的内在功能之一。但是，在利用档案的过程中容易出现遗失疏漏，这就需要建立严密的制度。

六是人力资源档案的业务研究及指导。这虽然不是档案管理的具体业务内容，但与档案管理工作密切相关。业务研究与指导包括多方面的内容，如人力资源档案基础理论、一般原理和方法的研究，人力资源档案管理的现代化、科学化问题的研究，上级有关部门的检查、辅导、督促等。[①]

四、人力资源管理制度的实施

建立科学的人力资源管理制度固然重要，但更重要是将其付诸实施。有效执行既定的人力资源管理制度，使其达到持久的效果，应当从以下几方面入手。

（一）重视制度的教育培训

人力资源管理制度是按社会化大生产所形成的劳动分工的要求，根据组织社会经济活动的实际状况制定的，它形成的是“整体约束”氛围，即用集体行动控制个体行动。由于个人经历、成长环境及接受教育的不同，形成了不同的生活习惯，因而整体规则与个人行为取向肯定会产生冲突。制度不可能迁就个人，而应个人适应制度，这就需要对员工进行教育，使其明白为什么要制定规章制度，从思想上认同规则，从而提高遵守规则的自觉性。在对新员工进行入职教育的时候，需要进行组织规章制度的培训，让其了解规则、熟悉规则，以养成遵守规则的良好习惯。员工初次接触规则，可能感到规则是约束、是限制；而在他熟悉和认同规则之后，在规则渐渐融入行为习惯之中后，制度就不再是约束与限制，而是一种良好习惯。

（二）加强监督检查

规章制度要有效地发挥作用，必须要有监督。监督部门与执行部门应当分开设立。若监督者与执行者不分，意味着执行者自己监督自己，这样的监督会使制度成为摆设。执行者出于自身利益，对不符合自己意愿的规则，不一定能执行，而是很可能绕道而行，采取阳奉阴违的策略，寻找借口，故意拖延，或干脆压在手中不执行。因此显然依靠执行者自我监督是不可靠的，不易做到准确严格。而监督与执行分开，则易做到旁观者清，对执行情况可及时做出公正评价，有利于规章制度的有效执行。

（三）抓制度落实

制度落实需要一个过程，纠正一个人的行为使之符合组织规范，不能一劳永逸。当基础管理工作薄弱，服从标准的意识淡薄，把大量常规的例行的工作标准弃之脑后，就会使已有的管理制度失去制约作用，导致解决过的问题又“复辟”；其次是一些管理者思想上存在故步自封的情绪，这种情绪的成长蔓延使工作出现停滞，因而导致许多“不成问题”的问题反复出现。要抓好已制定的规章制度的落实，就要用制度规则来解决经常出现的问题，防止将问题积攒起来。在反复抓制度落实过程中，注重提高员工的守纪意识和自主管

---

① 郭咸纲. 管理模式制度篇——决定企业成功的管理制度：第二分册. 广州：广东经济出版社，2002.

理意识，使员工把遵守规则变成自己的习惯。

（四）领导者以身作则

组织的领导者不是能置身于规章制度之外、作为有豁免权的“特权阶层”，而应当对下属有强烈的示范效应。如果领导者带头遵守规章制度，规章制度的实施阻力就要小得多。制度的一个很重要的作用是解放领导，让领导从烦琐的现场指挥的位置上退下来，由规则扮演现场指挥的角色。领导应发挥其示范作用落实规则。领导遵守规范，还体现了公平原则，在组织内应当提倡“在规章制度面前人人平等”。一个好的领导，不应光有职位的权力号召力，更重要的要有威信，威信是从其以身作则开始建立的。

（五）建立激励机制

在制度执行过程中，由于信息不对称，必须让某些成员监督其他成员的工作。为避免出现“道德风险”，给组织带来损失，谁来监督这些监督者呢？这就需要通过激励制度的设计来解决，让这些监督者分享监督的收益。当个人利益与组织利益捆绑在一起时，违反规则使组织利益受损，也是使自己利益受损，损人又损己的事，人们是不会去干的。在激励机制生效的地方，规章制度的违反者是很难找到的。也就是说，实行了年薪制、分红制、股票期权、员工持股等激励制度，使监督者的利益、员工的利益和企业的整体利益联系起来，就会使个人目标与企业的整体目标相容并一致，通过这样一套合理的激励制度，员工对组织规章制度由被动接受变为主动遵守。

（六）制度的改善和提高

在制度执行过程中，要做好信息反馈工作。收集执行过程信息，应当真实完整，并及时反馈给制度设计部门，以便人力资源管理部门在认真分析反馈信息后，总结执行过程的经验教训，不断改进和完善已制定的人力资源管理制度，不断提高人力资源管理制度的质量。任何制度条款的改进都必须慎重，制度如果朝令夕改，也就失去了其严肃性和权威性。对人力资源管理制度的修改应当遵循先“立”后“破”的原则，在条件尚不成熟、新的制度未出台前，原有的制度应继续执行，待修订后的制度正式实施后再废除旧有的条款，这样才能保持制度的相对稳定性，保证组织有秩序地运营。

本章小结

本章概括了制度的含义及人力资源管理制度的特性，阐述了人力资源管理制度的主要类型及人力资源管理制度的影响因素，分析了人力资源管理制度的内容体系，并对人力资源管理制度制定的基本要求和程序进行了详细介绍。

主要概念

制度　人力资源管理制度　人力资源管理制度化　人力资源管理制度体系
制度文本　档案制度

思考讨论题

1. 什么是制度？什么是制度化？人力资源管理制度化的特点与作用是什么？
2. 结合一个企业的实例，谈谈影响人力资源制度的主要因素有哪些。
3. 人力资源管理制度设计的原则是什么？
4. 为什么中国企业更需要制度化管理？
5. 结合企业实例，阐述人力资源管理制度的设计思想。
6. 如何有效地贯彻实施人力资源管理制度？

案例讨论

天帆联合集团的人力资源战略问题

天行塑胶加工厂是一家乡镇企业，1992年成立于南方的一个小镇，注册资金10万元。经过十多年的发展，如今该工厂已经发展成为下属3家境内独资公司、1家控股公司、3家境外独资公司的大型综合性化工企业集团——天帆联合集团。

天帆集团由一个企业作为核心，属于一种较典型的母子控股集团公司模式。集团公司对下属子公司的经营战略、重大投资决策和人事任免均有绝对控制权。在职能部门设置方面，董事会下只有董事会办公室是实体，但其职能未与董事会的需求相吻合；理事会的一个办公室和四个部门是最近才设立的，职能未明确界定。从人员配置上看，理事会各部部长都是由对应的主管副总经理兼任，实质上是职能式组织模式，即职能部门除了能实际协助所在层级的领导人工作外，还有权在自己的职能范围内向下层人员下达指令。

陈华威先生担任集团公司的董事长兼总经理，又是旗下多个二级控股公司的董事长、法人代表。集团董事会是最高权力和决策机构。由集团正、副总和各二级公司总经理组成的理事会实质上是协商和执行机构，无决策权。

最近，陈总经理遇到了一些难题。

首先是跟随陈总一起打天下的一班老功臣。他们历尽艰辛、劳苦功高，但大多文化水平低，又居功自傲，排斥外来人才和年轻人，导致矛盾时有发生，很令人头疼。

其次是公司的管理层。陈总经理虽然只有初中文化，但他经营多年，见多识广，思维敏捷、个性坚毅、精力充沛、行事果敢，且十分健谈。因此，管理层普遍感到难以跟上陈总的跳跃思维、难以和他沟通，但也基本形成了一个共识：按陈总意见办，没错。

最后，从陈总自身的角度，他感到天帆集团主要存在三个方面的问题：

第一，集权分权问题。自天帆集团发生了两起员工携款外逃事件后，现在公司上下所有报销的财务票据都要由他一个人签审，导致他疲劳过度，曾有两次晕倒在办公室。

第二，风险决策问题。现在公司越做越大，但大小决策都集中在陈总一个人身上。

第三，控制问题。过去给员工发个小红包、拜个年什么的就会得到员工真诚的回报。但是，去年自从政府资产管理部门界定了陈总个人资产占90%，镇政府只占10%后，员工心理悄悄地发生了变化。过去最亲密的战友与他疏远了，工作表面上努力，但实际上是在应付。虽然工资待遇一加再加，但他们还是提不起精神。

如何解决这些问题？陈总很为难。

讨论：

1. 天帜集团在组织结构方面存在哪些问题？应当采取什么措施加以解决？
2. 天帜集团在人力资源管理方面存在哪些问题？在制度方面缺少什么内容？应当采取什么措施？
3. 如果你是陈总，你对公司的一班老功臣的所作所为将如何处理？
4. 针对陈总经理认识到的公司目前存在的问题，从战略人力资源管理的角度提出解决方案。

参考文献

[1] 冯忠铨. 现代人力资源管理. 北京：中国财政经济出版社，2002.
[2] [美] A. W. 小舍曼. 人力资源管理：11 版. 大连：东北财经大学出版社，2001.
[3] 王一江，孔繁敏. 现代企业中的人力资源管理. 上海：上海人民出版社，1998.
[4] 吴小波. 大赢家. 北京：中国企业家出版社，2001.
[5] 吕昌. 铁路现代企业经营管理概论. 北京：中国铁道出版社，1996.
[6] 安鸿章. 现代企业人力资源管理. 北京：中国劳动社会保障出版社，2003.
[7] 葛正鹏. 人力资源管理. 北京：科学出版社，2006.

图书在版编目（CIP）数据

现代人力资源管理/姚裕群，白静编著. —北京：中国人民大学出版社，2009
21世纪高等开放教育系列教材
ISBN 978-7-300-10735-6

Ⅰ. 现… Ⅱ. ①姚…②白… Ⅲ. 劳动力资源-资源管理-高等学校-教材 Ⅳ. F241

中国版本图书馆CIP数据核字（2009）第082831号

21世纪高等开放教育系列教材
现代人力资源管理
姚裕群　白静　编著
Xiandai Renli Ziyuan Guanli

出版发行	中国人民大学出版社		
社　址	北京中关村大街31号	邮政编码	100080
电　话	010－62511242（总编室）		010－62511770（质管部）
	010－82501766（邮购部）		010－62514148（门市部）
	010－62515195（发行公司）		010－62515275（盗版举报）
网　址	http://www.crup.com.cn		
	http://www.ttrnet.com(人大教研网)		
经　销	新华书店		
印　刷	北京溢漾印刷有限公司		
规　格	185 mm×260 mm　16开本	版　次	2009年9月第1版
印　张	14.5	印　次	2018年1月第10次印刷
字　数	332 000	定　价	35.00元